로컬서사와 재현

|필자|

이유혁 부산대학교 한국민족문화연구소 HK교수, 영문학 전공
손은하 부산대학교 한국민족문화연구소 HK연구교수, 영상공학 전공
조관연 부산대학교 한국민족문화연구소 HK교수, 문화인류학 전공
조명기 부산대학교 한국민족문화연구소 HK교수, 한국현대소설 전공
박수경 합천평화의집 운영위원, 일본어학 전공
문재원 부산대학교 한국민족문화연구소 HK교수, 한국현대소설 전공
김동규 인문학교 섬 대표 / 민주시민교육원 나락한알 부원장, 사회철학 전공

부산대학교 한국민족문화연구소 로컬리티 연구총서 18

로컬서사와 재현

초판인쇄 2017년 4월 28일 **초판발행** 2017년 5월 8일
지은이 이유혁 손은하 조관연 조명기 박수경 문재원 김동규
펴낸이 박성모 **펴낸곳** 소명출판 **출판등록** 제13-522호
주소 서울시 서초구 서초중앙로6길 15, 1층
전화 02-585-7840 **팩스** 02-585-7848 **전자우편** somyungbooks@daum.net **홈페이지** www.somyong.co.kr

값 18,000원 ⓒ 부산대학교 한국민족문화연구소, 2017
ISBN 979-11-5905-170-8 94300
ISBN 978-89-5626-802-6(세트)

이 저서는 2007년 정부(교육과학기술부)의 재원으로 한국연구재단의 지원을 받아 연구되었음(NRF-2007-361-AL0001).

부산대학교 한국민족문화연구소
로컬리티 연구총서 18

로컬서사와
재현

Local Narrative and Representation

이유혁 손은하 조관연 조명기 박수경 문재원 김동규 지음

소명출판

책머리에

　서사는 인간 삶과 관련된 여러 사건들을 의미 있는 이야기 형태로 구성해가는 방식으로 정의내릴 수 있다. 이러한 서사의 필수 불가결한 두 가지 요건은 사건들의 시간적 연쇄에 따라 구성되는 이야기의 내용과 이야기하는 화자의 역할이다. 서사는 이야기를 하는 화자와 그것을 듣는 청자 사이에 이루어지는 상호적인 거래행위이다. 그렇기에 서사는 그것이 거두고자 하는 목적에 따라 특정 효과를 최대화할 수 있는 방법으로 조직된다. 그러므로 이 과정에는 다양한 층위의 정치성이 개입되기 마련이다. 로컬서사는 로컬이라는 공간에서 만들어지는 서사이며, 이 로컬이라는 공간은 평면적인 공간이 아니라, 다층적이고 복잡하고 역동적인 거래행위, 즉 정치성이 개입되는 공간이다. 이 공간에서 다양한 층위의 주체들에 의해 서사가 만들어지고, 이 과정에서 그것들이 서로 충돌하기도 하고 타협을 하기도 한다.

　로컬이라는 공간의 공간정치적 지형학의 특징은 한편으로 국민국가와의 관계와 함께 지구화의 심화로 인한 초국가적 도전과 같은 수직적인 관계에 놓여 있으며, 다른 한편으로 특정 로컬 안에서도 수직적이고 수평적인 층위에서 다양한 관계망에 놓여있다는 것이다. 로컬서사와 국가적(또는 중심적) 서사라고 하는 것과의 관계성에 대한 연구를 통해 이러한 관계가 로컬서사의 구성과 재현에 미치는 다양하고 역동적인 매커니즘의 특징을 밝히는 데 주목한다. 이를 통해 국가적(또는 중심적) 서사의 대립적·대항적인 개념으로서의 로컬서사라는 이분법적이고 수직적인 논의 구조의 극복 가능성을 모색하고자 하며, 더 나아가 로컬서사의 위치와 구성 방식에 대한 다양한 가능성의 구조를 탐색해보고자 한다.

이와 같은 방식으로 이 총서에서는 서사가 만들어지고 재현되는 서사의 구체적인 내용에 대한 분석뿐만 아니라, 이러한 과정에 참여하는 주체들 간의 정치적 관계가 고려될 것이다. 이는 로컬에서 만들어지고 재현되는 서사들에 대한 문화정치학적 역학관계를 체계적으로 이해하는 데 기여할 수 있을 것이다. 또한 로컬이라는 공간에서 삶을 영위하고 다양한 외적·내적 차원에서 이루어지는 정치, 경제, 문화적 차원의 역학관계의 대응과정 속에 놓인 로컬 주체들의 주체성 형성의 매커니즘을 이해하는 데 기여할 수 있을 것이다.

이 책의 구성은 3부로 이루어진다. 제1부에서는 '재현을 통한 로컬서사 다시 쓰기의 가능성 모색'이라는 제목 하에 구체적으로 재현된 텍스트들 ─ 소설과 영화 ─ 에 대한 분석을 통해 이러한 재현된 로컬서사가 중심적(또는 국가적) 서사에 대한 대안적인 상상력을 어떻게 가능하게 하는지에 대해서 논한다.

「서사와 재현의 정치학」에서 이유혁은 토마스 킹Thomas King의 『한 좋은 이야기, 그것』에 수록된 몇 편의 단편 소설과 『이야기들에 관한 그 진실』에 수록된 에세이들에 대한 분석을 통해 그의 원주민 서사의 양상들과 그가 추구하는 재현의 정치학을 검토한다. 이 글은 킹이 캐나다라는 근대국민국가의 건설 과정, 특히 식민적 지배 이데올로기가 그 과정에서 지배적인 역할을 하는 방식들에 대해서 비판을 할 뿐만 아니라, 원주민들의 정체성을 (재)개념화하는 데 기여할 수 있는 서사를 구성하고자 시도하는 데 주목한다. 더 나아가 이 글은 킹의 원주민 서사의 재현이 비판적이고 대안적인 서사를 제시함으로써 식민적인 중심적 (혹은 민족적) 서사에 대항할 수 있는 로컬 서사의 역할을 할 수 있는지에 대해서 관심을 갖고 연구한다. 이러한 킹의 원주민 서사의 문학적 재현에 대한 연구는 원주민들의 목소리가 오랫동안 주변화되고 왜곡되고 지워지고 있는 상황 가운데서 우리들로 하여금 캐나다에서 원주민들의 문화적·정치적 위치를 (재)발견하고 (재)구성하는 데 도움을 줄 수 있다고 이 글은 논한다. 이러한 연구를 통해 저자는 킹의 원주민 서사의 재현 방식이 원주민들의 로컬리티의 비판적이고 대안적인 특징들 ─혹은 로컬 서사로서 원주민 서사─에 대한 문화정치적 지형학을 (다시)그리기 위한 하나의 시도가 될 수 있는지를 탐색한다.

손은하는 「재현된 이미지에 나타난 로컬의 기억」에서 제주를 대상으로 하는 로컬리티 시네마 〈지슬〉과 〈비념〉에서 로컬 기억이 어떻게 재현되고 있는가에 대해 살펴본다. 제주는 지리적으로 차지하고 있는 독특한 위상과 국가 권력으로 인해 유린된 상흔들과 서사들, 또한 새로운 로컬 이미지를 만들기 위한 작업 등이 서로 어우러져 이곳만의 독특한 로컬리티를 형성하고 있다. 두 영화에서 다루고 있는 4·3은 공식적으로 '1948년 4월 3일 좌익의 무장대가 우익인사들과 경찰서를 습격했다가 패한 무장봉기'라고 명기되어 있지만, 이 사건에 대한 명칭은 다양하게 나타나고 있다. 다양한 명칭이 있다는 것은 그만큼 다양한 기억들이 나뉘어져 있고, 서로 투쟁하고 있다는 점을 뜻한다. 두 영화는 형식과 내용은 달랐지만 이데올로기로 인해 죄 없는 많은 주민들이 희생당했다는 점에 주목하고 이들에 대한 위로와 애도를 담고 있는 점에서 닮아있다. 이 글은 제주라는 공간에서 벌어진 서사를 다른 시각에서 재현한 영화를 통해 국가와 로컬, 로컬과 로컬 등 다양한 관계 속에서 엮어져 가는 로컬리티에 대해 살펴본 것으로 로컬의 재현을 통한 로컬리티의 새로운 탐색이 가능한 점을 보여주고 있다.

2부에는 '복수적 내러티브의 역동적인 충돌의 공간으로서 로컬과 서사'라는 제목 하에 세 편의 글이 실려 있다. 각각의 글은 다큐멘터리 영화, 여행 소설, 통칭 군함도라는 공간을 둘러싼 논쟁이라는 주제를 통해 서사의 구성을 둘러싼 역동적인 경합과 충돌을 통해 텍스트와 장소로서 로컬 공간에서 벌어지는 재현의 정치학에 주목을 한다.

조관연은 「후기 식민시대 "원시 타자"에 대한 인식과 재현─데니스 오루크의 〈카니발 투어즈〉를 중심으로」에서 문화적 전회 이후 문자텍스트로 정적이고 통일적이며 몇몇 개의 요인을 가지고 단선적으로 문화현상을 묘사하는 것에 대해 비판에 주목을 한다. 그리고 그는 이에 대한 대응으로 새로운 기술 또는 재현방식이 등장하였던 것을 지적한다. 하지만 정통 다큐멘터리 부분에서는 이런 변화가 상대적으로 늦었을 뿐만 아니라 시도도 많지 않았다고 그는 논한다. 그래서 저자는 이 글에서 데니스 오루크 감독의 〈카니발 투어즈〉가 문학과 인류학에서의 차용한 다양한 방법과 시각들을 활용해서 서구인과 "원시적 타자"의 만남과 오해 그리고 공감과 소통 부재를 꼬집고 있다고 분석한다. 저자는 이러한 그의 작품이 다큐멘터리의 새로운 지평을 열었을 뿐만 아니라 고전으로 평가받고 있음을 또한 지적한다. 이 글에서 저자는 오루크 감독이 선보인 풍자와 자기 현시 그리고 "실제 극영화"의 개념을 중심으로 그의 작품을 해석한다. 이는 오래된 문화(문명)와 야만의 이분법을 해체하고, 상호 공감과 이해의 토대에 대해 재사유하게 만든다고 제안한다.

「여행소설을 통해 본 장소 정체성의 구성 양상─소설집『그 길 끝에 다시』를 예로 들어」에서 조명기는 근대 국민국가 층위의 공간구조가 지역 정체성을 매개로 개인의 지역서사 생산에 어느 정도 개입하는지를 살핀다. 개인적 차원의 기억과 망각에 의해 지역서사가 구성되는 것처럼 보일 때에도, 개인의 기억과 망각 그리고 절대적 타자성의 배제나 관리 가능한 것으로의 수정 혹은 상실된 것으로 사전 경험 등은 근대 국민국가의 유기체적·위계적 공간구조에 절대적으로 기인하고 있음을 보여줌으로써 이 구조에 내재되어 있는 내부 식민지성을 드러낸다. 이를 위해 이 글은 소설집『그 길 끝에 다시』의 국내여행소설을 예로 들어, 최근 한국 작가들이 국내의 로컬과 장소 정체성을 구성하고 정위시키는 층위와 방식을 살폈다. 여행소설들의 인물은 모두 서울에서 출발하며 목적지에 대해 이미 알고 있다고 믿지만, 목적지에 대한 기지감은 출발지·정주지와 자아 정체성에 대한 기지감과 직결된다. 그러나 목적지에 대한 개인적 기지감과 망각은 목적지와 출발지를 구획하고 이 공간들의 정체성을 국가경계 내에서 유기적으로 조직하는 근대 국민국가의 공간구조가 야기한 효과다. 그리고 목적지의 절대적 타자성은 근대 국민국가의 유기체적·규범적 공간구조 자체가 불안과 공포를 내장한 취약한 구조라는 사실을 폭로한다. 이는 이 소설집의 여행소설에서 발견되는 멜랑콜리의 이중적 성격과 직결되는 데, 이 과정을 통해 소설들은 결핍을 상실로 전환함으로써, 국민국가의 공간구조를 선험적인 것으로 승인한다.

박수경의 「세계유산등록을 둘러싼 한일 재현의 정치 - '메이지일본의 산업혁명유산 제철 · 철강, 조선, 석탄산업'을 중심으로」는 나가사키의 하시마 통칭 군함도의 유네스코 유산 등록을 둘러싼 논쟁을 둘러싼 재현의 정치에 주목한다. 2015년 7월 일본은 유네스코에 '메이지 일본의 산업혁명유산 - 제철 · 철강, 조선, 석탄산업'을 세계유산으로 등록하였다. 그러나 이 유산군에는 식민지조선인이 강제 동원된 곳이 다수 포함되어 한국의 등록반대가 거세었다. 특히, 나가사키의 하시마 통칭 군함도가 화제의 중심이었다. 이 글은 양국이 유산군을 대상으로 어떠한 재현의 정치를 펼쳤는지를 비판적으로 고찰하는 데 목적을 두고, 우선 일본이라는 국가적 레벨에서 유산군의 등록이 가지는 의미를 탐색하였다. 그 결과, 일본은 아베의 전후 70년 담화에 나타나는 '메이지 영광론'이 세계유산등록취지문에 재현됨을 확인하였다. 나가사키라는 지역 레벨에서는 하시마의 브랜드화 작업으로 지역의 경제 활성화가 도모되고 있음을 알 수 있었다. 한편 한국에서는 국가 차원보다는 방송, 언론 매체를 통하여 유산군 등록반대 움직임을 보였는데, 하시마에 대해서는 하시마의 고통스런 조선인들의 기억을 복원시키는 데 큰 힘을 보탠 일본의 양심적 시민단체에 대해서 재일 '조선인'이라는 단어가 가지는 터부에 속박당하여 이 단체의 소개를 회피하는 경향성을 읽어 낼 수 있었다. 그리고 정한론의 효시라 할 수 있는 요시다 쇼인이 운영한 사설교육기관인 야마구치의 쇼카손주쿠에 대한 언급 또한 자제되고 있음을 밝혔다. 한국의 유산군에 대한 비판적 목소리에도 자국중심성이 담긴 재현의 정치가 일어나고 있음을 부정할 수 없음을 명확히 하였다.

3부에서는 '서사와 로컬의 재탄생'이라는 제목 하에 각각의 글이 구체적인 장소─한국의 광주 대인 시장과 독일 함부르크 파크픽션─에서 현재에도 지속적으로 벌어지는 로컬의 장소를 둘러싼 서사 만들기와 재현의 정치라는 주제를 다룬다. 여기에 실린 두 편의 글은 현재라는 시간에 사람들이 삶을 영위하는 구체적인 장소를 다루고 그 장소를 둘러싼 서사와 재현의 정치에 직접적으로 가담하고 있는 주체들의 행위들에 주목을 한다는 점에 앞의 다른 글들과는 구별된다.

문재원은 「로컬서사 구성과 수행적 실천─광주 대인시장을 중심으로」에서 주체화의 과정이 탈주체화-재주체화의 운동적 과정을 수반하듯이, 로컬은 글로벌화 기제를 수반하는 수동적인 위치에만 고정되지 않으며, 복합적이고 다중적인 스케일에 접속되면서 끊임없이 재구성된다는 점에 주목하면서, 광주 대인시장의 공간적 실천을 주목하고자 한다. 특히 2000년 이후 대인시장의 변화에 적극적으로 개입한 예술가들의 미학적 실천을 중심으로 고찰하고자 한다. 이후 예술시장, 문화시장, '대인夜시장', '별장' 등으로 명명되는 네이밍의 변화는 단순한 명명의 변화가 아니라, 명명전략이 수행하는 공간적 실천과 연관되어 있다. 이러한 호명의 변화과정 안에서 대인시장-상인, 대인예술시장-예술가 집단, 대인예술夜시장-청년셀러 등의 수행적 주체들의 변화도 발견된다. 물론 이러한 전환이 직선적인 단계로 진행된다기보다 여러 겹들이 중첩되어 있다. 그러므로 대인시장에는 현재 상인-소비자뿐만 아니라, 예술가, 관람객, 지자체 정부, 관광객 등 다양한 층위의 주체들의 공간적 실천이 겹쳐지고, 다양한 주체들의 협상과 대화의 장을 통해 장소의 서사는 끊임없이 재구성된다.

김동규는 「공공미술과 장소서사－함부르크 파크픽션을 중심으로」에서 함부르크의 대표적 공공미술 운동인 파크 픽션의 사례를 둘러싼 서사 만들기와 재현의 정치의 복잡한 양상에 주목을 한다. 장소성에 기반을 둔 공공미술은 예술을 삶 속으로 투여하려 했던 옛 아방가르드의 실천을 더 근본적으로 추구하고자 했다. 장소의 서사를 생산하고, 기존의 장소 서사와 충돌하면서 공공미술은 공적 장소와 일상에 다양한 활력을 제공했다. 최근 신자유주의 광풍이 몰아치면서, 장소의 서사와 장소의 물리적 형태 역시 신자유주의 서사를 따라가는 경향이 있다. 체계에 의해 점점 식민화되는 생활세계의 문제를 막아내는 데 공공미술이 중요한 역할을 수행할 수 있다. 심지어 공공미술이 작동시키는 생활세계의 논리는 하버마스가 말하듯 수세적인 차원에 그치지 않는다. 오히려 공세적인 태도로 체계에게 뺏긴 일상의 장소를 재탈환하고 공고히 하는 작업을 수행하는 것이다. 이러한 양상을 구체적으로 설명하기 위해, 이 글은 함부르크의 대표적 공공미술 운동인 파크 픽션의 사례를 들고 있다. 함부르크의 파크 픽션 운동은 공공미술이 어떻게 장소서사를 생산하고 탈환하고 방어하며 유지할 수 있는지를 보여주었다. 끝으로 이 글은 파크 픽션 운동의 공적 잠재력을 공공미술 비평기준을 적용하여 가시화하고 있다.

이 책은 로컬서사와 재현의 정치의 다층적이고 역동적인 양상들을 포착하고 로컬서사의 가능성과 한계를 살펴보기 위해 인문학의 다양한 자료들을 통한 학제적 접근을 시도하였다. 지구화 시대에 대항적·대안적 서사의 공간으로서 로컬서사의 구성과 재현을 둘러싼 문화정치적 역학관계에 관심이 있는 이들에게 이 책이 조금이나마 도움이 되기를 바라는 마음이다.

차례

3부 —— 서사와 로컬의 재탄생

1부

재현을 통한 로컬서사
다시 쓰기의 가능성 모색

이유혁 서사와 재현의 정치학
토마스 킹의 원주민 서사의 로컬 서사로서의 가능성에 대해서

손은하 재현된 이미지에 나타난 로컬의 기억
영화 〈지슬〉과 〈비념〉을 중심으로

서사와 재현의 정치학

토마스 킹의 원주민 서사의 로컬 서사로서의 가능성에 대해서*

이유혁

1. 킹의 원주민 서사의 로컬 서사로서의 특징

　이 글은 캐나다 소설가인 토마스 킹Thomas King의 단편 소설들과 에세이들에 대한 분석을 통해 그가 재현하는 원주민 서사의 특징적인 양상과 그가 추구하는 재현의 정치학을 살펴보는 데 그 목적이 있다. 국내에서 북미 소수자 문학과 문화에 대한 연구가 주로 흑인들과 20세기 후반부의 이민자들 ─ 특히 아시아계 이민자들 ─ 에 의해 이룩된 소수자 문학과 문화 연구에 집중된 것에 반해, 같은 소수자 문학과 문화로 분류되는 일종의 원조 격이라고 할 수 있는 원주민 문학과 문화에 대한 국내에서의 연구는 아직도 상당히 초보적인 수준에 머물러 있는 것이

*　이 글은 원래 동일한 제목 하에 『영어영문학연구』 58(4), 2016.12.31, 179~204쪽에 출판되었으며, 여기에서는 약간의 수정·보완이 이루어졌다.

현실이다.[1] 국내의 북미 원주민 문학과 문화 연구에 대한 필자의 자료
조사에서 발견한 흥미로운 사실은 셔만 알렉시Sherman Alexie에 대한 연
구가 2008년 이후부터 국내의 한 학자에 의해서 최근까지 지속적으로
이루어지고 있다는 것이다.[2] 이는 오히려 그만큼 북미 원주민 문학과
문화에 대한 국내 학자들의 관심이 아주 적다는 것을 단적으로 드러내
고 있다. 이 글의 연구가 이러한 북미 원주민 문학과 문화 연구의 척박
한 현실에 작지만 의미 있는 기여를 할 수 있기를 바란다.

셔만 알렉시 만큼은 아니지만 지금까지 킹에 대한 국내 학자들에 의
한 연구는 모두 세 편의 논문들이 있다.[3] 오민석은 두 편의 논문을 통해
킹의 단편 소설 모음집인 『캐나다에서 인디언들의 짧은 역사A Short History
of Indians in Canada』[4]와 『한 좋은 이야기, 그것One Good Story, That One』[5]에 대한 개별
적인 분석을 하고 있으며, 민태운은 킹의 장편 소설 『푸른 초원, 흐르는
물Green Grass, Running Water』[6]에 대한 분석을 하고 있다.[7] 이 세 편의 논문은 킹

---

1 원주민 (indigenous) 문학과 문화라는 용어를 사용하지만 원주민이라는 단어는 실제로
   는 문화적 · 언어적으로 아주 다양하고 차이 있는 여러 민족 집단들을 포함하고 있다.
2 현재까지 셔만 알렉시에 대한 국내의 연구로는 모두 7편의 논문들이 있는데, 그 중의 6편
   의 논문들이 노헌균에 의해서 쓰인 것이고 1편은 김종갑에 의해 쓰인 것이다. 이러한 국내
   에서 알렉시에 관한 논의들의 특징들이 어떠한가 하는 것은 이 글의 논지와 직접적인 관련
   이 없기에 여기서는 다루지 않는다. 구체적인 서지 정보에 대해서는 인용문헌 목록을 참고
   하기 바란다.
3 알렉시는 미국에서 활동하는 대표적인 원주민 작가이고 킹은 캐나다에서 활동하는 대표
   적인 원주민 작가이다. 킹은 미국에서 태어났지만 그가 작가로서 본격적인 활동을 시작하
   고 작가로서의 명성을 쌓은 곳은 캐나다이고 오랫동안 대학 영문학과 교수로서 활동하다
   이제는 은퇴하였고 현재까지 여전히 캐나다에 거주하며 활동하고 있다.
4 Thomas King, *A Short History of Indians in Canada*, 2005, University of Minnesota Press,
   2013.
5 Thomas King, *One Good Story, That One*, 1993, University of Minnesota Press, 2013.
6 Thomas King, *Green Grass, Running Water*, 1993, Bantam Books, 1994.
7 민태운, 「『푸른 초원, 흐르는 강물』에서 '진짜 원주민'의 문제」, 『현대영미소설』 17.1,
   2010, 7~27쪽; 오민석, 「경계를 넘어서, 소수문학의 서사전략 −토마스 킹의 『캐나다 인

의 글쓰기의 전복적인 특징에 초점을 맞추어 구체적으로 그의 글에 나타난 다양한 서사적 전략에 대해 분석하고 있다. 물론 이러한 킹의 글쓰기 전략의 전복적인 특징은 아놀드 데이비드슨Arnold E. Davidson, 프리쉴라 월턴E. Priscilla Walton, 제니퍼 앤드루스Jennifer Andrews가 그들의 공동저서 『경계 넘기*Border Crossings*』에서 킹의 글들에 대한 자세한 분석을 통해 설득력 있게 제시하고 있는 논점이기도 하며 킹의 글쓰기 전략의 전반적인 특징을 이해하는 데 있어서 중요한 요소이기도 하다.[8] 그런데 필자가 위의 세 편의 논문들에서 발견한 것은 킹의 전복적 수사 전략이 유럽 중심적이고 백인 중심주의적인 (이는 또한 국가 중심적이기도 한) 수직적이고 억압적인 (이는 식민적이라고도 할 수 있는) 서사에 의해 강요되는 질서에 대한 의심과 저항과 전복의 추구를 의미함에도 불구하고 킹의 탈식민주의 비판에 관한 중요한 에세이 「고질라 대 포스트-콜로니얼"Godzilla vs. Post-Colonial"」에 대한 언급이 전혀 없다는 것이다.[9] 필자가 이를 언급하는 이유는 킹의 이 에세이가 그의 원주민 서사의 재현과 문화정치학을 이해하는 데 있어서 중요한 관점을 제시하고 있기 때문이다.

「고질라 대 포스트-콜로니얼」에서 킹은 북미의 원주민 문학을 탈식민주의 관점에서 보고자 하는 경향에 반대하는 이유를 분명하게 밝히고 있다. 여기서는 본 글의 논시와 관련하여 다음 단락을 인용한다.

디언의 짧은 역사』』, 『새한영어영문학』 53.1, 2011, 47~66쪽; 민태운, 「전복의 수사학─토마스 킹의 『한 좋은 이야기, 그 이야기』」, 『영미문화』 9.3, 2009, 141~166쪽.

8 Arnold E. Davidson, Priscilla Walton, and Jennifer Andrews, *Border Crossings ─ Thomas King's Cultural Inversions*, University of Toronto Press, 2003.

9 Thomas King, "Godzilla vs. Post-Colonial", *Unhomely States ─ Theorizing English-Canadian Postcolonialism*, 1990, Ed. Cynthia Sugars, Peterborough, Broadview Press, 2004, 183~190쪽.

탈식민적이라는 것은 캐나다 문학을 묘사하기 위해 사용될 수 있는 훌륭한 용어가 될지도 모르지만 원주민 문학을 묘사하기 위해서는 그렇지 않을 것이다. 원주민 작가로서 나는 광범위한 원주민의 글쓰기를 묘사하기 위해서 부족적, 상호연합적, 논쟁적, 그리고 관계적인이라는 용어들에 호의를 갖는다. 여러 가지 이유로 인해 내가 이들을 선호한다. 첫째, 그들은 덜 중심적이고 그러한 용어들 자체 내에서 하나의 문화를 다른 문화보다 더 특권화하지 않는 경향이 있다. 둘째, 그들은 원시주의가 세련화로 나아가며, 이러한 움직임이 자연스럽고 바람직하다는 진보의 의식을 피한다. 셋째, 그들은 북미에 유럽인들의 도착 혹은 이 반구에 비원주민 문학의 도래—이는 마리 블레이커가 "정착민의 잡동사니"라고 부르고 싶어 하는 것이다 —와 같은 변칙적인 것들에 의존하지 않는 원주민 문학을 위한 문화적 · 문학적 연속에 관한 지점들을 확인한다. 넷째, 이러한 용어들은 원주민 문학 전체를 수집하고 저장할 수 있는 "자루들"이 아니다. 그들은 더욱 적절하게 말해서 그곳에서 우리가 어떤 특정한 문학적 경치를 바라볼 수 있는 유리한 위치들이다.[10]

인용문이 제시하듯이, 킹의 원주민 문학에 대한 탈식민주의적 시각에 대한 반대는 그것의 '유럽중심적'이고 '식민주의적'인 경향으로 인함을 분명히 한다. 즉 중심적 혹은 국가적 서사에 의해 만들어 진 프레임 의한 시간적 · 공간적인 위계질서 안에 원주민 문학이 하나의 하위 범주로 놓이는 것을 반대한다. 대신에 원주민 문학을 그가 캐나다 문학

---

10 Ibid., pp.185~186.

혹은 비원주민 문학이라고 하는 식민의 시기 이후에 생성된 문학 체제와 수평적인 관계에서 보고자 한다. 이렇게 하는 이유는 그것이 시공간적으로 훨씬 오래 전부터 북미 대륙에 존재하였고 지속적으로 생산되어 온 원주민 문학의 독특한 특징을 드러낼 수 있기 때문이다. 그렇다고 해서 킹은 원주민 문학을 그가 캐나다 문학 혹은 비원주민 문학이라고 부른 것과는 완전히 독립하여 고립적으로 존재하는 것으로 보지는 않는다. 오히려 그는 자신의 에세이에서 원주민 문학이라고 하는 복수적인 존재들 내에서의 수평적이고 대화적인 관계, 더 나아가 원주민 문학과 그가 캐나다 문학 혹은 비원주민 문학이라고 하는 것과의 수평적이고 대화적인 관계를 중요시 하는 경향을 드러낸다.[11] 이런 맥락에서 필자는 킹이 재현하는 원주민 서사의 문화정치학적인 특징을 하나의 '로컬 서사'로서 보고자 한다. 킹 자신도 원주민 문학의 핵심적인 특징을 "비중심적이고 비민족주의적인" 것으로 묘사하듯이[12], 킹의 원주민 서사의 로컬 서사적 관점은 미시적인 관점에서, 특히 그것의 텍스트적인 차원에서의 서사적 전략뿐만 아니라 좀 더 거시적인 (혹은 사회정치적인) 측면에서 그것이 지향하는 문화정치학의 특징 — 의심과 비판과 전복을 통해 대안적 관점을 제시하는 것 — 과 그가 지향하는 다른 방식의 탈식민적인 비판적 시각을 이해하는 데 도움을 준다.[13]

---

11 Ibid., pp.187~188.
12 Ibid., p.185.
13 여기서 킹의 문학적 추구의 방식에 대해 다른 방식의 탈식민적인 비판적 시각이라고 필자가 표현하는 이유는 다음과 같다. 한편으로 그는 탈식민(post-colonial)이라는 기존의 관점이 유럽중심적인 시간 개념에 기초하여 식민 이전과 식민 이후를 설정하는 것을 거부하는데, 그 이유는 그가 보기에 북미 원주민들에게 가해지는 식민의 역사는 과거의 일일 뿐만 아니라 여전히 현재에도 교묘한 방식으로 강력하게 진행되고 있기 때문이다. 이런 상황에서 그는 나름대로의 저항적이며 대안적인 탈식민적 담론의 생산에 기여를 하고 있다. 이때 탈식민적이

캐나다 원주민들은 유럽식민주의자들에 의해 캐나다라는 근대 국민
국가 (이는 여러 가지 측면에서 식민화의 과정과 연장선상에 놓여 있다)의 과정에
포함됨으로써, 자신들의 오랜 거주지였던 땅을 잃어버리고 언어를 거
의 상실할 지경에 이르렀고 그에 따라 자신들의 고유한 문화적 특징을
상당 부분 잃어버리게 되며, 이 과정에서 식민주의자들의 입장에서 자
신들에 대한 서사가 부정적인 방식으로 (재)구성되는 것을 경험하였다.
이러한 지배적 또는 식민적 담론은 대개의 식민의 과정과 근대 국민국
가의 형성의 과정에서 상당히 효과적으로 그 힘을 발휘하며 그 영향력
또한 지속적인 것이 특징이다. 캐나다 원주민들의 저항적 투쟁의 과정
은 다양한 방식으로 지속적으로 전개되는데[14] 이 글에서는 비판적이고
대안적인 서사의 형성과 그것의 저항성과 정신의 탈식민화의 가능성에
주목한다.

킹은 그의 문학 작품들에서 식민주의자들과 그들의 논리가 계속해
서 지배적인 역할을 하는 캐나다(와 미국의) 근대 국가 형성 과정에 대해
서 근원적인 비판을 수행함과 동시에 원주민들의 정체성의 (재)정립을
위한 서사를 구성해간다.[15] 이러한 그의 시도는 종종 식민주의적인 특

라는 용어에 의해 필자가 의미하는 것은 post-colonial이라기보다는 decolonial 혹은 anti-
colonial을 가리킨다. 이 글에서 킹의 문학적 추구와 관련하여 탈식민이라는 용어를 통해서
필자가 의미하는 것은 바로 이것이다.

14 집회, 점거, 단식 등과 적극적인 행동적 방식을 통해 그들의 저항적 투쟁을 수행하기도 하고
다양한 문화정치적인 사회 문화 운동을 통해서도 그들의 저항적 목소리를 표출하기도 한다.
최근에 일어난 것 중에 Idle No More 이라고 명명된 캐나다 원주민들의 저항운동은 캐나다에
서 일어난 점거 운동으로서 캐나다를 넘어 초국가적인 관심을 불러일으켰다. 이에 대한 자세한
논의를 위해서는 'IdleNoMore'이라는 웹사이트(http://www.idlenomore.ca/)와 Kino-nda-
-niimi Collective가 편집한 Idle No More 운동의 자료집인 『우리가 춤을 췄던 그 겨울』(The
Winter We Danced)을 참고하기 바란다. The Kino-nda-niimi Collective, ed., The Winter
We Danced — Voices From the Past, the Future, and the Idle No More Movement, Arbeiter Ring
Publishing, 2014.

징을 나타내는 중심적인 또는 국가적인 서사에 대항하는 비판적·대안적 서사로서의 로컬 서사의 (재)발견과 (재)구성의 한 방식이라고 할 수 있다. 다시 말해, 킹의 원주민 서사의 문학적 재현은 캐나다에서 원주민의 문화정치적인 위치가 이미 철저하게 주변적이고 왜곡되고 지워지는 수직적이고 억압적인 상황에서 원주민들의 문화정치적인 위치를 (재)발견하고 (재)구성한다는 측면에서 캐나다에서 원주민 서사의 공간정치문화적인 위치의 확보에 기여하며 이를 통해 그것의 저항성을 모색한다고 할 수 있다. 이는 한마디로 원주민 서사의 로컬리티 또는 로컬 서사로서의 원주민 서사의 비판적이고 대안적인 특징에 관한 문화정치학적 지형학의 다시 그리기라고 할 수 있다.

이러한 주제를 논하기 위해서 본문에서는 킹의 에세이 모음집인『이야기들에 관한 그 진실*The Truth about Stories*』[16]과 단편 소설 모음집인『한 좋은 이야기, 그것』에 수록된 몇 편의 이야기들에 대한 분석을 통해 킹이 재현하고 재구성하는 서사들의 로컬 서사로서의 가능성을 살펴볼 것이다.『이야기들에 관한 그 진실』에서 킹은 자신의 서사에 대한 이론적인 생각들을 구체적으로 드러내고 있으며 이에 대한 분석은 그의 서사에

---

[15] 킹은 자신의 글쓰기를 통해 캐나다라는 한 국가 내에서의 원주민들의 문제와 관련한 다양한 주제들을 다루고 있지만 또한 동시에 그의 이야기의 범위가 캐나다를 넘어서 미국을 포함한 북미 대륙 전체를 포괄하기도 한다. 원주민들의 입장에서 볼 때 캐나다와 미국을 가로지르는 국경은 그들의 의지와 삶의 방식과는 완전히 반하여 인위적으로 만들어진 경계에 불과하기 때문이다. 그의 단편 소설「경계들」("Borders")은 바로 이에 관한 이야기이다. Thomas King, *One Good Story, That One*, pp.133~147. 이 주제는 이 글의 전체적인 주제와도 긴밀하게 연결된다. 간단히 정리하면, 킹이 자신의 원주민 서사에 대한 재현을 통해 비판적 대상으로 삼는 중심적 서사는 캐나다라는 국가적인 서사이기도 하지만 이는 많은 경우에 북미라는 더 확장된 지역을 염두에 두고 할 때가 많다는 것이다. 이에 대한 논의는 이 글의 후반부에서 좀 더 자세하게 이루어 질 것이다.

[16] Thomas King, *The Truth About Stories —A Native Narrative*, 2003, University of Minnesota Press, 2005.

대한 생각을 어느 정도 체계적으로 이해하는 데 도움을 준다. 이러한 그의 이론적인 생각들을 그의 단편 소설집 『한 좋은 이야기, 그것』의 몇 편의 단편 소설들과 연결하여 그의 원주민 서사의 특징을 분석하고자 한다.

2. 킹의 원주민 서사의 분석 — 세 가지 주제를 중심으로

여기에서는 킹이 자신의 문학적 글쓰기를 통해 재현하는 원주민 서사의 특징을 세 가지로 나누어서 살펴보고자 한다. 첫째는 그의 글에 종종 등장하는 창조에 관한 서사이다. 이를 통해 그는 시간과 삶과 세계에 대한 원주민들의 인식의 특징에 대해서 드러낸다. 둘째는 원주민들의 삶의 특정 이미지가 스테레오타입화되어 지속적으로 재현되는 것에 대한 비판으로서, 킹의 서사적 재현에서 특히 주목할 만한 점은 그가 원주민들의 현재적 삶의 어떤 — 주변화되고 왜곡되고 지워진 — 특정한 양상을 재현함으로써 원주민의 삶에 대한 비판적·대안적 서사를 구성하고자 시도한다는 것이다. 셋째는 그의 원주민 서사의 재현에서 널리 알려진 주제인 경계border의 문제에 대해서이다. 여기서 경계는 국경이라고 하는 물리적인 경계와 인식적인 차원에서 정체성의 범위 boundary가 강제화 되는 경계의 문제도 포함한다. 킹이 재현하는 원주민 서사의 특징을 이와 같이 세 가지 범주로 나누는 것은 그의 글쓰기의 특징의 모든 측면을 포괄하는 것은 아니며 이 글에서 다룰 두 작품집 『이야기들에 관한 그 진실』과 『한 좋은 이야기, 그것』을 중심으로 이 글의 논지에 맞게 필자가 정한 것이다.

첫째, 킹의 원주민 서사의 문학적 재현에서 자주 등장하는 창조에 관한 이야기. 킹은『푸른 초원, 흐르는 물』,「한 좋은 이야기, 그것"One Good Story, That One"」,[17]「당신은 무엇이 일어났는지를 결코 믿지 않을 것이다"You'll Never Believe What Happened"」[18] 등과 같은 이야기들에서 창조에 관한 원주민 서사를 재현한다. 그런데 필자가 주목하는 것은 이러한 킹의 원주민의 창조에 관한 서사를 재현하는 목적이 새로운 질서를 세우기 위한, 즉 어느 한 버전이 다른 버전보다 더 낫고 우위에 있다는 것을 말하고자 함이 아니라는 것이다. 유럽에서 이식된 기독교적인 창조의 이야기의 중심적 우위를 전복하여 새로운 질서를 만들어 내려하기보다는 오히려 원주민의 창조의 서사를 자기 방식대로 흥미롭게 재현하는 데 중점을 둔다는 것이다. 이를 통해 하나의 대안적인 서사를 구축하려 한다. 이러한 자신의 서사적 전략에 대해서 킹은『이야기들에 관한 그 진실』의 첫 번째 장인「당신은 무엇이 일어났는지를 결코 믿지 않을 것이다」에서 자세히 설명한다. 여기서 언급되는 원주민 창조의 이야기는 킹의 다른 작품에서의 창조의 이야기와는 다른 것이다. 실제로 킹이 제시하는 원주민의 창조의 서사는 모두가 동일한 버전이 아니며 어떻게 보면 각각이 녹특한 구조와 의도를 가지고 다르게 재현되고 있는 것이 특징이다. 여기에서는 이러한 원주민의 창조에 관한 각각의 서사의 구체적인 내용에 대해서보다는 이러한 원주민 창조의 서사를 재현하는 킹의 독특한 방식에 주목하기 위해 한 가지 예를 제시한다.

---

17 Thomas King, *One Good Story, That One*, pp.3~10.
18 Thomas King, *The Truth About Stories*, pp.1~29.

오케이. 두 개의 창조 이야기들. 하나는 원주민의 것, 다른 하나는 기독교적인 것. 여러분이 아마 눈치 챘듯이 내가 창세기에 관해서 보다는 하늘에서 떨어진 그 여자라는 것 (즉 원주민의 창조의 이야기)에 더 많은 시간을 썼다는 것이다. 내가 짐작하기로 여러분 대부분이 아담과 이브에 대해 들어봤을 것이지만 내 생각으로 겨우 몇 사람만이 참(Charm, 원주민의 창조 이야기에 나오는 주인공)을 만난 적이 있을 것이다. 이러한 이야기들을 말하는 데 나는 다른 전략들을 사용하였다. 원주민 이야기에서 나는 구두로 말하는 목소리를 재창조하고 일반 청중들을 위한 공연이라는 측면에서 그 이야기를 정교하게 만들고자 했다. 기독교 이야기에서 나는 식견이 있는 모임을 위해 그 이야기를 구성하면서 수사적인 거리와 예법이라는 의식을 유지하고자 노력하였다. (…중략…) 원주민 이야기에서 대화적인 목소리는 그 이야기의 풍부함을 강조하는 경향이 있지만 그 이야기의 권위를 감소시키는 경향이 있다. 반면에 기독교의 이야기에서 절제된 목소리는 공식적인 암송을 촉진하지만 진정성을 만들어낸다.[19]

위의 인용문에서 잘 정리되었듯이 킹의 의도는 창조에 관한 두 개의 버전을 동일 선상에 놓고자 한다. 이는 근본적으로 시간과 삶과 세계에 대한 두 개의 다른 방식의 인식이기 때문이다. 그리고 이를 재현함에 있어서 각각의 서사적 재현의 방식의 차이를 보여주고 있다. 이를 통해 구두로 전해지는(또는 재현되는) 원주민 서사의 특징을 강조하며 이것이 기독교적인 이야기의 방식과 차이가 있음을 드러내고자 한다.[20] 이와

---

19 Ibid, pp.22~23.
20 킹의 원주민 서사의 문학적 재현의 특징 중의 하나는 구전되는 원주민 서사의 특징을 문자

같이 원주민의 시간과 삶과 세계에 대한 인식이 유럽에서 이식된 기독교적인 인식과는 다름을 병치시킴으로써 킹은 유럽적인 인식이 중심이고 위계적 질서의 상위에 놓여 있는 것이 아니라 그것도 근본적으로 하나의 로컬적인 인식에 지나지 않으며(비록 당장에는 식민과 근대 국가의 형성의 과정을 통해 중심적인 위치에 놓여 있지만) 이와 함께 원주민들의 인식의 세계도 또 다른 하나의 로컬적인 인식임을 보여주고자 한다.

　이러한 유럽중심적인 관점 — 중심에서 주변을 위계적인 우위에서 바라보는 인식 — 에 대해 문제를 제기하는 또 다른 예는 킹이 원주민 문학을 '탈식민'이라는 관점으로 바라보는 것을 거부하는 것을 통해 드러난다.[21] 그 이유는 탈식민이라는 용어는 연대기적인 순서에 기초하며 (유럽에 의한 식민의 역사를 기준으로 하여 그 이전의 시기와 그 이후의 시기를 구분한다), 문학적 중심지역과 변방지역을 설정하며 (이때 어떤 것이 중심이고 어떤 것이 변방인지에 대한 기준은 권력을 가진 백인 식민주의자들에 의해 설정될 것이라는 것은 쉽게 짐작할 수 있다), (유럽에서 온 특정 민족에 기반을 둔) 민족주의적인 중심을 상정하고 있으며, 결국 유럽인들의 북미 대륙의 정착이 이 용어의 존재 이유의 중요한 근거로 작용하기 때문이다.[22] 이는 한마디로 유럽중심적인 관점에서 원주민의 문학을 바라보고자 하는 시각과 다르지 않다. 자신의 에세이 말미에서 그는 더욱 분명히 말한다. "나는 탈식민이 하나의 용어로 확립되도록 하지 않을 것이다. 왜냐하면 그

　로 된 글쓰기의 세계 속에 살아있도록 구현하고자 시도하는 것이다. 이에 대한 자세한 논의에 대해서 테레사 기벌트(Teresa Gibert)의 다음 참고하기 바란다. Teresa Gibert, "Written Orality in Thomas King's Short Fiction", *Journal of the Short Story in English*, 47, Autumn 2006, pp.97~109. 웹주소는 다음과 같다. http://jsse.revues.org/792

21　Thomas King, "Godzilla vs. Post-Colonial".

22　Ibid, p.189.

것의 핵심에 내가 선택하지 않은 어떤 것으로, 다시 말해 내가 선택하기를 원하지도 않을 어떤 것으로 자신을 상상하도록 하는 상상력의 행위와 제국주의의 행위가 있기 때문이다."[23]

그런데 이러한 그의 글쓰기의 특징은 원주민 서사를 이해하기 위해 자신이 제시하는 네 가지 대안적인 개념들 중에 다음 두 가지에 잘 드러나 있다.[24] '혼합적인'이라는 용어를 통해 그가 의미하는 것은 간단히 말해 구술적 전통과 문자적 전통을 동일한 공간에 병치시키고자 하는 시도이다. 그리고 '관계적인'이라는 용어를 통해서 킹은 원주민 공동체의 동시대적 일상의 삶을 묘사할 때 비원주민들의 삶과 대조되는 충돌적인 측면을 드러내기보다는 그들의 삶이 다른 비원주민들의 삶과 비교하여 전혀 특별하지도 이상하지도 않으며 오히려 이 두 부류의 삶이 서로 분리되어 존재하는 것이 아니라 상호간에 밀접하게 연관되어 또는 서로 얽혀 있는 것임을 보여주고자 한다. 이와 같이 원주민 서사의 이해를 위해 킹이 제시하는 유용한 두 개의 용어들을 통해 알 수 있는 것은 킹이 의도하는 원주민 서사의 재현은 기존의 질서를 뒤엎고 역전된 새로운 수직적이고 억압적인 질서 만들기를 지향하기 보다는 관계적이고 수평적인 인식에 기초한 새로운 질서를 지향하는 듯이 보인다.[25]

---

23 Ibid, p.190.
24 Ibid, p.186~189.
25 말타 드보락(Marta Dvorak)은 이러한 킹의 원주민 서사가 충분히 급진적이고 저항적이지 않은 것으로 인해 — 그녀의 표현에 의하면 토마스 킹의 적대적인 것에서 혼합적인 것으로 전환하는 특징으로 인해 — 일단의 캐나다의 비평가들로부터 신랄한 비판을 받기도 한 것을 지적하면서도 동시에 그의 다른 작품『진실과 맑은 물』(Truth and Bright Water)에 대한 자세한 분석을 통해 이러한 킹의 서사 전략의 독특한 측면을 잘 분석하고 있다. Marta Dvorak, "The Discursive Strategies of Native Literature — Thomas King's Shift from Adversarial to Interfusional", Ariel, 33. 3~4, 2002, pp.213~230.

둘째, 원주민들의 삶에 대한 스테레오타입적 재현과 서사의 구성에 대한 비판적·대안적 시도로서 그들의 '현재적' 삶의 주변화 되고 억압된 양상에 관한 킹의 서사적 재현. 『이야기들에 관한 그 진실』의 두 번째 장 「당신은 내가 생각한 그런 인디언이 아니다"You're Not the Indian I Had in Mind"」에서 킹은 북미의 백인 주류의 중심적인(또는 국가적인) 서사적 프레임에 의해 구축된 특정 스테레오타입에 따라 인디언들의 삶이 왜곡되어 재현되며 이것이 지속적으로 반복되는 것에 대해서 논한다.[26] 그런데 여기서 주목하고자 하는 것은 이러한 스테레오타입의 문제점에 대한 지적과 함께 킹이 대안적으로 제시하는 서사의 방식이다. 즉 그는 이러한 스테레오타입의 문제점을 지적하고 비판하고 이를 직접적으로 고치려하기보다는 인디언들의 현재적 삶의 모습임에도 불구하고 제대로 알려지지 않은— 다시 말해, 숨겨지고 왜곡되고 주변화된— 인디언의 현재적 삶의 중요한 양상을 드러내어 보여준다.

「당신은 내가 생각한 그런 인디언이 아니다」에서 킹은 에드워드 셰리프 커티스Edward Sheriff Curtis라는 유명한 사진작가가 1900년경에 북미의 인디언들을 사진에 담고자 하는 프로젝트를 30년 정도 수행한 뒤 그 중에 많은 것들을 출판한 것에 주목한다. 커티스는 어떤 특정한 인디언들의 삶의 이미지들이 사라지기 전에 사진에 담고자 하였다. 킹은 이러한 그의 프로젝트를 미국 문학의 낭만주의에서 인디언들을 재현함에 있어서 어떤

---

26 Thomas King, *The Truth About Stories*, pp.31~60. 이 에세이에서 킹은 '인디언'이라는 단어를 사용한다. 필자도 이러한 그의 서술 방식에 따라 이 글에서 필요한 곳에서는 인디언이라는 용어를 사용한다. 이 글 전체적으로 필자는 인디언과 원주민이라는 용어를 분리해서 사용하지만 궁극적으로 동일한 민족적/인종적 그룹을 지칭하기 위해서 사용한다. 그러나 이 두 용어는 상당히 다른 문화적·민족적·정치적 의미를 내포하고 있는 것이 사실이다. 하지만 여기에서 이에 대해서 자세한 논의는 하지 않는다.

특정한 이미지로 — 예를 들면, 독신이면서 영웅적인 남성으로서의 인디언의 이미지와 죽음과 고상함을 함께 불러일으키는 이미지 — 로 종종 묘사하는 것과 동일한 맥락 속에서 이해한다. 커티스의 경우에도 사라져가는 상상의 구성물이라고 할 수 있는 어떤 특정한 인디언 이미지를 찾아다녔다. 또한 심지어는 그러한 이미지를 만들기 위해서 자신의 생각에 인디언처럼 보이지 않는 인디언을 만나게 되었을 때 사진을 찍는 데 사용하기 위해서 자신이 항상 인디언과 관련된 장식물들 — 가발들, 담요들, 그림이 그려진 배경 막들, 의상들 — 을 갖고 다녔다. 이를 통해 킹이 강조하는 것은 사진이 현실의 순간들을 있는 그대로 기록한 것이라기보다는 오히려 상상의 행위들이라고 논한다.[27]

이러한 커티스의 이야기를 통해 킹은 다음과 같이 자신의 코멘트를 덧붙인다. "어떤 문화에서처럼 인디언의 문화도 활력이 넘치고 변하는 것이다. 커티스가 인디언 문화를 접하였을 때 그것은 이전에 그러했던 것에서 장차 어떻게 될 것이라는 쪽으로 변하고 있었다. 그러나 '그 인디언'이라는 아이디어가 이미 시간과 공간에 고정되어 있었다. 심지어는 커티스가 그의 첫 번째 카메라를 만들기 전에도 그러한 이미지가 이미 자리 잡고 있었다. 그의 임무는 여러 부족들을 방문하면서 자신이 본 것 중에 스스로에게 필요한 것을 잘 찾아내는 것이었다."[28]

위의 코멘트에서 킹은 두 가지를 지적하고 있다. 첫째, 인디언의 문화가 다른 어떤 문화처럼 어떤 진공상태나 박물관에 존재하는 것이 아니라 변하는 세상 속에 있음을 강조한다. 둘째, 그럼에도 불구하고 중

---

27 Ibid, p.43.
28 Ibid, p.37.

심적(또는 국가적 또는 식민적인) 이데올로기에 의해 어떤 특정 이미지로 고착화된 원주민에 대한 스테레오타입이 사람들의 인식 세계에 강력하게 지속적으로 각인되어 영향력을 발휘한다는 것이다. 헐리우드 영화나 주류 미디어에 의해서 재현된 인디언에 대한 특정 이미지와 그들의 삶에 대한 왜곡된 모습은 여전히 쉽게 사라지지 않는다.[29] 이렇게 우리에게 주어진 재현된 이미지들과는 다른 방식으로 인디언의 삶을 생각할 때 우리가 생각해 낼 수 있는 심지어는 상상'해 낼 수 있는 것은 어떤 것들이 있는가? 「당신은 내가 생각한 그런 인디언이 아니다」에서 킹은 단순히 다른 이들이 이러한 스테레오타입의 이데올로기적인 영향력에 지배되어 그것의 확대 재생산의 일상적인 과정에 의식적·무의식적으로 동조하는 것을 비판할 뿐만 아니라 자신의 개인적인 경험을 통해 스스로도 그러한 영향에서 전혀 예외가 아니었을 정도라는 것을 솔직하게 드러낸다.

그런데 더욱 흥미롭고 주목할 만 한 점은 이러한 스테레오 타입에 대한 비판적·대안적인 입장을 제시하면서 킹은 고정되고 박제된 삶이 아니라 변화의 흐름 속에 존재하는 인디언의 현재적 삶의 모습의 몇 가지 양상을 보여준다는 것이다. 첫 번째 예는 킹이 자기 동생과 함께 뉴멕시코 주를 방문하여 유명한 인디언 윌 로져스Will Rogers의 동상을 처음으로 보게 된 일에 대한 것이다. 이는 겉보기에는 어떤 유명한 카우

---

29 예를 들면 티모씨 글렌(Timothy Glenn)이 자신의 논문에서 보여주는 원주민들의 이미지들, 혹은 서부 영화에서 종종 등장하는 인디언의 이미지들이 이러한 전형적인 이미지들에 속한다. Timothy Glenn, "Cultural Resistance and 'Playing Indian' in Thomas King's 'Joe the Painter and the Deer Island Massacre'", *Western American Literature*, 45.3, Fall 2010, pp.229~251.

보이의 모습을 하고 있었다. 이러한 겉모습만을 보고 그가 인디언인지를 전혀 상상할 수 없었다. 이에 대해서 킹이 다음과 묘사한다. "로저스는 오클라호마의 클레모어 근처에서 태어났다. 그의 가족은 체로키 네이션 가운데 유력한 집안이었다. 그러나 그는 전혀 인디언처럼 보이지 않았다. 어떤 구성적인 방식으로도 그렇지 않고, 커티스가 인디언처럼 보이기를 원하는 그런 방식으로도 전혀 그렇지 않았다. 관광객들이 주차장에 들어와 그 동상을 처음으로 보았을 때 이 사람이 시팅 불Sitting Bull이나 크레이지 호스Crazy Horse나 제로니모Geronimo만큼 유명한 인디언이었다는 것을 결코 알 수 없을 것이다."[30] 킹과 그의 동생은 로저스가 인디언이라는 것을 안다. 하지만 그가 수많은 사진에 있는 인디언의 이미지들과 전혀 다름으로 의해 과연 다른 이들은 그가 인디언인지를 어떻게 알 수 있을까라는 딜레마에 빠진다.

킹이 묘사하는 또 다른 예는 착토우−체로키−아이리쉬 작가인 루이스 오웬스Louis Owens의 경우이다.[31] 그는 혼혈인 자기 가족의 오래된 사진첩을 뒤적이지만 '인디언'을 전혀 찾을 수가 없다. 그 이유는 인디언으로 인정될 만한 어떤 장신구랄지 옷이랄지 하는 장식들을 전혀 하고 있지 않았고 사진의 배경 또한 그런 것들과는 전혀 상관이 없었기 때문이다. 킹은 이에 대한 이유를 캐나다의 식민 역사와 근대 국가 형성의 역사 ― 구체적으로 선교사들과 교육자들과 정부 관리들이 기숙학교들과, 유럽의 역사, 인디안 법, 종결법, 1950년대의 재배치 프로그램과 같은 다양한 방식으로 강제적으로 인디언들이 자신들의 정체성을 포기하도

---

30 Thomas King, op. cit, pp.41~42.
31 Ibid, pp.43~45.

록 한 역사 ─ 와 연결한다. 그런데 이들의 후손들 ─ 오웬스와 킹과 그의 동생을 포함하여, 이들은 모두 혼혈 인디안 후손들이다 ─ 은 만들어진 스테레오타입에 따른 이미지를 통해 자신들의 원주민 정체성을 찾고자 하는 아이러니한 상황에 처해 있다. 오웬스의 경우처럼, 킹과 그의 동생도 인디언들을 사진에 담고자 하는 여행을 시작하기 전에 자신들의 머릿속에 사진에 담을 인디언의 이미지로 떠오른 것은 인디언에 관한 주어진 스테레오타입적인 이미지가 전부였다고 고백한다.[32]

　　그런데 이러한 문제가 단지 소수의 문제이거나 어떤 한 지역의 문제에만 한정되지 않는다. 한 지역, 한 국가를 넘어 광범위하게 퍼져 있음을 킹은 자신의 개인적인 경험을 통해서 입증한다. 킹은 자신이 우연히 독일 배를 타고 뉴질랜드에서 잠시 머무르게 된 과거의 이야기를 들려준다. 그가 뉴질랜드로 향하는 배에서 자신을 체로키 또는 북미의 인디언이라고 소개하였을 때 다른 선원들이 흥미를 가지면서 동시에 의혹의 눈초리로 바라보았다. 그 이유에 대해서 킹은 다음과 같이 묘사한다. "영어를 조금 하는 그 요리사가 내게 말하기를 자신이 칼 메이Karl May의 소설들을 모두 읽어서 인디언들이 어떻게 생겼는지에 대한 상당한 이해를 하고 있는데 나는 자신이 상상했던 그런 인디언이 아니라는 것이었다."[33] 이러한 상황에 대해서 킹은 다음과 같이 자신의 코멘트를 덧붙인다.

32　인디언에 관한 스테레오타입의 압도적이고 교묘한 영향력에 대한 테레사 기벌트의 논점도 주목할 만하다. 특히 그녀는 킹이 자신의 좋은 의도에도 불구하고 이러한 스테레오타입이라는 함정에 빠질 뻔했다는 것을 언급한다. Teresa Gibert, "Narrative Strategies in Thomas King's Short Stories", *Telling Stories ─Postcolonial Short Fiction in English*, ed. Jacqueline Bardolph, Rodopi, 2001, p.69.
33　Thomas King, op. cit., p.48.

모든 사람이 누가 인디언 인지를 알았다. 모든 사람이 우리가 어떤 모습을 하고 있는지를 알았다. 심지어 인디언들도 그러했다. 그러나 내 동생과 함께 오클라호마의 그 주차장에 서서 윌 로저스의 동상을 바라보면서 나는 아마 처음으로 내가 알지 못한다는 것을 깨달았다. 혹은 더 정확하게 말하자면 내가 인디언들을 어떻게 재현할지를 알지 못했다는 것이다. 내 동생이 옳았다. 윌 로저스는 인디언처럼 보이지 않았다. 내가 서부로 와서 사진에 담을 원주민 예술가들—그들 중에 많은 이들이 친구들이고—의 목록을 마음속으로 생각했을 때 그들 중에 상당히 많은 수가 인디언처럼 보이지 않았다는 사실을 깨닫게 되었다. 그런데 어떻게 살아있고 저항하는 어떤 것—(현재 살아 있는)인디언들—은 눈에 보이지 않는 데 결코 존재하지 않은 어떤 것—(만들어진 것으로서의)그 인디언—이 형태와 영향력을 가질 수 있는가?[34]

위의 인용문의 마지막 문장은 백인 주류에 의해 식민의 과정과 근대국가의 형성의 과정에서 만들어진 인디언에 대한 스테레오타입이 미치는 강력하고 지속적인 영향력에 대한 킹의 코멘트이다. 이러한 강력한 영향력으로 인해 위에서 킹이 제시하는 주변화 되고 왜곡된 현재적인 인디언들의 다른 삶의 모습—윌 로저스라는 과거의 예와 함께 오웬스와 킹 자신의 가족의 삶의 모습과 같은 예들—을 드러내는 것이 과연 얼마나 효과적인지 의문을 가질 수 있다. 중심적이고 국가적인 강력한 서사의 힘에 결국은 굴복되거나 다시 주변화 되고 그래서 잊히는 것은

---

34 Ibid, p.53.

아닌가라는 의구심을 가질 수 있다. 과연 킹이 보여주고자 하는 인디언들의 다른 실제적인 삶의 모습이 그 나름대로의 하나의 비판적·대안적인 서사로 구성되어 확고하게 자리를 잡을 수 있는가 하는 의구심이 들 수 있다. 이와 관련하여 킹이 『한 좋은 이야기, 그것』의 단편 소설 모음집에 나오는 「토템"Totem"」이라는 아주 짧은 이야기를 통해 제시하는 강력한 메시지는 상당히 의미심장하고 강력하다.[35]

이 단편 소설의 줄거리를 간단히 소개하면 다음과 같다. 어느 날 미술관 겸 박물관 구석에 자리 잡고 있는 토템 기둥이 이상한 소리를 내어 그 미술관 겸 박물관에 있는 사람들을 성가시게 하자 그곳의 관장은 그것을 창고로 옮기라고 지시하는 데 그 창고에 여유 공간이 없어서 다른 해결책을 찾고자 한다. 그런데 토템 기둥이 박물관 바닥에 박혀있어서 옮길 수도 없다. 결국 전기톱으로 잘라서 지하실로 옮겨 놓는다. 다음 날 다른 토템 기둥이 이상한 소리를 내어 사람들을 성가시게 하여 다시 잘라서 지하실에 갖다 둔다. 그 뒤 또 다른 토템 기둥이 더욱 더 이상한 소리를 내기 시작하여 그들은 잘라서 지하실에 가둔 뒤 남아 있는 그루터기가 더 이상 자라지 않도록 조치를 취하고자 한다. 그런데 이러한 그들의 조치가 전혀 효율적이지 않음을 깨닫게 되어 여러 가지 다른 방도를 찾다가 결국 가만히 내버려 두기로 결론 짓는다. 이 이야기는 다음과 같이 끝난다. "그 토템 기둥이 구석에 머물러 있었다. 하지만 지미와 라투의 말이 맞았다. 첫 주가 지난 뒤 그 노래 소리가 이전에 만큼 월터를 성가시게 하지 않았다. 한 달이 되었을 때 그가 그 소리를 거

---

35 Thomas King, *One Good Story, That One*, pp.13~18.

의 인식하지 못하게 되었다. 그럼에도 불구하고 월터는 토템 기둥이 계속해서 공간을 차지하고 있다는 것으로 인해 약간은 신경이 쓰였다. 그는 또한 어떤 이유인지 지하에서 나와 마루에 미세한 먼지와 같이 쌓이는 낮지만 일정한 박자의 진동소리에 의해 성가시게 되었다."[36]

이 이야기에서 토템 기둥은 원주민과 그들의 문화를 상징한다. 디 앨리슨 혼Dee Alyson Horne에 의하면 킹은 이 이야기에서 북미의 인디언들이 주류 백인 지배자들에 의해 문화적인 유물로 취급되는 것을 비판하며 토템 기둥이 성가신 소리를 내는 것은 그들 나름대로의 저항의 표시를 하는 것이라고 논한다.[37] 원주민들이 문화적인 유물로 취급되어 미술관 겸 박물관에 전시되는 존재로 취급받는다는 것은 앞에서 킹이 제기한 원주민들이 어떻게 특정 스테레오타입에 기초하여 재현되는가 하는 논의와 연결된다. 즉 실제로 원주민들의 삶은 다른 사람들의 삶과 마찬가지로 현재 이곳의 삶 속에서 다양하게 펼쳐지고 변하는 것인데도 불구하고 그들의 삶이 과거의 특정한 고정된 이미지로 박제화 된다는 것이다. 위의 이야기에서 킹은 주류 백인과 원주민 사이의 힘의 불균형이 여전히 공고히 존재하고 있음을 보여주고 있다. 그런데 필자가 주목하는 것은 위의 이야기의 마지막 부분을 통해서 킹이 혼이 지적하는 원주민 저항의 가능성의 방식 이상의 것을 암시한다는 점이다. 이는 특히 킹이 보여주고자 하는 백인 주류에 의해서 숨겨지고 왜곡된 원주민의 삶의 다른 모습의 비판적·대안적 서사로서의 가능성과 연결하여

---

36 Ibid., pp.17~18.
37 Dee Alyson Horne, *Contemporary American Indian Writing —Unsettling Literature*, Peter Lang, 1999, p.9.

생각해 볼 수 있다.

킹이 보여주는 원주민들의 삶의 다른 모습들은 오늘날 원주민의 현재적인 삶의 다양한 모습과 더욱 일치한다고 할 수 있다. 식민주의와 근대 국가의 형성 과정을 통해 원주민들이 자신들의 고유한 터전을 상당히 잃어버리고 보호구역으로 쫓겨나지만 그 이후에 그들은 그곳에 갇혀서만 살지 않고 캐나다(더 넓게는 미국)의 도시를 비롯한 다양한 지역으로 흩어져서 캐나다의 다른 사람들의 삶과 크게 다를 바가 없는 삶을 산다. 위의 인용문 마지막 문장의 "지하에서 나와 마루에 미세한 먼지와 같이 쌓이는 낮지만 일정한 박자의 진동소리"는 일차적으로 캐나다(와 미국)에서 백인 주류에 의해 이루어지는 오랫동안의 식민적인 억압에도 불구하고 원주민들이 보여주는 저항의 지속성을 가리킨다고 할 수 있는데, 이는 더 나아가 백인 식민주의자들에 의해 다양한 모습으로 이루어지는 다양한 식민적인 정책에 의해서 사라지도록 의도되었음에도 불구하고 여전히 살아서 존재할 뿐만 아니라 캐나다와 더 넓게는 북미 대륙에 흩어져서 그들의 삶을 지속적으로 유지하고 있는 원주민들의 다양한 삶이라고 할 수도 있다. 즉 그들의 존재와 삶이 압제당하고 가두어 지고 지워지고 왜곡되었지만 그럼에도 불구하고 그들은 여전히 다양하게 자신들의 삶을 형성하고 있는 것이다. 무엇보다 이러한 이미지는 또한 킹이 『이야기들에 관한 그 진실』에서 강조하는 서사의 가능성과 영향력과 관련하여 의미 있는 함의를 가진다. 구체적으로 「당신은 내가 생각한 그런 인디언이 아니다」의 끝 부분에서 킹은 다음과 같이 논한다.

현재까지 나는 대략 500명의 원주민 예술가들을 사진에 담았다. 그 사이에 나바조 부족의 예술가 칼 골맨(Carl Gorman)과 같은 어떤 이들은 운명을 하였다. 내가 이것을 끝내기 전에 더 많은 이들이 돌아가실 것이고 새로운 사람들이 그들의 자리를 대신할 것이다. 아마 내가 이 프로젝트를 결코 끝내지 못할지도 모르며, 나와 내 동생이 거의 10년 전에 처음 시작하였을 때 상상했던 그런 책을 결코 보지 못할지도 모른다. 그러나 이것은 중요하지 않다. 사진들은 더 이상 문제가 되지 않는다. 정체성에 대한 질문들도 또한 그러하다. 정말 중요한 것은 이 과정에서 내가 들은 이야기들이다. 그리고 내가 말한 이야기들이다. 세계가 올바르게 되도록 하려는 노력을 하면서 우리는 이야기들을 만들어낸다.[38]

이러한 서사의 형성과 영향력이라는 측면에서 볼 때 "지하에서 나와 마루에 미세한 먼지와 같이 쌓이는 낮지만 일정한 박자의 진동소리"라는 표현은 의미심장하다. 이는 킹이 원주민 서사의 재현을 통해 추구하는 원주민들의 삶의 로컬적지형학을 그리고자 하는 작은 시도가 어떻게 의미 있는 것으로 확장될 수 있는가와 관련하여 의미 있는 함의를 제시한다. 그래서 자신의 에세이의 말미에서 그는 다음과 같이 제시한다. "예를 들면, 윌 로저스의 이야기를 취하라. 이것은 당신의 것이다. 이것을 가지고 당신이 하려는 것을 하라. 이를 학술대회에서 토론 그룹의 주제로 삼으라. 그것을 인터넷에 올려라. 그것을 잊어버려라. 그러나 만약 당신이 이 이야기를 들었더라면 당신이 다른 삶을 살았을지도 모를텐

---

38 Thomas King, *The Truth About Stories*, p.60.

데 라고 나중에 말하지 말아라. 지금 당신이 그 이야기를 들었다."[39]

킹은 『이야기들에 관한 그 진실』의 각 장을 이런 식으로 끝맺는다. 이를 통해 그가 제안하는 것은 중심적(또는 국가적) 서사에 대항하는 비판적·대안적 서사로서의 자신의 원주민에 관한 서사의 로컬 서사로서의 가능성의 모색에 있어서, 즉 그의 서사적 재현이 "지하에서 나와 마루에 미세한 먼지와 같이 쌓이는 낮지만 일정한 박자의 진동소리"가 될 수 있을 가능성의 모색에 있어서 원주민들과 백인들을 포함하는 여러 독자들이 어떻게 반응하느냐가 또한 상당히 중요한 한 요소임을 강조한다. 이는 또한 원주민 서사와 재현의 정치학의 운용원리라는 측면에서 킹이 추구하는 방식의 특징을 드러낸다. 즉 급진적인 대결을 통해 질서의 전복을 꾀하기보다는 비판적이고 대안적인 특징을 보여주는 하나의 로컬적인 서사를 지속적으로 만들어 감으로써 그러한 것들이 서서히 자신들의 자리를 잡고 영향력을 발휘하도록 이끄는 방식이라고 할 수 있다. 이는 이미 원주민의 삶이 백인들을 비롯한 다양한 이민자들과 함께 뒤섞여서 공존하는 형태로 깊이 구성된 현실에서 어쩌면 지극히 현실적인 대안이라고 할 수 있다. 물론 이것이 최종적인 해답은 결코 아니다. 왜냐하면 원주민의 현재적인 삶에는 과거의 식민역사로부터 해결되지 않은 채 남아 있는, 그리고 현재적인 다른 형태의 식민적인 구조로 인해 발생하는 복잡한 문제들과 과제들이 많이 있기 때문이다.

셋째, 킹이 재현하는 경계에 대한 원주민 서사. 『한 좋은 이야기, 그

---

[39] Ibid, p.60.

것』에 수록된 킹의 단편 소설 「경계들」은 그의 많은 작품들 중에서 아마 가장 유명하고 널리 읽히는 작품일 것이다.[40] 이는 이것이 아주 짧은 단편소설이면서도 그것이 주는 메시지가 강하기 때문일 것이다. 이 이야기의 줄거리를 간단히 요약하면 다음과 같다. 어느 날 캐나다에 살고 있는 원주민 어머니와 아들이 미국의 솔트 레이크 시에서 일하고 있는 딸을 만나기 위해서 캐나다와 미국을 가로지르는 국경을 지나게 된다. 미국 쪽 국경 검문소에 이르렀을 때 검문소 직원은 항상 그렇듯이 기본적인 여러 사항에 대해 질문한 뒤 시민권에 대해서 질문을 하는데 그 때 원주민 어머니는 블랙풋Blackfoot이라는 자신의 원주민 정체성만을 밝힐 뿐이다. 캐나다인 인지를 묻지만 그녀는 자신은 블랙풋이라고만 대답을 한다. 이로 인해 미국 국경을 통과하지 못하고 한참의 시간이 흐른 뒤에 다시 캐나다 국경 검문소로 돌아오게 된다. 그곳에서 검문소 직원은 자기 나라에 들어오는 이들에게 항상 그렇게 하듯이 여러 가지 사항을 확인한 뒤 시민권에 대해서 질문을 한다. 이때 그 원주민 어머니는 블랙풋이라고 대답을 한다. 원주민 블랙풋 부족이 캐나다와 미국에 걸쳐서 살고 있으며 이를 알고 있는 미국과 캐나다의 국경 검문소 직원은 어느 쪽의 블랙풋인지를 분명히 말하도록 요구하지만 원주민 어머니는 그저 블랙풋에 속한다는 대답을 고수한다. 그녀의 원주민 아들이 블랙풋이고 캐나다인이라고 분명히 말하지만 그는 성인이 아니어서 그의 대답은 인정되지 않는다.[41] 이로 인해 이들은 이틀 밤을 두 나라의 국경 사이에 있는 면세점 주차장에 '갇혀서' 지내게 되며, 삼 일

---

40 Thomas King, *One Good Story, That One*, pp.133~147.
41 Ibid, p.139.

째 되는 날에 많은 취재진이 이 사실을 알고 몰려옴으로 인해 그제야 검문소 당국자들은 그녀가 자신의 시민권이 블랙풋이라고만 말해도 마지못해 국경을 통과할 수 있게 해주며 원주민 어머니와 아들은 솔트 레이크 시를 방문하고 돌아오게 된다.

물론 킹의 다른 이야기들처럼 이 이야기도 아주 코믹하게 유머러스하게 그려지고 있다.[42] 그러나 이 이야기가 다루는 주제는 아주 심각한 것이다. 이 이야기의 제목이 나타내듯이 여기서 핵심적인 주제는 경계의 문제이다. 경계들borders이라 제목이 암시하듯이, 구체적으로 하나는 미국과 캐나다 사이에 그어진 국경이라는 물리적인 경계의 문제이며 다른 하나는 원주민의 정체성이라는 눈에 잘 보이지 않는 경계의 문제이다. 이 두 가지는 전혀 별개의 것이 아니라 서로 밀접하게 얽혀 있다. 캐나다와 미국의 중서부를 가로지르는 물리적인 경계로서 캐나다와 미국의 영토를 나누는 국경선은 위도 49도 선을 따라 1846년에 만들어졌다. 그런데 미국과 영국이 국경 분쟁을 종결짓기 위한 협상의 과정에 그 땅에 오랫동안 터를 잡고 살아온 원주민들은 완전히 배제되었다. 이로 인해 하루아침에 많은 원주민들의 삶이 자신들의 의지와 상관

---

42 킹의 코믹하고 유머러스한 원주민 서사의 재현 방식의 역할―특히 전복적이고 저항적인 측면―에 대해서는 아이토 이바롤라-애멘다리즈(Aitor Ibarrola-Aemendariz)와 데이비드슨, 월턴, 그리고 앤드루스가 자세한 설명을 제공한다. Aitor Ibarrola-Aemendariz, "Native American Humor As Resistance―Breaking Identity Moulds in Thomas King's *Green Grass, Running Water*", *Miscelanea ―A Journal of English and American Studies*, 42, 2010, pp.67~90; Arnold E. Davidson, Priscilla Walton, and Jennifer Andrews, op. cit. 또한 데이비드슨, 월턴, 그리고 앤드루스는 이 주제를 경계 넘기라는 주제 하에 자신들의 공동저서에서 광범위하고 깊이 있게 논한다. 이 글에서 이러한 글들에서 제기되는 킹의 전복적인 서사적 전략에 대해 필자가 공감을 하면서도 비판적인 입장을 취한다. 그 이유는 이들이 말하는 전복이 종종 텍스트적 차원의 저항―물론 이것이 유의미한 것이기도 하지만―의 한계를 어떻게 넘어설 수 있는가를 생각할 때 회의적인 생각이 들기 때문이다.

없이 이전과는 완전히 다른 것으로 변했으며, 심지어는 동일한 부족으로 동일한 언어와 문화를 가지고 함께 살던 부족들의 삶이 완전히 나뉘기도 하였다. 킹의 단편 소설은 바로 이러한 과정이 얼마나 인위적이고 폭력적이고 식민주의적인 지를 신랄하게 비판하고 있다.

이러한 논지와 함께 에벨린 메이어Evelyn P. Mayer는 킹의 이야기에서 블랙풋 어머니의 행위가 가져다 줄 수 있는 긍정적인 효과를 지적하며 다음과 같이 논한다. "킹은 원주민들의 다수(백인들)와의 관계에 있어서 상상력의 역할을 성공적으로 지적하고 있다. 원주민들이 종종 주변화 되고 피해자의 입장이 되지만 자신들의 영토들 위에 겹쳐진 경계를 재정의하고 (이러한 상태 하에 놓인) 자신들의 문화들을 인정하는 것은 (그들에게) 능력을 주는 것이다. (그 이유는)이를 통해 그들이 경계에 관한 자신들의 상상력들을 제어할 수 있(기 때문이)다."[43] 이러한 경계에 관한 상상력을 스스로 제어한다는 것이 얼마나 중요한 지는 강제로 그어진 물리적인 경계가 단순히 그들의 삶의 외적인 영역을 나누고 통제하는 문제일 뿐만 아니라 그들의 삶의 내적인 영역, 예를 들면 정체성에 대한 경계의 문제에 직접적으로 영향을 주기 때문이다.

이와 관련하여 킹은 『이야기들에 관한 그 진실』의 다섯 번째 장인 「우리들에 대해서 당신이 좋아하지 않는 것이 무엇인가?"What Is It about Us That You Don't Like?"」에서 아주 흥미롭게 자신의 논지를 제시한다.[44] 킹은 두 가지 예를 들지만 이는 모두 인디언들의 정체성의 경계를 어떻

---

43 Evelyn P. Mayer, "Beyond Border Binaries—Boderlines, Borderlands, and In-Between-ness in Thomas King's Short Story 'Borders,'" *International Journal of Canadian Studies*, 43.1, 2011, p.75.

44 Thomas King, *The Truth About Stories*, pp.121~151.

게 정하는가 하는 문제에 대한 것이다. 킹은 다수의 주류 백인들에 의해서 인디언들이 게으르고 술 취하고 호전적이고 어리석다고 평가되는 것을 비판하면서 인디언들 중에서 중산층 이상의 성공적인 삶을 사는 사람들이 많은 것을 지적한다. 그런데 이러한 현실에도 불구하고 대개는 인디언들은 두 부류로 범주화된다고 그는 지적한다. 북미의 평가 기준으로 성공했다고 할 수 없는 — 위에서 언급된 첫 번째 — 부류의 인디언들은 진짜authentic라고 여겨지고, 인디언으로서 의사들, 교육자들, 예술가들, 정치인들, 기업가들이 된 사람들은 가짜counterfeit라고 여겨진다.[45]

킹은 이 주제를 다른 각도에서 설명한다.[46] 그는 캐나다 정부가 누가 인디언이고 누구는 그렇지 않은가라는 정의를 내리는 것에 왜 관심을 가지는 가에 대해서 질문한다. 그리고 이러한 질문 자체가 얼마나 잘못된 것인지를 설명하면서 캐나다 역사에서 누가 이태리인지 아닌지를 정의하는 법이 없었고, 동일한 방식으로 러시아인, 그리스인을 명확히 구분하려는 법이 없었음을 지적한다. 심지어는 19세기에 캘리포니아에 얼마간이지만 멕시코 인들이 법적으로 백인으로 정의된 적도 있었고, 반면에 중국인들은 인디언들로 구분되기도 했던 적도 있음을 언급한다. 그리고 심지어는 캐나다에서 상당 기간 동안 원주민들과 동일한 위치를 차지한 퀘백의 프랑스계 사람들에게는 프랑스계인지 아닌지를 구분하기 위한 법이 없었다는 것을 지적한다. 프랑스계 사람들은 자신들의 언어와 문화를 유지하는 한 어느 누구와 결혼을 하더라도 자신들

---

45 Ibid, pp.147~148.
46 Ibid, pp.148~149.

이 프랑스계라는 것을 요구할 수 있고 유지할 수 있는 데 인디언들은 자신들의 언어들과 문화들이 여전히 잘 보존되어 있는데도 그렇게 할 수 없다는 것, 인디언들이 법적으로 진짜 인디언 인지는 국가에 의해서 정해지고 있다는 식민적인 현실을 지적한다. 이에 대한 자신의 논점을 킹은 다음과 같은 코멘트로 결론짓는다. "우리에게는 두 가지 정체성이 있다. 하나는 문화적인 정체성이고 다른 하나는 법적인 정체성이다. 내가 말하고자 하는 논점은 우리가 어디에 가든지 간에, 우리가 누구와 함께 그렇게 하든지 간에, 우리가 이러한 두 가지 정체성을 유지할 수 있어야 한다는 것이다."[47]

이러한 인디언들의 정체성이라는 경계의 주체적인 개념화의 문제에 대한 킹의 논점은 그가 탈식민이라는 용어를 거부할 때 언급한 탈식민이라는 개념이 유럽중심주의적이라고 지적한 인식 세계의 식민화의 문제와 연결된다.[48] 국경을 통해 자신들의 삶의 공간이 식민화되었다고 한다면 인디언이 누구인지에 대한 정체성의 경계가 강제적으로 정해진다는 것은 그들의 인식의 세계가 식민화되는 것과 동일하다. 물론 이

---

47 Ibid, p.149. 흥미롭게도 킹은 캐나다에서 법적으로 인디언으로 인정되지 못한다. 그 이유는 그는 체로키 인디언 부족 아버지와 그리스계 어머니 사이에서 태어난 혼혈이며, 또한 체로키 부족은 역사적으로 북미의 미국 쪽에 기반을 둔 원주민이어서 캐나다에서는 법적으로 인디언으로 인정되지 않는다. 이러한 국가에 의한 원주민 정체성이 통제된 또 다른 예로서 메티 부족(the Métis)은 원주민들과 식민지 시대의 유럽 이주민들 (대개는 원주민 여인들과 이주민 남자들) 사이에 태어난 혼혈 부족으로서 여러 세대에 걸쳐서 중앙과 서부 캐나다와 동부 캐나다 일부 지역에서 자신들만의 문화를 구축하며 살아왔다. 하지만 20세기 후반에 이르러서야 비로소 이들은 캐나다 정부에 의해서 공식적으로 법적으로 다른 기존의 원주민들과 동등한 원주민으로서의 지위를 인정받게 되었다. 또한 예전에 미국에서 국가가 누가 흑인인지를 법적으로 공식화하기 위해서 한 개인에게 얼마나 순수한 흑인의 피가 섞여 있는지를 따진 것처럼, 아직도 캐나다에서는 원주민의 법적 지위를 따짐에 있어서 이 문제가 국가와 특정 원주민 집단들 내부에서 상당한 골칫거리가 되고 있다.
48 Thomas King, "Godzilla vs. Post-Colonial", p.190.

둘은 서로 밀접하게 연결된 것이기도 하다. 킹의 이러한 원주민의 삶에 관한 두 가지 경계에 대한 논의는 이러한 두 가지 경계의 인위성과 식민성을 명확하게 드러내준다.

 더 나아가 필자가 여기서 또 한 가지 주목하고 싶은 것은 위의 인용문의 킹의 코멘트에서 암시되어 있고 또한 킹의 단편 소설 「경계들」에서도 드러나듯이 원주민의 삶의 경계에 대한 관점에서 국가 (또는 민족)라는 범주 (또는 경계)에 대한 재고의 필요성이다. 이에 대해 데이비드슨, 월턴, 그리고 앤드루스는 킹이 원주민들의 부족들 간의 관계들과 자신들의 땅의 소유의 문제를 완전히 지워버리는 정치적인 경계선인 위도 49도선이라는 경계선의 문제를 자신의 소설에서 다룸으로서 의도하는 것은 자신의 원주민 문학이 캐나다 또는 미국이라는 국가적(또는 민족적)이라는 범주를 넘어 '북미적'이라는 것으로 특징 지워질 수 있음을 보여준다고 논한다.[49] 앤드루스와 월턴Andrews and Walton의 논지도 또한 주목할 만하다. "킹의 소설은 위도 49도선의 양쪽과 미국과-멕시코의 경계의 양쪽에 거주한다는 측면에서 항상 이미 반구적인hemispheric 원주민들을 위해 내셔널리즘과 트랜스내셔널리즘의 가능성들과 함정들을 검토하는 반구 연구 hemispheric studies와 연관 지음으로써 우리가 '민족'에 대해 생각하는 방식들을 바꾸게 하는 잠재성이 있다."[50] 필자도 이 글의 앞부분에서 짧게 언급했듯이 킹의 글쓰기 세계의 범주(혹은 경계)가 특정 한 국가에 한정되어 있다기보다는 종종 캐나다와 미국이라는 경계를 아우르는 경우가 많다.

---

49 Arnold E. Davidson, Priscilla Walton, and Jennifer Andrews, op. cit., p.12.

50 Jennifer Andrews and Priscilla L. Walton, "Rethinking Canadian and American Nationality-Indigeneity and the 49th Parallel in Thomas King," *American Literary History*, 18.3, 2006, p.602.

이러한 관점은 또한 그가 아버지는 원주민이고 어머니는 유럽계의 후손이고 미국에서 태어났지만 캐나다로 이주하여 캐나다에서 작가로서의 명성을 구축하고 교수로서 오랫동안 활동해왔다는 그의 경계를 넘어서는 전기적인 배경과도 상당히 연관되어 있다고 볼 수 있다.[51] 이런 관점에서 위의 두 논지는 흥미로운 논점을 제시한다.

하지만 필자가 보기에 북미적이거나 반구적이라는 거시적인 관점과 함께 간과하지 말아야 할 것은 좀 더 미시적인 관점에서 킹이 제시하는 원주민의 경계는 '로컬적'이고 '트랜스로컬적'이라고 할 수 있다. 거시적인 관점이 민족주의의 중심적이고 국가적인 서사의 경계를 극복할 수 있는 측면이 있지만 이는 필자가 앞에서도 간단히 언급했듯이 원주민이라고 하는 다양한 로컬적 구성원들의 개별성을 너무 쉽게 일반화한다는 문제가 발생한다. 킹도 자신의 이야기들에서 원주민이라는 전체적인 용어도 사용하지만 구체적으로 그들의 개별적인 부족의 이름 ─ 예를 들면, 블랙풋, 나바조 등 ─ 과 그들의 복수적이고 다양한 구성적 특징을 명확히 한다. 이런 관점에서 킹이 「경계들」에서 재현하는 원주민의 삶에 대한 서사는 미시적인 관점에서 여전히 로컬적이라는 것이며, 동시에 여전히 공고히 존재하는 식민주의와 근대 국가의 산물인 국가 간의 경계와 국가적인 정체성의 경계 안에 '갇혀 있는' 삶이지만 이를 넘어서고 극복하려 한다는 측면에서 볼 때 트랜스로컬적이라고 할 수 있다.[52]

---

51 경계 넘기가 이러한 킹의 전기적인 배경과 어떻게 연관되는 지에 대해서는 데이비드슨, 월턴, 그리고 앤드루스가 그들의 저서에서 잘 설명하고 있다. Arnold E. Davidson, Priscilla Walton, and Jennifer Andrews. op. cit, pp.4~10.

52 필자가 보기에는 트랜스로컬적이라는 개념의 특징적인 것 중의 한 양상은 그것이 국가적이고

3. 킹의 원주민 서사의 로컬 서사로서의 가능성

본문에서는 구체적으로 원주민 창조에 관한 이야기, 원주민에 대한 스테레오타입적인 재현에 대한 원주민의 삶의 '다른' 양상의 서사적 재현, 경계의 문제에 대한 서사라는 세 가지 측면에서 킹이 보여주는 원주민 서사 재현의 특징을 분석함으로써 그가 제시하는 원주민 서사의 로컬 서사로서의 가능성을 논하였다. 이러한 관점은 캐나다라는 국가적인 차원의 중심적인 (혹은 식민적인) 서사에 대항하여 대안적으로 구축될 수 있는 비판적이고 탈식민적인 원주민 서사의 문화정치학의 특징, 특히 문학텍스트를 통한 대항적이고 대안적인 정치문화적인 지형학 그리기의 가능성을 비판적으로 바라볼 수 있게 한다. 킹의 로컬 서사로서의 원주민 서사 재현의 특징은 식민화와 근대 국가의 형성 과정에서 만들어진 중심적(또는 국가적)서사에 의해 주변화되고 왜곡되고 지워진 원주민의 삶에 대한 비판적이고 대안적인 서사의 재현을 시도한다는 것이다. 이러한 그의 서사적 재현의 특징을 로컬 서사로 바라봄으로서 과거부터 현재까지 오래 기간에 걸쳐 지속적으로 이어지고 있는 원주민에 대한 식민적인 지배와 정책으로 인해 그들의 삶이 왜곡되고 지워지는 현실에 대항하여 여진히 묵묵하게 자신들의 삶을 유지하는 원주민들의 삶의 (트랜스)로컬적인 특징을 보다 적절하게 바라볼 수 있게 해

민족주의적인 경계적 범위의 한계를 비판하고 넘어서려 한다는 것이다. 이에 대한 자세한 논의를 위해서는 필자의 논문을 참고 하기 바란다. 이유혁, 「트랜스로컬리티의 개념에 대해서 ─트랜스내셔널리즘과의 차이와 개념적 응용성을 중심으로」, 『로컬리티 인문학』13, 2015.4, pp.265~275. Yoo-Hyeok Lee, "Toward 'Translocal' Solidarities─the "Comfort Women" Issue and the Spatial Politics of Resistance", *Localities* 5, 2015, pp.159~169.

준다. 비록 이 글에서는 킹의 에세이와 몇 편의 단편소설을 통해 제한적으로 그의 원주민 서사의 로컬 서사로서의 특징과 가능성에 대해 검토하였지만, 이러한 관점은 추상적인 측면에서 중심과 주변의 상호적인 ─ 수직적이고 억압적이면서도 동시에 대립적이고 경쟁적인 ─ 관점에서 발생하는 문화정치학을 이해하는 데 도움을 줄 뿐만 아니라, 구체적인 장소 또는 지역에 기반을 둔 비슷한 방식의 문화정치학을 이해하는 데 도움을 줄 수 있고, 더 나아가 이러한 두 가지 측면을 동시적으로 바라볼 수 있게 해 줄 수 있는 유용한 개념적 틀이 될 수 있을 것으로 기대한다.

그런데 킹이 제시하는 원주민 서사의 로컬 서사로서의 가능성에서 간과할 수 없는 측면은 중심적(또는 국가적) 서사에 대한 비판성과 저항성이라고 할 수 있다. 킹 자신이 고백했듯이, "그런데 어떻게 살아있고 저항하는 어떤 것 ─ (현재 살아 있는) 인디언들 ─ 은 눈에 보이지 않는데 결코 존재하지 않은 어떤 것 ─ (만들어진 것으로서의) 그 인디언 ─ 이 형태와 영향력을 가질 수 있는가?"[53] 식민화와 근대 국가의 형성 과정에서 만들어진 힘의 질서는 쉽게 극복될 수 있는 것이 아니다. 그래서 과연 킹이 보여주는 텍스트적 전복이 실제의 전복의 문화정치학으로 이어질 수 있는가라는 질문은 타당한 질문이다. 이와 관련하여 킹이 자신의 단편 소설 「토템」에서 제시하는 "지하에서 나와 마루에 미세한 먼지와 같이 쌓이는 낮지만 일정한 박자의 진동소리"[54]라는 표현은 킹이 재현하는 로컬 서사로서의 원주민 서사의 문화정치학적인 운용원리 ─

---

53 Thomas King, *The Truth About Stories*, p.53.
54 Thomas King, *One Good Story, That One*, pp.17~18.

즉 로컬 서사의 비판성과 저항성의 형성 — 이라는 측면에서 중요한 함의를 가진다. 이는 억압적인 상황에서 그러한 억압의 구조를 비판적으로 재구성하고 넘어서려는 저항적인 움직임이 어떻게 형성될 수 있는가를 강렬하게 함축하고 있다. 특히 이러한 저항적 움직임의 지속성과 확장성의 중요함을 지적하고 있으며, 이는 민태운이 지적하듯이 킹의 글쓰기의 특징 중의 하나로 "직접 가르치는 것보다 독자 스스로 깨닫게 하는" 방식과도 밀접하게 연결된다.[55]

이와 관련하여 킹이 『이야기들에 관한 그 진실』의 각 장에서 반복해서 지적하는 스토리텔링 또는 서사적 재현의 글쓰기의 가능성에 대한 것을 주목할 필요가 있다. 동일한 책에서 킹은 독자들이 어떻게 반응하느냐가 중요한 지를 반복한다. 이는 개인적인 차원을 넘어 공동체적인 수준으로까지 나아갈 필요가 있다. 메이어가 지적하듯이, "스토리텔링은 로컬 공동체에서 공유될 때 유기적으로 자라나는 살아있는 실천이기" 때문이다.[56] 물론 이러한 문학적으로 재현된 서사가 보여주는 비판성과 저항성이 현실을 어떻게 바꿀 수 있는가라고 누군가 질문을 할 수 있고 이러한 질문은 타당한 것이다. 그럼에도 불구하고 킹이 재현하는 원주민 서사의 로컬 서사로서의 가능성과 그것의 문화정치학에 대해서 고려할 때, 중심과 국가에 의해 만들어진 재현과 서사에 의해 제한된 (또는 한계 지어진) 상상력의 경계를 넘어서서 다르게 상상하기를 가능하게 해 줄 수 있는 의미 있는 출발점을 제공한다는 측면에서 그의 원주

---

55 민태운, 「『푸른 초원, 흐르는 강물』에서 '진짜 원주민'의 문제」, 8쪽.
56 Evelyn P. Mayer, "Indigenous Interstitial Spaces—Liminality in Thomas King's 'Borders,'" *Liminality and the Short Story—Boundary Crossings in American, Canadian, and British Writing*, Ed. Jochen Achilles and Ina Bergmann, Routledge, 2015, p.266.

민 서사의 로컬 서사로서의 비판성과 저항성의 의의를 둘 수 있다. 물론 이러한 비판성과 저항성이 개인적인 차원을 넘어 공동체적인 차원으로 나아가 좀 더 의미 있는 변화를 만들어 내는 데까지 확장될 수 있는 (불)가능성은 여전히 열려 있다. 이것은 킹이 강조하듯이 독자들의 몫인 것이다. 물론 'Idle No More'이라는 캐나다 판 아큐파이 운동에서 드러났듯이, 원주민들의 저항의 문화정치학의 추구의 과정에 놓인 어려움은 여전히 많다. 또한 동시에 다양한 긍정적인 가능성도 많이 드러났다.[57] 그리고 원주민들의 문화정치적인 차원에서 이루어지는 다양한 형태의 비판과 저항적인 행위들은 캐나다와 그것의 경계를 넘어 여기저기서 지금도 여전히 진행 중이다.

---

[57] 이 운동이 로컬적 차원에서 트랜스로컬 / 트랜스내셔널 한 차원으로 확대되는 데 있어서 중요한 역할을 한 것은 바로 이 운동이 처음부터 오프라인보다는 온라인을 통해 저항적 목소리들이 형성되고 퍼져 나갔다는 사실에 있다.

참고문헌

김종갑, 「셔만 알렉시의 『파트타임 인디언의 정말로 진실한 일기』-패러디로서 유머」, 『영어권문화연구』 8-3, 2015.

노헌균, 「셔만 알렉시의 『인디언 킬러』-미국인과 아메리카 인디언의 공존을 위한 트랜스내셔널리즘」, 『영미문화』 15-3, 2015.

_____, 「셔만 알렉시의 『어느 파트타임 인디언의 진짜 일기』-현대 미국사회에서 인디언으로 살아남기 위한 전략으로서의 트랜스내셔널리즘」, 『미국소설』 21-1, 2014.

_____, 「셔만 알렉시의 워 댄즈에 나타난 아메리카 인디언 트랜스내셔널리즘」, 『영미어문학』 111, 2013.12.

_____, 「셔만 알렉시의 『인디언 보호구역 블루스』-블루스 음악을 통한 인디언 문화의 부활」, 『영미문화』 10-3, 2010.

_____, 「셔만 알렉시의 『고독한 보안관과 톤토가 천국에서 싸우다』와 〈스모크 시그널즈〉-아메리카 인디언 보호구역 리얼리즘과 신세기 인디언주의」, 『영미문화』 9-1, 2009.

_____, 「셔만 알렉시(Sherman Alexie)의 『탈주』(Flight)-아메리카 인디언주의에 대한 재해석」, 『현대영미소설』 15-3, 2008.

민태운, 「『푸른 초원, 흐르는 강물』에서 '진짜 원주민'의 문제」, 『현대영미소설』 17-1, 2010.

오민석, 「경계를 넘어서, 소수문학의 서사전략-토마스 킹의 『캐나다인디언의 짧은 역사』」, 『새한영어영문학』 53-1, 2011.

_____, 「전복의 수사학-토마스 킹의 『한 좋은 이야기, 그 이야기』」, 『영미문화』 9-3, 2009.

이유혁, 「트랜스로컬리티의 개념에 대해서-트랜스내셔널리즘과의 차이와 개념적 응용성을 중심으로」, 『로컬리티 인문학』 13, 2015.4.

Andrews, Jennifer and Priscilla L. Walton, "Rethinking Canadian and American Nationality -Indigeneity and the 49th Parallel in Thomas King", *American Literary History* 18-3, 2006.

Davidson, Arnold E. Priscilla Walton, and Jennifer Andrews, *Border Crossings-Thomas King's Cultural Inversions*. University of Toronto Press, 2003.

Dvorak, Marta, "The Discursive Strategies of Native Literature-Thomas King's Shift from Adversarial to Interfusional." *Ariel* 33-3~4, 2002.

Gibert Teresa, "Narrative Strategies in Thomas King's Short Stories", *Telling Stories-*

Postcolonial Short Fiction in English, ed. Jacqueline Bardolph. Amsterdam, Rodopi, 2001.

_____, "Written Orality in Thomas King's Short Fiction", *Journal of the Short Story in English* 47, Autumn 2006, Available online at 〈http://jsse.revues.org/792〉. Web. 25 July 2016.

Glenn, Timothy, "Cultural Resistance and 'Playing Indian' in Thomas King's "Joe the Painter and the Deer Island Massacre", *Western American Literature* 45.3, Fall 2010.

Horne, Dee Alyson. *Contemporary American Indian Writing—Unsettling Literature*, Peter Lang, 1999.

Ibarrola-Aemendariz, Aitor, "Native American Humor As Resistance—Breaking Identity Moulds in Thomas King's Green Grass, Running Water", *Miscelanea —A Journal of English and American Studies* 42, 2010.

"IdleNoMore." Available online at 〈http://www.idlenomore.ca/〉 Web, August 18, 2014.

King, Thomas, "Godzilla vs. Post-Colonial", *Unhomely States —Theorizing English-Canadian Postcolonialism*. 1990. Ed. Cynthia Sugars. Peterborough, Broadview Press, 2004.

_____, *Green Grass, Running Water*, 1993, Bantam Books, 1994.

_____, *A Short History of Indians in Canada*, 2005, University of Minnesota Press, 2013.

_____, *The Truth About Stories —A Native Narrative*, 2003, University of Minnesota Press, 2005.

_____, *One Good Story, That One*, 1993, University of Minnesota Press, 2013.

The Kino-nda-niimi Collective, ed. *The Winter We Danced —Voices From the Past, the Future, and the Idle No More Movement*, Arbeiter Ring Publishing, 2014.

Lee Yoo-Hyeok, "Toward 'Translocal' Solidarities—the "Comfort Women" Issue and the Spatial Politics of Resistance" *Localities* 5, 2015.

Mayer, Evelyn P, "Beyond Border Binaries— Boderlines, Borderlands, and In-Betweenness in Thomas King's Short Story 'Borders'" *International Journal of Canadian Studies* 43.1, 2011.

_____, "Indigenous Interstitial Spaces—Liminality in Thomas King's "Borders" *Liminality and the Short Story —Boundary Crossings in American, Canadian, and British Writing*, Ed. Jochen Achilles and Ina Bergmann, Routledge, 2015.

재현된 이미지에 나타난 로컬의 기억

영화 〈지슬〉과 〈비념〉을 중심으로

손은하

1. 열기

어떤 사건이나 기억에 대한 재현을 한다는 것은 단순한 표현체계를 말하는 것이 아니라 특정 사회에서 사회적 관계를 맺는 구성원 사이의 의미 있는 결과물로 봐야 한다. 과거의 사건들은 특정한 매체를 통해 각기 다른 방식으로 재현되고 있고, 재현은 기억에 개입한다. 그 가운데 영화는 과거를 현재화시키는 기능을 가시고, 공식적으로 기록된 대표 역사에 눌려 언급되지 않았던 다양한 기억들을 소환시키는 역할을 하는, 첨단 기술과 섭목된 매제라고 할 수 있다. 최근에는 영화를 평가할 때 얼마나 리얼리티를 살렸는가를 중요시하기보다는 과거를 어떻게 해석하고 표현해 내, 그것이 얼마만큼 사회성을 가지는지가 핵심으로

부각되었다.

알박스Maurice Halbwachs는 기억이란 '사회적 구성 틀'을 통해서 매개되어야 하며 그 내부에서만 유효하다고 말하고 있다. 따라서 각 사회마다의 특수한 집단 기억들은 다른 사회와 구별 짓는 역할을 한다. 이런 집단 기억은 공간을 통해 실체화되고, 공간은 특정 집단의 정체성이 구체화되는 장소가 된다. 그리고 이 집단기억을 역사와 대립된 것으로 본다. "역사는 상상적 공간을 재현하는 대신 객관적 사실을 발굴 확정하여 균질적인 시간성에 의거하여 체계적으로 배열함으로써 모든 집단에 불편부당한 추상적 정체성을 제공한다." 따라서 그가 말하는 기억은 확신할 수 없는 것이며 상상적 이미지에 의해 매개된 것으로 정치적 편의에 의해 조작될 수 있는 것이라 말하고 있다.[1]

그렇다면 특정 집단의 기억은 모두가 역사와 대립되고 있는 것일까? 물론 그렇지는 않겠지만 역사를 기록한 주체가 부정적으로 보일 수 있는 부분들은 사실상 은폐되고 왜곡될 수 있는 여지가 있다는 말이다. 이러한 점은 시간이 흐른 후 정권이 교체되고 사회적 분위기가 바뀐 후 자료 발굴과 구술과 같은 방법을 통해 진상 규명이 이루어지거나, 다양한 매체를 통해 그 이면의 숨겨진 서사들이 세상에 드러나기도 한다. 그렇지만 국가가 밝히는 공식적인 역사와 사회 구성원의 집단 기억의 차이가 극명하게 나타나는 사건들을 재현하기 시작한지는 그리 오래되지 않았다. 4·3사건을 다룬 소설 현기영의 '순이 삼촌'(1978)의 경우 작가가 끌려가 고초를 받기도 했으니 말이다.

---

1   전진성, 「기억과 역사—새로운 역사·문화이론의 정립을 위하여」, 『한국사학사학보』 제8권, 2003, 8~10쪽.

재현은 단순한 기억 재생이 아니라 그 기억들을 토대로 새로운 하나의 실재를 만드는 것이라고 한다(장 보드리야르). 특히 영상물의 경우는 연출자의 시각 또한 포함이 되고, 그 가운데 상업 영화는 특성 상 가상의 인물과 스토리의 흥밋거리가 가미되기 때문에 더더욱 그러하다. 독립영화 가운데서도 극영화는 픽션이기 때문에 사실여부에만 천착하지는 않는다. 재현매체들이 보여주고 있는 로컬의 서사들은 그곳의 로컬리티를 담고 있어 로컬 이미지를 만들어 내고 있으며 그곳을 이해하는 데 도움을 준다.

본고에서는 제주도의 4·3사건을 재현하고 있는 영화를 통해 로컬의 서사와 집단기억, 그리고 로컬의 이미지 등에 관해 논의해 보고자 한다. 기억과 재현사이의 괴리, 시간의 흐름에 따라 차이를 보이는 집단 기억들, 또한 사회나 개인의 이해관계에 따라 기억이 변이되고 변형된 모습들을 살펴 볼 것이다. 그리고 권력이 만든 로컬 이미지의 전복, 주민들의 움직임 등 로컬리티를 형성하고 있는 다양한 요소들로 인해 표상되는 로컬의 이미지를 탐색하고자 한다.

사례로 다룰 영화는 제주의 4·3사건을 영화화한 〈지슬〉과 다큐멘터리 〈비념〉이다. 이 영화들이 선택된 이유는 최근 다양하게 양산되고 있는 지역을 다루는 영화들 가운데 그 곳의 로컬리티를 담고 있는 로컬 시네마[2]이기 때문이다. 제주는 지리적 특성상 독특한 위상과 더불어 국가권력에 의해 유린된 상흔들과 시사들, 그리고 새로운 로컬 이미지를 만들기 위한 작업 등이 켜켜이 쌓여 이 지역만이 가지고 있는 로컬

---

2 로컬 시네마 관련 연구는 손은하, 「'로컬 시네마'의 개념 그리고 '로컬 시네마 부산'으로서의 가능성」, 2013 참조.

리티가 있다. 그 가운데 4·3은 제주의 로컬리티 형성에 많은 영향을
준 사건으로 이와 관련된 논의는 제주를 말하는 데 꼭 필요하며 중요한
부분이다. 집단 학살이라고 할 수 있는 4·3은 제주의 역사를 바꿀만
한 큰 사건이었기 때문이다. 그렇다면 이제 이 사건과 관련한 이론적
토대로 제도사이드와 집합기억에 대해 먼저 살펴보고 이 사건을 영화
로 재현한 〈지슬〉과 〈비념〉에 대해 논의를 이어가도록 하겠다.

2. 제노사이드의 개념정의

공식적인 역사로 기록된 4·3사건은 1948년 4월 3일 제주도 전역
에서 좌익의 무장대가 우익인사들과 경찰관서를 습격했다가 패한 무장
봉기라고 기록되어 있다. 그렇지만 4·3은 제주도 전역에서 많은 민간
인들의 희생이 발생되고, 오랜 기간 동안 폭력과 학살에 노출된 제주도
의 상처이며 사건 이상의 그 무엇이다. 두 세력 간의 충돌에서 발생한
희생뿐만 아니라 민간인들의 많은 희생으로 이는 집단적인 학살의 형
태인 제노사이드의 한 범주라고 볼 수 있기에 이 용어에 대해 살펴볼
필요가 있다.

집단학살을 일컫는 제노사이드genocide는 폴란드의 법률가 라파엘
렘킨Raphel Lemkin에 의해서 고안됐다. 이것은 독일 나치집단이 유태인
을 처단한 정책에 대해 고발하기 위해서 만들어졌다. 이것은 '민족',
'부족'을 뜻하는 그리스어의 파생어 제노geno와 살인을 뜻하는 로마어
'caedere'에서 파생한 사이드cide를 결합한 복합어로, 한 국민이나 한

민족 집단에 대한 파괴를 개념화한 것이다.[3]

리번Mark Levene은 렘킨의 제노사이드 개념을 다음과 같이 이해하고 있다. 렘킨에 따르면, "제노사이드는 국가와 국가의 대립에 따른 전쟁이 아니다. 즉 상대 국가를 완전히 혹은 부분적으로 절멸시키려는 시도가 아니라, 한 국가의 지도층이 특정 공동체에 가한 학살을 뜻한다. 요컨대, 제노사이드는 한 집단의 생물학적 구조를 파괴하는 데 목적을 둔 행위로, 연령과 성의 차이를 따지지 않는다는 것이 렘킨의 견해이다. 젊은 남자와 늙은 남자, 심지어 임신한 여자와 어린아이까지 학살함으로써 집단 전체의 몰살을 목표로 한 행위가 바로 제노사이드이다."[4]

이렇게 잔인한 집단학살을 경고하고 재발을 방지를 위해 1948년에 '제노사이드의 방지와 처벌에 대한 유엔 협약'을 맺었고 1951년에는 국제법적으로 효력을 가지게 되었다.[5] 그럼에도 불구하고 이와 관련한 사건들이 곳곳에서 지속적으로 발생되었고, 이후 1970년대에 이르러서야 사회적으로 주목받기 시작했다. 그러면서 인식되기 시작한 것이 집단학살이 민족이나 종족처럼 공통의 집단에 대해서만 이뤄지는 게

---

3   김상기, 「폭력 메커니즘과 기독교 담론윤리 구상―제주4・3 사건을 중심으로」, 연세대학교 대학원, 2008, 190쪽.

4   Mark Levene, 『세노사이드, 현대 세계의 필연적 악몽인가』, 260쪽.

5   마르쿠젠, 『제노사이드와 총력전―예비적 비교』, 194~201쪽.
마르쿠젠(Eric Markusen)은 제노사이드를 진행하는 요소에 대해 다음과 같이 말하고 있다. 먼저 이데올로기는 대량학살을 정당화하는 데 필요한 결정적인 요소로 20세기에는 '민족주의'가 사용되었다. 민족주의를 내세워 국가의 안보를 위해 필요함을 어필해 자신들의 정책을 정당화시켜, 민과 군을 가담하도록 만들었다. 또한 이러한 이데올로기는 그들의 살상이 정당하도록 느끼게 만드는 역할을 해, 민족과 국가를 위해서는 어쩔 수없이 제거해야 하는 대상으로 여기게 만든다. 이를 위해 관료조직은 대량학살을 효율적이고 조직적으로 수행하게 만드는 역할을 한다. 명령에 따를 뿐이라는 생각은 양심마저 버리게 만드는 것이다. 마지막으로 그는 도구적 매커니즘으로서의 기술주의(Technology)를 들고 있다. 기술은 무기의 진화를 가져왔고, 치명적인 학살의 수단으로 사용되었다.

아니라 정치적으로 반대되는 집단에 대해서도 학살이 자행된다는 사실이다. 따라서 제노사이드는 민족 또는 종족과 같이 같은 형질의 집단학살로 규정짓고, 정치적 이유로 행해지는 학살에 대해서는 '폴리티사이드politicide'라는 용어로 구별하는 시도가 나타났다.[6]

김영범은 제노사이드의 사례를 통해 집단학살의 배후는 거의 대부분 국가나 그 대행 권위체의 범죄라는 사실이라는 점을 주목했다. 레오 쿠퍼는 근대 국가가 한 영토의 주권을 독점하는 것에서부터 제노사이드의 감행의 욕망과 힘이 창출된다고 말한다. 20세기의 악명 높은 제노사이드의 사례를 연구한 학자들의 대부분은 제노사이드의 발생 원인으로 '근대성'을 이야기 한다. 헬렌 페인Helen Fein은 다른 어떤 것보다 근대적 이데올로기의 측면에서 제노사이드의 발생 요인을 찾고 있고, 바우만도 근대성이 형상화된 현대 사회 속에 제노사이드의 성향이 내포되어 있다고 한다.[7] 기술적 발전으로 인해 대량 학살이 가능한 점도 있지만, 신 국가 질서 설계라는 근대적 이데올로기가 제노사이드 발생에 중요한 요인이라고 분석하고 있다.[8]

제주의 4·3사건은 일반적으로 다른 국가와 민족이 하나의 민족을 말살하는 개념으로 사용하는 제노사이드의 유형에 속하기가 어렵고 이데올로기적 제노사이드의 성격에 가깝다. 이것은 "미국과 소련을 중심으로 한 자본주의와 공산주의의 거대 이데올로기의 충돌이 한반도 내

---

6   김영범, 『민중의 귀환, 기억의 호출』, 한국학술정보, 2010, 330쪽

7   위의 책, 338쪽. 미국 또한 원주민에 대한 학살로 인해 탄생했음을 부인할 수 없다.

8   최호근, 「제노사이드란 무엇인가—제노사이드 논의의 주요쟁점들에 대한 검토」, 『독일연구』 제8집, 한국독일사학회, 2004, 79쪽. 초크가 조너슨은 국가가 제노사이드의 필수 조건이 아니고 혁명집단이나 테러조직 등 누구라도 제노사이드의 가해자가 있다고 본다.

에서 북한과 남한이라는 두 정치체제로 분리되면서 서로의 정치적 이데올로기에 대한 갈등과 반목의 상황에서 빚어진 사건이다. 다만 이러한 이데올로기적 충돌이 전쟁이 아니라 학살의 형태로 현실화된 이유는 남한과 북한이라는 정권 차원의 충돌 사건이 아니라 남한의 정권이 제주도라는 한 지역을 이데올로기적 제거 대상의 모본으로 삼고 이루어진 일이기 때문이다."[9] 따라서 4·3은 남한 내에서 이승만 정권을 중심으로 한 정부 수립과정에서 일어난 폴리티사이드politicide, 정치적 학살에 해당한다고 보는 것이 타당할 것이다. 4·3은 이승만 정권이 들어서고 7년의 기간 동안 이뤄진 대량 학살로 좌익세력이 공격 대상이었으나, 대부분 민간인에 대한 무차별적인 학살이었다.

허시Hirsh는 대량 학살이 기억, 정치학, 역사, 사회심리 등 복합적인 요소가 작용해서 나타나는 데 여기서 이 요소들은 서로 밀접한 연관이 있다고 한다. 왜냐하면 공동체 의식이나 폭력의 이데올로기는 대를 이어 전수가 되고 권력층은 정권의 성격에 따라 이와 관련된 기억을 조작하여 사회화시키기 때문이다. 밀그램Stanley Milgram을 비롯한 여러 학자들의 연구에서 권력과 권위의 복종심리가 상황의 힘에 의해 영향을 받고 있다고 한다. 학살은 다양한 요소들이 작용하여 이뤄지지만 우리집단과 타 집단과의 구별과 타 집단의 비하, 그리고 권위적이고 획일적인 문화가 공통 조건이 된다. 학살이 진행 되면서 우리와 적의 경계가 확장이 되고, 비인간화, 권위화, 일상화 등의 과정이 진행되면서 학살이 이뤄진다.[10]

---

9   김상기, 앞의 글, 243쪽.
10 권귀숙, 『기억의 정치학』, 문학과지성사, 2006, 17쪽.

한국에서 공식적 기록에 의한 역사에 대항한 집단 기억에 대한 문제에 대해 본격적인 논의가 시작된 것은 1980년대 후반 광주항쟁에 대한 채록 사업부터이다. 이 구술 작업을 통해서 알게 된 것은 모든 구술자는 자신을 중심으로 과거를 기억하고 있고, 자신의 경험을 극적으로 표현한다는 점이라고 한다. 이들의 기억은 재현된 기억으로 구술할 시점에서 표현된 기억이며 이것은 추후 다시 변할 수 있는 기억이라는 것이다.[11] 기억이 역사로 이행되는 과정 속에서 주체는 다양한 변화를 경험하게 된다. 몸에 아로새겨진 진짜 기억과 변형된 기억, 또한 시대의 분위기에 따라 변해버린 기억들이 차이가 있음을 인지할 필요가 있다.

그렇다면 과연 누구의 기억이 진실에 더 가까울까? 만약 그런 경우에 시비를 가리고 오류를 바로잡아 줄 객관적이고 공정한 제3자, 또는 그들이 함께 호소할 수 있는 공통의 준거가 있다면 좋겠지만 사실 그런 것은 불가능하다. 게다가 실체적 진실이라는 것은 우리의 의식과 완전히 분리되어 독자적으로 존재하지도 않는다. 실체적 진실은 토대로서 확고부동하게 스스로를 항상적으로 유지하기 보다는 우리의 재현 행위를 통해, 그리고 그런 재현에 영향을 받아 변화하는 유동적인 것이기 때문이다. 비록 우리가 객관적이고 총체적인 진실에는 결코 쉽게 다가갈 수 없지만, 재현의 물질적 근거는 사람과 사람 사이의 관계('너와나/ 그들의 관계')에서발생하며, 그런 관계가 기억의 일정한 구조를 만들어 낸다.[12]

---

11 정근식, 「한국에서의 사회적 기억연구, 그 궤적을 따라서」, 이진우 · 김민정 외, 『호모 메모리스』, 책세상, 291쪽.
12 하주영, 「우리는 시간을 어떻게 기억하고 재현하는가?」, 『마르스크 주의연구』, 제10집 4호, 2013, 197∼198쪽.

3. 4·3에 대한 집합기억

제주 4·3사건에 대해 대외적으로 이야기를 하게 된 것은 그리 오래지 않았다. 무려 40여 년간의 세월동안 침묵을 강요받았기 때문이다. 그러나 잔혹한 학살이 있었던 사건의 기억이란 잊기 어려운 상흔으로 남아있다. 그러나 상처가 깊었던 만큼 동시에 그 기억을 지워버리고 싶은 마음도 상존한다. 오랜 시간이 지나고 현재 상황과 사건이 있었던 이전의 비정상적인 상황이 교차된 기억들은 왜곡되고 가감되어 변형된 조각난 기억으로 남아버렸다. 국가는 이 사건에 대해 이미 '공산폭동', '좌익폭동'으로 성격을 규정지었기 때문에 주민 학살에 대해서 정당화하였을 뿐만 아니라 연좌제까지 적용해 그들을 압박했다.[13] 그러나 시간이 흐르고 민주화의 바람이 불기 시작한 1980년대 후반에 이르러서야 공론화되었고, 대항담론인 민중 항쟁론의 시각에서 논의되기 시작했다.[14]

이제 기억투쟁이 시작되었다. 그간 억눌렸던 기억들을 끄집어내기 위해 다양한 채록들이 이어졌고, 이와 관련해 정치권에서도 사건에 관한 성격 규정으로 격렬한 논쟁과 투쟁이 나타났다. 법률적으로는 1999년 12월에 국회에 의결되고 2000년 1월에는 '제주 4·3사건 진상규명 및 희생자 명예회복에 관한 특별법'이 공포되었다. 이후 2003년 10월

---

13 물론 이 사건은 정부 수립 과정에서 일어난 일이기 때문에 정확하게 밀하자면 국가 권력이라고 지칭할 수는 없으나, 국가를 세우기 위한 수단으로 사용된 폭력으로 넓은 의미에서 국가 권력이라고 표현하고자 한다.
14 한국 근현대사에서 4·3은 어떤 기억으로 기록되어 있는가. 국정 교과서에도 대사 과목이 통폐합 되면서 현대사에 관한 부분이 줄어들어 4·3에 관해서는 간략하게 몇 줄 소개된 것이 전부이다.

'제주 4·3사건 진상조사 보고서'를 확정했다. 이 보고서는 국가적 차원에서 억울한 희생자들에 대한 진상 규명을 하고 그에 관한 보상을 시도한 경우로, 정권에 따라 태도가 바뀌긴 하지만 극적으로 이뤄졌다. 또한 노무현 대통령의 '과거 국가 공권력의 남용'에 대한 사과가 이어졌고, 2008년 3월에는 제주 4·3평화 기념관이 개관, 11월에는 제주 4·3평화재단이 출범되었다.[15]

이미 오래전에 일어난 사건에 대해 논하는 것은 그 사건을 겪은 사람의 기억에 대해 논하는 것이다. 또한 이것은 사적으로 겪은 누구의 일화를 말하는 것이 아니기 때문에 집단 기억이라고 할 수 있다. 집단 기억collective memory은 사회성 속에서 끄집어 낼 수 있다. 이와 관련하여 개념을 만들고 사용한 학자가 모리스 알박스Maurice Halbwachs다.[16]

그는 기억이 되살려지는 것은 기본적으로 외부를 통해서라고 하는데, 타인으로부터의 기억이 내 기억을 끄집어내고, 나의 기억은 그들의 것에 의존한다고 밝힌다. 이처럼 집단과 집합적 사회의 흐름 속에 자리 잡음에 의해서만 사람들은 기억을 한다. 기억은 사회 속에서 얻어지며 그것을 되살리고 인식하고 배치하는 것도 모두 사회 속에서 이뤄지며 이런 의미에서 기억은 하나의 사회적 사실social fact이다. 즉 사회가 기억에 대해 집합적인 틀을 제공한다는 뜻이다.[17] 또한 이것은 어떤 장소

---

15 김창후, 「4·3 진상규명운동 50년사로 보는 4·3의 진실」, 『4·3과 역사』, 제주4·3연구소, 2011, 160쪽.
16 알박스의 기억이론의 논의에서 간과한 부분은 객관화된 문화와의 관계를 회피한 점이다. 파우저(Fauser. M)는 시간이 경과된 후 기억이 사회적 기억에서 호명되어 새롭게 추가되고 수정될 수 있는 사회적 저장소의 기능이 있다는 점을 간과했다고 보고 있다. Fauser. M, 『문화학의 이해』, 216~220쪽.
17 김영범, 「알박스의 기억 사회학 연구」, 『사회과학 연구』 제6권, 3집, 1999, 17~18쪽. 알박스는 집합기억과 역사의 차이점을 세 가지로 제시하고 있다. 첫째는 집합기억은 인공적이지

에서 벌어진 사건이기 때문에 공간이라는 개념도 중요하다. 궁극적으로 알박스는 기억 이론의 정립을 위해서는 기억의 '사회 귀속성'과 '공간 친화성'이 필요하다고 말한다.

알박스의 이론적인 개념에 기반을 두고 기억에 관한 연구를 한 피에르 노라Pierre Nora도 기억과 역사에 대해 다음과 같이 말한다. "기억과 역사는 동의어이기는커녕 정반대라는 것을 우리는 이제야 깨닫는다. 기억은 삶이고, 언제나 살아있는 집단에 의해 생겨나고 그런 이유로 영원히 진화되어가며, 기억력과 건망증의 변증법에 노출되어 있고, 의식하지 못한 채 끊임없이 왜곡되며, 활용되거나 조작되기 쉽고, 오랫동안 잠자고 있다가 갑자기 회복되기도 한다. 반면 역사는 더 이상 존재하지 않는 것에 관한 미완성의 그리고 언제나 새로운 문제를 제기하는 재구성reconstruction이다. 기억이 언제나 현재 일어나고 있는 현상이고 우리를 영원한 현재에 묶는 끈이라면, 역사는 과거에 대한 하나의 표상이다."[18] 사람의 기억이라는 것은 시간이 흐를수록 다양한 정보로 인해 각색되고 퇴화되기 때문에 역사라는 객관적 사실과 다르다고 말하고 있다. 이것은 정권에 따라 바뀌는 사건에 대한 담론도 달라지기 때문에 기억도 조작이 되고 나름의 주관화를 거치게 된다는 말이다.

않은 연속성을 띤 사고의 흐름이며 기억 주체의 의식 속에 남아 있는 부분만을 보존하고 있고, 주제집단의 범위를 넘어서지 못한다. 역사는 명확한 시기구분으로 시대마다 다른 과제를 수행, 다른 특징을 내보이면서 발전해 가는 것이다. 둘째로 역사는 단일하나 집합기억은 복수이다. 역사가들은 세부를 이어가며 전체사를 완성시켜 가고 특정 집단의 관점에 있지 않아 객관적이고 공정해 보여 마치 '보편적인 기억'으로 표징되이 니디난다. 그렇지만 보편적인 기억이란 있을 수 없다. 마지막으로 집합 기억의 내용에는 역사와 대조적으로 시간적 유사성이 강하며 이를 통해 집단 정체성이 유지되는 것에 비해 역사는 변화의 기록으로, 긴 기간을 대상으로 불연속성과 차이에 관심을 갖고 유사성은 무시한다. 이러한 특징을 내세우며 역사와 집합기억을 '궁극적 대립관계'로 규정짓고 있다. 같은 글, 24~25쪽.

18 피에르 노라, 김인중 역, 「기억의 장소들에 관한 문제제기」, 『기억의 장소』, 나남, 34쪽.

또한 노라는 기억의 역설에 대해 주목하고 있다. "'우리는 너무 많은 기억을 이야기한다. 왜냐하면 기억이 너무 조금 남아 있기 때문이다.' 전 근대가 계속되는 과거 속에 사는 거라면 현대사회는 사회적 생산의 연속성으로부터 기억을 분리했다. 이제 기억은 내재적 의미에서 외재적 상징의 문제로 변화했다. 따라서 노라는 현대 기억의 장소와 그 이전의 환경을 구분하고 있는 데 기억의 장소는 기억 환경의 조악한 버전으로 우리가 기억 속에서 살 수 있다면 기억의 장소를 신성화할 필요가 없다."[19]

제주 4·3에 대한 기억도 당사자의 입장에 따라 발생 원인에 대해 다른 입장을 보인다. 또한 4·3을 두고 부르는 명칭도 다양하다. 다양한 명칭이 있다는 것은 그만큼 다양한 기억들이 나뉘어져 있고, 서로 투쟁하고 있다는 점을 뜻한다.

기억 가운데 대량학살genocide을 경험한 사람들의 기억은 다른 일반적 기억과 차이가 있다.[20] 랑거Langer에 의하면 이들은 억압과 공포로 인해 기억이 조각나고, 생각과 느낌이 분열되며 필경엔 자아가 분열된다고 한다. 그는 대량학살에서 살아남은 유태인의 증언을 통해 이같이 말하고 있다. 증언자는 심층기억deep memory과 통용기억common memory 사이에 놓여 있다. 심층기억은 사건이 발생했던 그 시점에서의 기억이

---

19 제프리K. 올릭, 강경이 역, 『기억의 지도』, 옥당, 2011, 298쪽.
20 독일의 경우 나치에 대한 과거로 인해 국가 이미지가 형성된 케이스다. 서독의 정치인은 나치과거를 내려놓을 수 없는 짐, 즉 금기(taboo)라는 신화적 영향력으로 독일인을 억압하고 움직이게 하는 짐으로 여긴다. 이 관점은 전통이 현재에도 끊임없이 작용하는 힘이 있다는 접근과 같은 맥락이다. 이와는 반대로 사회적 기억 연구를 하는 측에서는 현재 주의적 접근법을 선호하는데 이는 현재의 요구가 과거의 이미지를 전략적으로 활용한다고 본다. 제프리 K. 앞의 책, 70쪽.

고, 통용기억은 현재 시점에서 그 때를 다시 떠오르게 해보는 반성적인 기억이다. 이들은 이 두 사이를 오가며 진술을 하는 데 두 기억이 상충되는 문제점이 발생하고, 그 때의 상황에서 도덕과 규칙은 현재 상황과 다르기 때문에 이 두 기억은 마찰이 생기고 자아는 분열된다고 한다. 또한 현재시점에서 통용되지 못할 비도덕적인 기억들은 현재의 필요에 의해 변형이 된다. 이러한 점 때문에 피해자의 기억은 생각과 감정의 분열, 자아간의 분열, 합리화된 기억 등으로 인해 기억은 파편화되어 남는다.[21]

4·3과 관련된 사람들의 기억도 이와 비슷하게 나타났다. 억압된 세월 속에 혹여 피해를 당할까봐 잔인한 기억들을 원천적으로 봉쇄했다. 또한 해마다 돌아오는 친지와 이웃들의 기일마다 짓눌린 기억들이 살아나도 정권의 세력과 연좌제에 대한 두려움으로 기억을 더욱 지우려 애썼을 터라 그 때의 기억들은 더욱 분열되어 나타났다. 이것은 다양한 기관과 학자들의 설문연구에서도 드러났다.

제주주민들을 대상으로 4·3이 왜 일어났는가에 대한 설문에 대한 응답결과는 그동안 공산당 폭동이나 민중항쟁으로 규정지어왔던 기존의 담론과도 차이를 나타냈다.[22] 이러한 결과를 보이는 것은 학자에 따

---

21 권귀숙, 앞의 책, 36~37쪽.
22 제주도 문제 연구소 실시, 1989년 1월~3월. 민중 항쟁론 시각에서 질문사항을 만들었으나 결과는 4·3에 대해 잘 알고 있고(73%), 직접 체험했으며(71%), 경찰·군인·폭도(41%), 경찰·군인(32%), 또는 폭도(25%)가 주민을 학살했다고 대답했고, 4·3의 발발 원인에 대해서는 경찰과 폭도 등의 횡포와 탄압에 대한 반발(8%), 자주정신 및 선거 반대(5%) 보다 오히려 모르겠다(27%), 남로당 폭동(23%), 좌우익 사상 대립(17%)등의 비율이 더 높다. 또 다른 설문 조사는 제주도 4·3연구회의 조사, 엄청난 피해의 이유로 시국 탓을 주로 들고 있고, 희생원인에 대해서도 가족이 공직자(18.7%), 우익가족(20.2%), 아무 관련이 없는 경우(19.4%)가 다수이나 이웃의 잘못(9.1%), 이웃의 모함(10.3%)라고 대답한 응답자도 많았다. 위의 책, 30쪽.

라서 40여 년간 강요된 4·3에 대한 규정에 얽매어 오면서 관념화된 것으로 해석하는 경우도 있고, 발발 원인에 대해서 각각의 입장에 따라 다른 기억들을 갖고 있으면서도 '이 집단학살의 피해자는 나이고 가해자는 남'이라는 피해의식에 사로잡힘으로 인해 의식의 분열이나 심리적 고착 현상이 드러나 보이는 것으로 해석하기도 한다. 1980년대 까지만 해도 4·3의 기억은 부정적인 내용으로 채워진 채 기억의 주체들의 의식분열까지 나타났다. 국가가 강요한 공식적 기억에 대중의 기억이 포박된 결과라고 볼 수 있으며 이것은 국가가 긴 세월동안 행해온 기억의 정치가 성공적이었음을 말해준다.[23]

4. 재현된 4·3의 이미지

집단 기억과 관련하여 영화로 재현된 역사를 보면 홀로코스트와 관련된 저작들이다.[24] 한국에서는 영화나 소설, 방송 등에서 꾸준히 4·3과 관련한 저작물들이 제작되고 있다.[25] 그렇지만 영화에서도 일반 상업영화에서는 다룬 바가 없고, 일부 독립영화 분야에서만 몇 개 찾아볼 수 있다. 본고에서는 이 독립영화 가운데 오멸감독의 극영화 〈지슬〉과 임흥순감독의 다큐멘터리 영화 〈비념〉을 대상으로 논의를 이어가고자 한다. 〈지슬〉은 세계 유수 영화제에서 상을 받고 부산국제영화제에도

---

23 김영범, 앞의 글, 2010, 392쪽.
24 〈굿바이 레닌〉, 〈타인의 삶〉, 〈태양의 거리〉, 〈쉰들러 리스트〉, 〈홀로코스트〉 등이 있다.
25 현기영의 소설『순이 삼촌』, 김석범의 소설『화산도』, 김동만의 다큐멘터리〈다랑쉬 굴의 슬픈 노래〉, 강요배의 화집『동백꽃 지다』, 임흥순의 다큐멘터리〈비념〉 등.

소개가 되어 이미 개봉 전에 호평을 받은 터라 독립 영화 치고 흥행에 성공한 경우라고 볼 수 있다.[26] 〈비념〉은 시의성을 가지고 많은 질문을 던지고 있는 영화임에도 불구하고 관객들에게 익숙하지 않은 다큐멘터리 기법의 사용과, 기승전결이 잘 이뤄지지 않는 낯선 전개로 인해 많은 관객을 불러 모으지는 못했다. 그렇지만 이 두 영화는 제주의 서사와 로컬리티를 다룸에 있어서 내부자와 외부자의 시선으로 보여주고 있다는 점에서 대비하여 논의할 가치가 있기에 분석 대상으로 삼았다.

4·3사건은 전술했듯이 이데올로기의 문제로 생긴 사건이기 때문에 말하는 주체가 누구냐에 따라 반공영화로도, 민중항쟁의 영화로도 그려지곤 했다. 4·3의 기록 중 가장 많은 희생자가 발생한 시기가 '초토화작전'이라고 불리는 시기로 1948년 10월부터 1949년 3월까지 6개월간이다. 4·3 진상 보고서에는 이 시기를 '주민집단희생기'로 기록되었고 이때가 전체 희생 가운데 80% 이상을 차지하고 있다. '소개령'은 1948년 10월 17일 제9연대장 송요찬이 발표한 포고문으로 '해안선으로부터 5km 이외의 지점'이 토벌 대상지역이 된다. 그렇지만 실제로는 소개자나 비소개자의 구별이 없었다. 소개령이 제대로 전달되지 못해 피해 다니다가 희생을 당하였다는 증언도 나오지만, 해변으로 소개한 중산간 마을 사람들이 소개지에서 집단총살을 당하기도 하여 소개여부는 큰 의미가 없었다는 말이다.[27] 영화 〈지슬〉은 이 소개령이 포고된 시점을 중심으로 이야기가 전개된다.

---

26 선댄스 영화제 심사위원 대상 수상, 부산국제영화제에서 개봉 전 소개와 수상, 선댄스 영화제의 평가를 보면 "제주에서 온 완전히 새로운 영화", "모든 영역에 걸친 탁월한 재능이 압도적이다."라고 평가한다.

27 현석이, 「'지슬'을 통한 '제주 4·3'의 오롯한 기억」, 『내일을 여는 역사』, 2013, 185~186쪽.

1) 영화 〈지슬—끝나지 않은 세월 2〉의 로컬

영화 〈지슬〉의 흥행은 뭍과는 다른 제주도의 독특한 정서가 한몫했다. 그리고 동양화를 전공한 감독의 연출력 때문인지 학살을 그리는 방식이 너무나 서정적이고 회화적으로 그려내 많은 영화제에서 상을 받았고, 그 여파는 흥행으로 이어졌다. 그렇지만 개봉 후 시끄러운 논쟁이 있었는데 '사건에 대한 정보가 많이 드러나지 않아 이야기가 모호하다.'라는 의견과 '서사의 팩트^{fact}'에 관한 논란이었다. 그는 객관성에 대한 강박을 던져내고, 사건의 사실관계에 주목하기 보다는 전체의 장을 제사 형식을 취하는 자신만의 독특한 연출로 자유롭게 그림을 그리듯 서술하고 있다.

〈지슬〉을 연출한 감독 오멸은 제주도출신으로 거리축제와 극단을 운영하면서 예술 활동을 이어오다가, 영화로는 2003년 〈머리에 꽃을〉이라는 단편영화를 시작으로 2015년까지 단편과 장편을 합해 총 8편을 만들었다.[28] 그의 필모그래프를 보면 모두 제주의 공간에서 일상과 삶과 사건을 다루고 있다. 제주도는 자신이 태어나 살고 있는 곳이고, 그곳에서 다양한 활동을 하면서 알게 된 제주의 서사들과 사람, 상처 등을 자신의 무대에서 표현하고자 했고, 이 모든 작품들은 지극히 내부자의 시선에서 그리고 있다. 이러한 배경으로 〈지슬〉에서도 자신이 태어난 제주에서 그가 듣고 보고 자라면서 알 수 있었던 이야기를 자연스럽게 영화에 담고 있다.

---

28 〈머리에 꽃을〉(2003), 〈립스틱 짙게 바르고〉(2004), 〈어이그 저 귓것〉(2006), 〈뽕돌〉(2010), 〈이어도〉(2011), 〈지슬〉(2012), 〈하늘의 황금마차〉(2014), 〈바당 감수광〉(가제)(2015).

먼저 영화가 전체적으로 모호하다는 말이 나온 것은 이 영화의 주제가 4·3사건을 다루고 있다는 정보가 없으면 알 수 없도록 많은 부분이 삭제되어 나타났기 때문이다.[29] 국가권력을 군인으로 표상화시켜 재현하고 있지만 미군이나 다른 가해자의 모습(국가)은 단 한 차례도 나타나지 않는다. 다만 영화의 초입부에 주민들 머리 위로 지나가는 비행기 소리와 바람만이 등장할 뿐이다. 그러나 이것은 오히려 실체가 보이지 않아 더욱 공포감을 안겨주고 있다. 감독은 이를 통해 가해자가 지니는 보이지 않는 힘을 우회적으로 표현하고 있다. "4·3사건이라는 명칭은 남로당 제주도당이 경찰의 탄압중지, 남한의 단독선거와 단독정부 수립 반대 및 통일 정부 수립을 촉구하면서 서북청년단을 비롯한 우익 단체와 경찰서 등을 공격한 1948년 4월 3일을 부각한다"[30]로 4·3에 대해 설명하고 있으나 이를 부르는 이름은 폭동, 항쟁, 사건 등으로 다양하다.

〈지슬〉은 앞서 말한 소개령을 피해 '큰넓궤'로 피신한 사람들의 이야기를 다루고 있다. 감독은 촬영기법의 차별화를 통해 제주도의 주민들과 군인들을 구분 지어, 가해자와 피해자의 모습을 묘사하고 있다. 주로 주민들을 담는 쇼트는 롱 쇼트로, 군인들이 나오는 씬은 클로즈업 또는 아주 근거리에서 촬영을 해서 둘의 관계를 명확하게 대비시키고 있다. 특히 감독은 주민들을 보여주는 장면은 연극무대를 옮겨 놓은 것

---

29 영화의 첫 시작에서 "1948년 11월 미군과 신생 한국정부군은 제주도에 대해 계엄령 선포와 함께, 섬 해안선 5km 밖인 중산간지역의 모든 사람을 적으로 간주하고 무조건 사살하라는 명령을 내렸다."라고 자막을 써놓았으나 이미 대한민국 정부 수립 이후기 때문에 미군정이 존재할 수 없다. 그럼에도 불구하고 이렇게 쓴 것은 이미 미군정 아래서 시작되었음을 알리고 미군에 대한 책임도 있음을 보여주기 위한 것으로 판단된다.
30 조명기, 「아, 이 푸른 평화의 이름이여!」, 『교수신문』 2013.6.28, 49면.

같은 느낌이 들도록 만들었다. 주민들을 한 화면에 차곡차곡 엉겨 붙게 만들거나, 배경부터 인물 등 모든 장치들을 한 화면에 담아 답답하게 느껴지도록 해 순진하다 못해 무지해 보이기까지 한 주민들의 모습으로 보이도록 의도적인 연출을 하였다.

피난을 나온 주민들은 죽음을 앞둔 공포 상황이지만, 그 상황을 제대로 알지 못하고 그저 잠시 소풍처럼 마실 나온 사람들 마냥 일상적인 대화들을 나눈다. 군인들을 피해 산 속 동굴에 숨어 있으면서도 돼지가 굶어 죽을까봐 밥을 주러 가야 된다고 하거나, 자기 다리는 말다리라고 우쭐대는 모습, 또 좋아하는 사람 이야기나 장가를 가야한다는 걱정들, 이런 장면들이 보여주는 의미는 정치적인 면과는 관계없는 순박한 주민들의 희생이었다는 의미이다. 특히 이 영화의 제목이기도 한 지슬(감자)이 나오는 장면은 휴머니티를 극적으로 이끌어내고 있다.

처음으로 나온 장면은 급히 피난을 나오느라 아무것도 챙겨 나오지 못한 주민들에게 나눠 준 순덕 엄마의 감자이다. 언제 돌아갈지 모르지만 언제나 그랬던 것처럼 음식을 함께 나누며 서로의 배고픔을 챙겨주는 모습으로, 이것은 제주 주민들의 성향을 표현하고 있다. 두 번째는 다리가 아파서 같이 오지 못한 무동의 어머니가 군인들에 의해 살해당하고 집도 불에 타버렸지만, 그 어머니가 아들에게 주려고 몸에 품고 있던 감자가 후두둑 떨어지는 것을 클로즈업한 장면이다. 무동 아버지는 어머니가 품고 있던 그 지슬을 마을 사람들을 위해 가져다주는 데, 아무것도 모르는 사람들은 아직 따뜻하다고 말하면서 요기를 한다. 그렇지만 차마 먹지 못하는 아버지는 흐느껴 운다. 그것을 보는 관객들은 무동 아버지에게서 제주가 받은 상처와 아픔을 동일하게 느끼도록 하고 있다. 또 어머니는 잘 계시더냐고 안부를 묻는 아내에게 는 어머니가 당한 일에 대해서 아무런 말도 하지 못한다. 이것은 제주가 당한 상처에 대해 40여 년간 침묵했던 모습과도 맥을 같이하고 있다. 이 장면은 제주가 가진 아픔을 말해주는 매우 극적인 장면이기도 하다. 또 한 번은 군인에게 윤간을 당한 순덕이가 자신에게 말을 걸어온 군인을 쏜 이후에 클로즈업해서 보여주는 것도 지슬이다. 권력에 짓밟힌 순덕과 제주 그리고 지슬을 등치시켜 상징적으로 보여준다. 이렇듯 영화 제목이기도 한 지슬은 제주가 담고 있는 이야기와 상흔들을 상징적으로 나타내고 있다.

주민들을 담고 있는 장면에 비해 군인들의 씬은 일반적인 영상문법에서 흔히 사용하는 영화적 장면으로 그리고 있다. 그렇다고 해서 둘의 관계를 선과 악의 대척점에 놓이도록 나타내고 있지는 않다. 권력의 주체로 나타내고 있는 군인들에게도 그 사이에는 많은 고뇌와 갈등이 있었음을, 그리고 그들의 인간미를 나타냄으로 인해 절대 악은 아님을 보여준다. 이제 막 군인이 된 초보군인과 박상덕 일병 사이에서 우정이 싹트기도 하고, 총살을 지시하는 것에는 명령에 의한 행동일 뿐 자신의 의지와는 상관없었음을 토로하고 급기야는 탈영을 꿈꾸기도 한다. 또 폭도를 하나도 잡지 못해서 눈 덮인 벌판에 맨몸뚱이로 서있는 벌을 선다거나, 순덕을 마주하고도 차마 방아쇠를 당기지 못하는 모습을 통해 가해자도 갈등과 고뇌를 하고 있음을 보여주고 있다.

'초토화 작전' 이후 다친 박상덕 일병을 보살펴주는 장면에서는 대놓고 친밀함을 보여준다. 악랄하게 주민들을 찾아내 고통을 주는 고 중사에게도 빨갱이에 의해 죽임을 당한 어머니의 사연이 있음을 보여주며, 그도 피해자였음을 나타내고 있다. 영화의 첫 장면부터 죽은 여자의 시체 앞에서 아무렇지도 않게 사과를 베어 먹는 김 상사는 피도 눈물도 없는 사람으로 그려지지만 돼지를 삶는 무쇠 가마솥 옆으로 보이는 김 상사의 광기어린 몸짓은 약물이나 마약 중독으로 인한 비정상적인 몸짓이었다는 의도적인 장치를 만들어 그 인물 또한 이해가 갈 수 있도록 캐릭터를 만들어 놨다. 즉 국가나 시스템에 의한 비극적인 일이었을 뿐 개인적인 인물에 의한 사건은 아니었음을 말하고 있다.

그러나 이러한 장치는 관객들에게 어떤 휴머니즘과 공감을 느낄 수 있는 코드가 되기도 하지만 주체 폭력에 대한 은폐가 시도되었음을 인지할 수 없게 만드는 맹점이 있다. 개인의 폭력성은 나타나지만 국가 시스템의 폭력 문제가 드러나지 않음으로 인해 사건을 있게 한 요인이 회피되도록 만들었다는 말이다. 영화를 보고난 이후 남는 여운은 제주에 대한 상처와 남겨진 자의 슬픔에 대한 아련함은 있지만 정작 이런 사건을 일으키고 폭력을 행사한 자에 대한 분노는 발생하지 않는다는 점이다. 이러한 것이 개봉부터 줄곧 비판지점에 노출된 지점이다.

이 영화가 제주도의 내부자의 시선에서 이 영화를 그리고 있는 점 가운데 하나가 제주도의 설화인 '설문대할망'의 모티브를 가지고 왔다는 점이다.[31] 김 상사를 솥에 넣어 응징을 하는 것도 이 설화로부터 아이

---

31 설화의 내용은 "할망이 오백장군을 낳아 한라산에서 살고 있었다. 식구는 많고 가난한데다 마침 흉년까지 겹쳐 끼니를 이어갈 수 없었다. 할머니는 아들들에게 밖으로 나가 양식을 구해 오라고 했다. 오백 형제들은 모두 양식을 구하러 나가고, 할머니는 죽을 끓이기 시작했다. 백록담에 큰 가마솥을 걸고 불을 지핀 다음, 솥전 위를 걸어 돌아다니며 죽을 저었다. 그러다가 그만 발을 잘못 디뎌 어머니는 죽 솥에 빠져죽어 버렸다. 그런 줄도 모르고 오백 형제는 돌아와서 죽을 먹기 시작했다. 여느 때보다 죽 맛이 좋았다. 맨 마지막에 돌아온 막내가 죽을 뜨려고 솥을 젓다가 이상한 뼈다귀를 발견했다. 다시 살펴보니 어머니의 뼈가 틀림없었다. 동생은 어머니의 고기를 먹은 불효한 형들과 같이 있을 수 없다고 통탄하며

디어를 얻은 것이라고 감독은 밝히고 있다. 김 상사의 곁에서 잔심부름을 하며 물을 길러오던 정길이가 여성으로 나온 것도 이 설화와 무관하지 않다. 살인을 하거나 순덕을 윤간할 때도 방관자처럼 있던 그녀는 결정적으로 김 상사를 단죄한다. "이제 그만 죽이고 잘 가세요"라는 말을 하고 살려달라는 김 상사의 솥 앞에 서있다. 이 지점은 현실과는 달리 살인자를 처단함으로 그들의 한을 직접 푼 것으로 나타내고 있다. 물론 솥 안에서 죽임을 당한 것은 같지만 설문대할망은 그 죽음으로 오백장군을 먹여 살린 의인으로, 김 상사는 제주 주민들을 살생한 인물로 그려진다. 이렇듯 제주도의 설화를 끌어 영화의 모티브를 설정한 것은 제주에서 나고 자란 내부자의 시선에서 선택한 코드로 제주도의 로컬리티가 묻어나는 설정이라고 볼 수 있겠다.

그렇지만 감독은 내부자의 시선이기 때문에 객관적인 차원에서 이 사건을 바라보지 못한 점도 있다. 제주에 사는 주민은 모두 선량하고 서로를 위해주며 살며 법 없이도 사는 사람임을 지속적으로 보여주지만, 앞서 언급했듯이 연구결과에서 나타난 내부자들의 답변을 보면 이와 꼭 일치하는 것은 아니다. 오히려 이웃주민들의 신고로 인해 피해를 봤다는 사람들도 있고, 지금껏 논쟁이 되었던 담론하고도 상관없는 결과를 나타낸 것을 봐도 그러하다. 그러나 이러한 제주의 '궨당'이 붕괴된 것 또한 폭력이 가지고 온 비극임에는 틀림없다.

멀리 한경면 고산리 차귀섬으로 달려가 한없이 울다가 그만 바위가 되어 버렸다. 이것을 본 형들도 그제야 사실을 알고 여기저기 늘어서서 한없이 통곡하다가 모두 바위로 굳어졌다. 그러니 영실(靈室)에는 499장군이 있고, 차귀섬에 막내 하나가 외롭게 있다." 한국민속문학사전(설화 편), 국립민속박물관.

2) 다큐멘터리 영화 〈비념〉에서의 로컬 스토리

영화 〈비념〉 또한 제주 4·3에 대한 이야기를 다루고 있다. 〈지슬〉과 차이점이 있다면 〈지슬〉은 극영화이고, 〈비념〉은 다큐멘터리라는 점이다. 또 〈지슬〉이 4·3에 관한 서사만 다루고 있는 것에 비해 〈비념〉은 4·3사건과 더불어 현재 진행되고 있는 강정에 관한 이야기를 함께 다루고 있다. 그렇지만 〈지슬〉 또한 '끝나지 않은 세월2'를 부제로 달아 과거에 있었던 사건으로 치부하는 것이 아니라 아직 현재 진행 중임을 말하고 있으니 두 영화는 일맥상통하는 부분이 있다고 볼 수 있다.

〈비념〉도 〈지슬〉이 영화 전체를 희생당한 제주 주민들을 위한 제사 형식을 취하고 있는 것과 같은 맥락을 보인다. '비념'이란 제주어로 '개인이 하는 작은 규모의 굿'을 뜻하는 말로, 곳곳에 굿하는 장면들을 넣어 영화 전체가 망자에 대한 위로와 애도를 담고 있다. 첫 장면도 가면을 쓰고 횃불을 든 사람들이 춤을 추며 '영감놀이'라는 굿하는 장면으로 시작된다. 한 집에 여러 노인들이 함께 모여 굿하는 모습을 지켜보며 여러 사람의 넋을 함께 기리는 모습을 한참동안 비춰준다. 집단으로 학살을 당해 기일이 같은 집이 많기 때문에 이 같은 행위들이 나타나는 것이다.

일반적으로 방송에서 보이는 다큐멘터리 형식은 내레이터의 설명이 삽입된 것이 많이 알려져 있지만, 영화의 장르에서 다큐멘터리는 감독의 개성에 따라 다양한 방식으로 연출된다. 〈비념〉 또한 설명적 방식이 아니라 재연과 인터뷰와 이미지가 거칠게 버무려져있는 독특한 연출을 하고 있다. 또한 오디오와 비디오가 정확히 일치되지도 않는다. 친절한 설명이 없는 화면에서 제주의 상흔들이 불쑥 불쑥 튀어 나올 때도 있고, 실제 유가족들의 삶을 잠깐씩 보여주기도 하며, 제주도와 일본 오사카를 찾아가 유족들의 인터뷰들까지 담아 4·3의 파생을 폭넓고 디테일하게 담고 있다. 특히 이미지화된 화면들이 불특정 적으로 나열되어 나타나는 장면으로 인해 이 영화를 처음 접한 관객들에게는 매우 낯설게 다가온다. 그러나 감독은 오디오 없는 화면의 반복과 은유된 사물들, 그리고 제주의 굿들, 텅 빈 화면을 조각처럼 구성해 그 사이사이의 여운들과 의미들을 관객들에게 느껴보도록 질문을 던져주고 있다.

또한 이 영화에서 감독은 의도적으로 4·3과 강정마을의 문제를 연결시키는 장면들을 연출하고 있다. 예를 들면 폭도를 진압하는 경찰들과 강정 마을주민들과 대치하고 있는 시위대를 번갈아 보여주며 둘 사이를 연결시키고 있고, 구럼비 바위를 폭파시키는 장면과 4·3때 마을을 불 질러 없앤 장면은 서로 의미 있게 연결시키고 있다. 이전에 일어났던 4·3은 끝난 사건이 아니라 유족들과 더불어 제주의 상처로 남아 아직 아물지 않았으며, 같은 가해자로 인해 고통을 당하고 있는 강정마을 해군기지 문제 역시 해결되지 못하고 폭력이 되풀이되고 있다는 것을 보여주는 것이다.

그리고 사건 당시에 눈밭을 헤매는 것을 재연하듯 푹푹 들어가는 눈속을 걸어가는 장면들이 등장한다. 이것은 감독이 그들이 지나갔던 길을 다시 한 번 맨발로 디디며 직접 재연 한 것으로, 그들의 힘겨웠던 순간들을 경험해 보고 싶었다고 말한다. 또 눈 위의 발자국들을 포착해 내고, 화이트 아웃white out[32]을 하며 눈 속에서 사라지는 장면을 보여주고 있다. 때로는 아무 것도 보이지 않는 화면이 35초 여간 지속되게 나타나 화면이 정지된 것 같은 느낌을 준다. 이것은 분절되고 단절된 기억들과 상황들, 잊힌 기억들에 대한 부분을 블랙 아웃된 화면으로 이미지화 하여 표현하고 있다. 이런 처리들은 관객의 입장에선 화면 사고가 난 것 같은 기분이 들어 당황스러움을 느끼게 되지만, 감독의 의도를 조금씩 알게 되면 많은 여운과 생각을 주는 장치임을 깨닫게 된다.

비디오 작가인 리아 타지리의 비디오, 〈역사와 기억〉에서는 "기억은 존재하지 않는 이미지에 대한 추구이고, 남아있지 않은 것에서 새로운 이미지를 창조하려는 욕망"에서 비롯된다. 이러한 과거로의 '귀환'의 과정을 통해 타지리는 마치 현재 접근이 가능한 것처럼, 기억의 텍스트를 창조한다. 이러한 과정을 통해 그녀는 보이지 않고, 잊혀지고, 묻힌 과거에 대한 새로운 이미지를 만들어 낸다[33]라고 말하고 있다. 감독 역시 어떤 부분에 있어서는 본인의 해석보다는 이미지 자체를 상징적으로 보여줘 관객들 각각에게 해석하도록 떠넘기고 있다. 감독이 이 영화를 만들게 된 계기는 4·3때 교사라는 이유로 남편이 사살 당했던 강상희 할머니를 만나면서 이 다큐멘터리를 기획했다고 한다. 그의 인터뷰를 살펴보자.[34]

역사는 승자의 기록이다. 전쟁이나 참회는 패자에게 충격과 상처로 아무 말도 하지 못하게 한다. 그 아픔은 곧 익숙해져 간다. 강상희 할머니가 대표

---

32 화면전환 기법 중 하나로 그림이 사라지면서 흰색 화면으로 장면 전환하는 방법이다.
33 장민용, 「영화적 재현에 있어서 기억의 연구―아방가르드 영화를 중심으로」, 한양대 대학원 연극영화학과, 2008, 77쪽.
34 〈비념〉임흥순 감독 인터뷰―'제주도를 그리는(miss) 혼을 그리다'(draw), 2012년 전주국제영화제 웹진(http://jiff.tistory.com/968).

적인 예다. 충격과 상처로 말문이 닫힌 것이다. 말을 못하고 더듬거리게 되는 것을 내가 기록해서 대변하고 싶었던 것이다. 물론 진상규명위원회에서 기록하겠지만, 이렇게 입을 다무는 분들의 이야기까지는 담지 못한다. 예술은 이 세세한 부분을 기록해야 한다고 생각했다. 말 못한 사람들이 입을 열 때의 머뭇거림, 제스처, 눈빛까지 담아보고 싶었다.

〈비념〉은 제주도의 내부주민이 아닌 외부자의 시선에서 제주를 말하고 있다. 김포국제공항이라는 자막과 함께 비행기를 타고 제주 공항에 착륙하는 것을 의도적으로 연출하고 있는데 이는 방문자의 눈, 이방인의 눈으로 바라보고 있다는 것을 보여주기 위함이다. 이 또한 〈지슬〉의 내부자의 시선과 차이나는 부분이다. 외부자의 눈으로 바라본다는 것은 좀 더 객관적으로 그 곳을 볼 수 있다는 점도 있는 반면 속속들이 알지 못하는 점 때문에 그냥 지나쳐 버릴 수도 있는 양면성을 모두 가진다. 이러한 점을 알기에 감독은 제주도의 눈, 돌, 잎사귀, 감귤나무, 노루 떼, 개구리, 뱀, 말 등 여러 사물들을 하나하나 포착하며 은유와 상징의 방식으로 제주를 보여주고 있다. 감독의 말을 빌면 "사실, 할머니들의 이야기를 알아듣기가 힘들었어요. 워낙 오랫동안 그 사건을 가슴에 묻어두고 살아오신 터라 할머니의 침묵이 더 크게 와 닿기도 했고요. 그런데 4 · 3 항쟁을 겪은 사람들의 심정을 제대로 이해하려면 돌아가신 분들의 이야기를 들어야한다고 생각했어요. 하지만 제가 직접 그분들을 만날 수가 없으니 그분들의 혼령이 깃들여 있다고 생각되는 동물과 나무를 통해서라도 대신 전하고 싶었죠."[35]

다큐멘터리 형식을 취하고 있지만 사실에 대한 해석은 없다. 또한 영화의 줄거리를 그릴 수 있는 기승전결의 맥락도 없다. 부분적으로 새로운 장면들이 이어져 이해하기가 어려운 경우도 종종 발생한다. 그리고 현재 해결되지 못하고 있는 민감한 사안인 강정 해군기지 건설에 대한 장면도 보이고 있는데, 이것 또한 누구의 잘못이라는 설명 보다는 일어나고 있는 상황을 짧게 교차편집으로 연출하고 있다. 사회 운동가의 외침을 장면에 담아 그대로 전하거나, 진압대와 대립하고 있는 현장의 모습을 가감 없이 드러내었다.

그리고 감독은 제주도의 비극이 제주도에서만 남아있지 않고 그 상처가 확장되어 있음을 나타내기 위해 국경을 넘어 일본 오사카에서도 4·3의 흔적을 찾고 있다. 주로 제주도에서 건너온 할머니들의 인터뷰를 담고 있다. 그렇지만 그 할머니들은 4·3에 대한 언급을 직접적으로 하지 않고, 단지 일본어와 한국어를 섞어가면서 웃으며 일상을 말하고 있다. 이런 장면은 4·3의 상처를 극적으로 드러내지 않고 있지만, 이 할머니들이 어쩔 수 없이 이곳까지 올 수 밖에 없었던 이유를 생각하게 한다. 감독은 그곳에서도 용왕궁(오사카 사쿠라노미야)[36]을 비추며 굿을 할 때 하는 목소리들을 담고 있어, 장소를 옮겨 희생자들에게 애도의 마음을 표하고 있다.

영화는 제주도가 관광지로만 생각하고 있는 관객에게 그 장소가 예전에는 피비린내 나는 상처가 깃든 학살당한 곳이었음을 알려주기 위해 노력하고 있다. 예를 들어 '금산 공원(제주시 애월읍 납읍리) 올레 15코

---

35 한수진 기자,『가톨릭 뉴스』, 2013.05.09.일자 인터뷰
36 제주도 출신 재일 교포들이 토속신앙의 대상인 용왕에게 소원을 빌고 굿을 하던 곳으로 지금은 폐쇄되었다고 한다.

스', '표선해변(1948년 12월 토산리 주민 157명 희생), 올레4코스'라는 글자와 지도를 간략하게 띄우고 있다. 지금은 공원이나 해변을 찾아 관광을 하거나 여가를 보내는 곳이지만, 아픔의 역사가 있었음을 상기 시키며 관광지로만 인식하고 있었던 사람들의 '인식을 전복'을 유도한다.

또 내부자 즉 제주도민들이 일상에서 만나는 4·3은 로컬 방송을 통하는 경우가 많다. 영화 속에서도 그러한 장면이 보인다. 강상희씨 댁을 비추는 장면에서는 제사 음식인지 튀김과 갖가지 음식들을 해놓은 그릇들을 달력으로 덮은 모습을 비춘다. 이어서 집안의 곳곳을 별다른 연결 없이 컷해서 보여주지만, 사람의 흔적은 없고 무심하게 흘러나오는 방송은 역시 4·3과 관련된 내용이다. 영어로 나레이션이 다음과 같이 흘러나오고 한국어 자막을 보여준다.

민주올레운영위원회는 3일 토요일 오후 2시부터 순례 행사를 주최했습니다. 약 9.5km의 길은 4·3사건과 관련된 장소를 경유하여 선흘리 조천읍의 반못굴에서부터 북촌리 너븐숭이까지입니다. 이 날 행사에는 이해찬 전 국무총리와 '순이 삼촌'의 저자 현기영 그리고 전 독립기념관 관장 김상웅씨가 참석할 예정입니다.

여전히 4·3은 제주 사람에게는 현재성을 가지고 있다. 방송 뿐 아니라 어떤 매체를 통해서든지 계속해서 접할 수밖에 없는 환경에 노출되어 있다.[37] 영화나 연극으로도 재현되지만, 직접 그 곳을 걷는 것을

---

37 제주도 지역 방송에서 4·3을 다루는 다큐멘터리는 1989년부터 시작해 지금까지 꾸준히 제작되어 방영되고 있다. 뿐만 아니라 대담형식으로도 구성되어 방영되는 등 제주주민들

재현해 보도록 해 간접경험을 유도한다. 관광객들은 단지 올레 길을 걷는 여행지로 생각하고 방문한 경우가 대부분이지만, 제주도 주민들에게는 남다른 의미가 있는 장소이다. 이러한 로컬 방송들은 제주 주민들의 기억들을 소환해 내고 현재까지 깊숙하게 개입을 하고 있다.

5. 기억의 재현

트라우마를 겪은 이들은 망각으로 상처로부터 멀어지려고 한다. 이 같은 현상은 영화 속 인물들에게서도 잘 나타나고 있다. 말을 더듬거나 혹은 말을 하지 않으려고 하는 것들 말이다. 기억을 더듬어 갈수록 가족이나 친척이 당했던 잔혹한 일들이 떠올라 산자를 힘들게 하기에 나타나는 현상이다. 그렇지만 이러한 행위들은 기억을 조각나게 하고 변질되게 만들어 버리는 맹점이 있다. 또한 시간이 지나면서 사회의 분위기가 변함에 따라 그들의 의식에도 영향을 미치기 때문에 기억은 재생산 된다고 볼 수 있다. 기억에 대한 연구나 재현을 하게 될 경우에는 이러한 점에 주목하고 접근을 할 필요가 있다. 사건을 겪은 자신의 이해관계에 따라 새로운 기억으로 스토리가 만들어지는 결과를 낳기도 하기 때문이다.

"경험은 본질적으로 일대 혼돈이며 무질서다. 그리고 경험은 시간의 종속성뿐만 아니라 복잡성과 혼돈성 때문에라도 일회성을 띤다. 일단

_____

에게 4 · 3은 자주 접하게 되어 유족 뿐 아니라 직접 사건을 겪지 않은 사람에게도 공감할 수 있도록 하고 있다.

경험이 일어나게 되면 그 이후 어느 순간에도 동일하게 반복되지 않으며 동일하게 재현되지 않는다. 이러한 이유 때문에 기록으로 경험을 남기려고 하지만 우리가 경험을 언어로 기록하는 순간 경험은 단순화된다. 언어로 표현하는 순간 경험의 복잡성과 혼돈성은 그 배후로 숨는다. 즉 경험은 언어에 의해 질서화 되어버린다. 경험은 그리 단순하지 않다. 경험이 단순해서가 아니라 언어가 경험을 단순하게 질서화 하는 것이다."[38] 이 언어에는 여러 가지 함정이 숨어있다. 기억 자체가 시간이 지나면 왜곡되기 마련인데다가 경험자체가 혼란인데 그 복잡한 일들을 언어로 정리해서 기록되어 시간이 흘러버리면 그 행간을 파악하기가 더욱 어려워지기 마련이다.

단순한 일상의 이야기도 그 속에는 설명되지 못해 지나쳐 버리는 부분들이 많이 발생한다. 경험의 일회성으로 인해 4·3과 같이 큰 사건이 오랜 기간 지속된 경우에는 그 안에서 벌어진 다양한 경험들이 묘사되지 못하거나 과장되어 나타나거나, 지워진 채로 기억된다. 이 때문에 기억의 한계가 분명하게 드러나고 이러한 점은 한 가지 사건을 두고 다양한 역사해석이 나타나는 결과를 만든다.

랑케가 주장한 과거 사실의 절대성과 객관성은 곧 정치로부터 역사의 독립을 의미한다. 왜냐하면 역사는 권력자의 이익에 봉사하기도 하고 때로는 과거의 사실을 날조하는 수단으로 사용되기 때문이다. 역사기록에 정치적 권력의 개입이나 혹은 그 눈치를 봐야하는 상황이 된다면 역사는 프로파간다로서의 기능만 하게 될 뿐이다. 그렇다면 역사가

---

38 조지형, 『역사의 진실을 찾아서』, 김영사, 2013, 48쪽.

는 어떻게 진실을 찾아낼 수 있을까? 랑케는 엄격한 사료 활용 기준을 고수해 과거의 사실을 더 엄격하게 밝혀냈다. 전해들은 이야기는 신뢰하지 않고, 실제 목격자들의 진술만을 서술했고, 그 개개 진술들에 대해서도 직접 탐문하고 검토하는 작업을 거쳐 기억의 차이를 극복하기 위해 노력하였다.[39] 또한 오래된 사료를 해독하기 위해 언어에 대한 연구와 능력이 필요하다. 물론 언어에 대한 깊은 이해는 역사 연구의 필수적인 도구이긴 하지만 순전히 언어학의 능력만으로 역사 연구를 잘할 수 있는 것은 아니다. 사료를 구성하고 있는 언어를 철저하게 분석하고 비판해야 그 안에 있는 오류와 편견, 의도적인 실수와 결함 등을 제거할 수 있다.[40] 그러나 이러한 사료나, 체험자의 진술, 연구자의 비판적 해석에도 불구하고 기억자체에 대한 불안정성 때문에 역사는 진실논쟁에 빠지기 마련이다. 또 학자들 간에도 역사관의 차이로 인해 같은 기록에 대한 해석도 다양하게 나타난다.

지금까지 4·3에 대한 연구기록을 살피며 4·3을 재현하고 있는 영상 매체 두 개를 분석했다. 앞서 분석했듯이 연구자의 역사관에 따라 기록의 결론이 다르게 나타나기도 했고, 당사자의 구술도 기억의 불안정성과 경험의 일회성으로 인해 기억은 파편화되어 나타났다. 그리고 제주도민의 설문결과는 의외의 결과를 나타내기도 했다. 팽팽하게 맞서던 담론들 즉 '공산당 폭동'과 '민중항쟁'과는 전혀 다른 시국 탓이라거나 희생 원인도 이웃의 잘못이나 모함 때문이라고 응답한 자들도 꽤

---

39 독일의 괴팅겐 학파는 언어학을 토대로 엄격하고 비판적인 방법으로 고전 자료연구에 적용하기 시작했다. 랑케는 이 학파의 영향을 많이 받았다.
40 조지형, 앞의 책, 82~92쪽.

나온 것을 알 수 있다.

그러나 영화 〈지슬〉에서 나타난 주민의 모습은 그저 순박한 이웃들로 아무것도 모른 체 일방적으로 당하는 피해자로 그리고 있다. 피해를 당했지만 그 원인이 무엇인지를 몰랐기 때문에 직접적으로 보이는 원인, 자신이 겪은 상황만이 사건에 대한 전부로 기억하고 있는 것이다. 전체적인 사건의 원인과 결과를 따져보면 분명한 가해자와 피해자가 있겠지만 그것을 긴 시간 동안 겪은 주민들의 반응은 이처럼도 나타날 수 있다. 이것은 실제 연구에 의한 조사와 극의 차이점이기도 하고, 감성적인 연출로 인해 나타난 것이기도 하다. 그러나 근본적으로 기억의 일회성과 불안정성으로 인해 생기는 다양한 결과이기도 하다.

두 영화는 형식과 내용은 달랐지만 이데올로기로 인해 죄 없는 많은 주민들이 희생당했다는 점에 주목하고 이들에 대한 위로와 애도를 담고 있다. 그리고 이와 더불어 권력기관과 피해자의 서사는 아직도 끝나지 않았음을 말하고 있다. 전술했듯이 역사는 권력자의 이익에 봉사하고, 과거 사실에 대해 날조한다는 점을 의식하고, 두 감독은 영화를 통해 지나간 역사의 기록에 대해 다시 한 번 상기하게 만든다. 또 이 사건은 한 때 벌어졌었던, 이제는 끝난 이야기라고 단언할 수 있는가?라는 질문을 하게 만든다. 물론 어떤 기관이 해체되고 더 이상의 희생 없이 마무리가 되었다면 이제는 끝난 이야기라고 말할 수도 있겠지만 권력기관이 있는 한 그 안에서 벌어지는 크고 작은 희생은 어쩌면 끝날 수 없을지도 모른다.

그러한 가운데 과연 기억 속의 사건을 재현하는 것은 어떤 의미가 있을까? 요즘 세대들이 잘 모르고 있던 지나간 사건을 다시 돌아보며 그

동안 어떻게 해석을 하고 있었는지, 무엇 때문에 그런 해석이 가능했는지, 또 현재에 있어 어떤 사회성을 가지는지 등에 대한 일말의 생각 거리를 제공하고 있다면 그것으로도 이미 충분하다. 또한 한 사건에 대해서 다양한 견해를 가지고 접근하고 있는 양상은 기억에 대한 연구로서도 의미 있는 작업이다. 본고에서 다뤘던 이 4·3사건도 시간이 훨씬 지난 다음 지금과 또 다른 사회·정치 분위기에서는 또 어떻게 재현되어 나타나는지도 흥미로운 지점이다. 기억에 대해 접근할수록 그 속에 있는 진실 찾기란 이룰 수 없을지 모를 난제임엔 틀림없다. 그럼에도 불구하고 역사를 되돌아보고 지속적으로 문을 두드리는 이유는 담론은 현재를 반영하기 때문에 사회분위기가 바뀐 이후의 변화에 대해 지속적으로 관심을 가지고 감지해야할 필요가 있기 때문일 것이다.

참고문헌

김상기, 「폭력 메커니즘과 기독교 담론윤리 구상－제주4·3 사건을 중심으로」, 연세대 대학원, 2008.

김영범, 「알박스의 기억 사회학 연구」, 『사회과학 연구』 제6권 3집, 1999.

_____, 『민중의 귀환, 기억의 호출』, 한국학술정보, 2010.

김창후, 「4·3 진상규명운동 50년사로 보는 4·3의 진실」, 『4·3과 역사』, 제주4·3연구소, 2011.

장민용, 「영화적 재현에 있어서 기억의 연구－아방가르드 영화를 중심으로」, 한양대 대학원 연극영화학과, 2008.

전진성, 「기억과 역사－새로운 역사·문화이론의 정립을 위하여」, 『한국사학사학보』 제8권, 2003.

최호근, 「제노사이드란 무엇인가－제노사이드 논의의 주요쟁점들에 대한 검토」, 『독일연구』 제8집, 한국독일사학회, 2004

하주영, 「우리는 시간을 어떻게 기억하고 재현하는가?」, 『마르스크 주의연구』 제10집 4호, 2013.

현석이, 「'지슬'을 통한 '제주 4·3'의 오롯한 기억」, 『내일을 여는 역사』, 2013.

권귀숙, 『기억의 정치학』, 문학과지성사, 2006.

마르쿠스 파우저, 『문화학의 이해』, 성균관대 출판부, 2008.

마크 리벤, 『제노사이드, 현대 세계의 필연적 악몽인가』, Palgrave Macmillan, 2013.

마르쿠젠, 『제노사이드와 총력전－예비적 비교』

이진우·김민정 외, 『호모 메모리스』, 책세상, 2014.

제프리K. 올릭, 강경이 역, 『기어의 지도』, 옥당, 2011.

조지형, 『역사의 진실을 찾아서』, 김영사, 2013.

피에르 노라, 김인중 역, 『기억의 장소』, 나남, 2010.

2부

복수적 내러티브의 역동적인 충돌의 공간으로서 로컬과 서사

후기 식민시대 "원시 타자"에 대한 인식과 재현

데니스 오루크의 〈카니발 투어즈〉를 중심으로*

조관연**

1. 들어가기

필자는 1989년 가을, 독일 프라이부르크 민족지영화제에서 데니스 오루크Dennis O'Rourke, 1945~2013 감독의 〈카니발 투어즈Cannibal Tours〉 (1988)[1]를 처음 보았다. 영화를 보기 전에 구매한 팸플릿을 통해 감독과 영화에 대한 간략한 정보를 처음 접했는데, 호주 출신 감독이 파푸아 뉴기니의 관광과 문화를 어떻게 그려낼지에 대한 호기심이 있었지

---

* 이 글은 『인문콘텐츠』 43호, 2016. 12, 99~122쪽에 게재된 동명의 논문을 수정 재게재한 것임.
** 부산대학교 한국민족문화연구소 HK교수
1 영화 〈카니발 투어즈(Cannibal Tours)〉는 〈식인 관광〉으로 번역될 수 있지만, 본 글에서는 단어의 미묘한 의미를 살리기 위해 〈카니발 투어즈〉라고 표기한다. 감독, 제작, 촬영 : Dennis O'Rourke, 편집 : Tim Litchfield, 협력 프로듀서 : L. J. Henderson & Chris Owen, 35mm, 컬러, 72분.

만 당시 민족지 영화들의 경향을 미루어보아 그다지 큰 기대는 하지 않았다. 하지만 이 영화가 시작되고 얼마 되지 않아 필자는 매우 새로운 영화의 형식과 내용 그리고 시각에 놀랐다. 영화가 끝난 후에 이루어진 모임에서 다른 사람도 이 영화에 강한 인상을 받았음을 알 수 있었다. 이 영화에 대한 사람들의 전체적인 인상은 비슷하였지만, 각론에서는 다른 부분이 많았다. 당시 이 영화를 분석해야겠다고 생각했지만, 이 영화를 구하는 것이 쉽지 않아 영화 분석을 포기하였다. 다른 고전영화들처럼 이 영화의 내용도 상당히 복잡하기 때문에 치밀하게 분석하지 않으면 인상비평에 머물 가능성이 높았기 때문이다. 하지만 유튜브 시대가 열리면서 이 영화를 어렵지 않게 구할 수 있었고, 차분하게 다시 볼 수 있었다.[2]

이 영화가 상영되기 전인 1988년, 필자는 1년 동안 쾰른 민족학박물관에서 '멜라네시아 예술' 전시기획 수업을 수강하였다. 그리고 다음 해 이 박물관에서 '멜라네시아의 원시 예술' 전시회가 열렸다. 필자는 이 전시회를 준비하면서 세픽Sepik 강 주변의 아베람Abelam과 야트뮬Iatmul의 "원시 예술primitive art"에 관한 다양한 글들을 접하였고, 이를 바탕으로 소개 패널을 제작하였다. 당시 서구인들 상당수는 세픽 강 주변의 원시 미술품에 대해 많은 관심을 가지고 있었는데, 유럽과 미국의 상당수 민족학박물관은 아베람이나 야트뮬의 "예술품"들을 소장, 전시하고 있었다. 그런데 필자가 이 전시회를 준비하면서 읽었던 글과 〈카니발 투어즈〉가 재현하고 있는 내용 사이에는 커다란 간극이 있었다. 읽었던 글들은 세픽 강 주변

---

2 https://www.youtube.com/watch?v=KUQ_8wl93HM에서 볼 수 있음.

의 다양한 종족 문화를 "전통적"이고 고정적인 측면에서 접근했지만, 이 영화는 현재적, 혼종적 그리고 복합적 입장에서 그들의 문화를 그리고 있었다. 1980년대 중반 문화적 전회cultural turn 이후 문화를 정적이고, 통일적이며, 단선적으로 재현하는 것에 비판이 있어왔지만[3], 이를 반영한 영상물을 찾기란 쉽지 않았다. 이런 의미에서 〈카니발 투어즈〉는 문화영상물 제작자에게 많은 영감을 주었는데, 아직도 문화변동, 관광, 탈식민주의 등의 영역에서 교재로 활용되고 있다.

한국에서도 여행 자유화 이후 해외 관광객의 숫자가 급속하게 증가하고 있는데, 이들 중 상당수는 이제는 익숙하고 널리 알려진 서구의 볼거리에 등을 돌리고 "진짜authentic" 원주민 문화를 경험하기 위해 오지를 향해 떠나고 있다. 이들 중 상당수는 힘든 여행을 마친 후에 자신의 오지 경험을 소셜 네트워크에 올리고 있다. 많은 텔레비전 방송국들도 이러한 경향을 반영해서 오지의 원주민의 삶과 문화를 탐사하는 프로그램을 제작, 방영하고 있다. 하지만 이런 영상콘텐츠에서 재현하고 있는 오지의 원주민의 삶과 문화에 대한 비판적 접근은 거의 없다. 〈카니발 투어즈〉는 원시 원주민과 문화를 경험하기 위해 떠난 서구관광객과 현지인 사이의 상호 작용을 담고 있다. 이 작품은 한국에서의 원시적 타자에 대한 욕망과 소비 형태를 성찰할 수 있는 단서를 제공할 수 있다. 본 글은 〈카니발 투어즈〉에서 관광객과 현지인 사이의 재현 방식과 내용을 텍스트 분석 방법론과 민족지 방법론을 통해 분석할 것이다.

---

3 Fredric Jameson, *The Cultural Turn—Selected Writings on the Postmodern, 1983~1998*, Verso, 1998.

2. 오루크의 작품 세계

1) 생애

오루크는 호주 브리즈번의 작은 시골 마을에서 태어나 어린 시절을 보냈다. 부모가 사업에 실패하자 그는 가톨릭 기숙학교에 입학해서 중등교육을 받았다. 그의 작품에서 종종 드러나는 기독교적 가치와 시각은 이 시기의 영향을 받았다고 할 수 있다. 또한, 그는 대학에서 인류학을 2년 동안 공부하였지만 이내 학업에 회의를 느끼고 자퇴하였다. 그는 생계를 위해 1960년대 말 농부, 세일스맨, 카우보이, 선원 등의 일을 하며 호주와 동남아시아 일대를 여행하였다. 그는 저널리스트가 되기로 마음을 먹고 독학으로 사진공부를 하였지만, 동남아시아 여행을 통해 다큐멘터리 영화 제작자가 되기로 마음을 바꾸고 시드니에 있는 호주방송국을 무작정 찾아갔다. 정식 교육을 받은 적이 없던 그는 보조 정원사로 일하면서 틈틈이 촬영기술을 익힌 이후에, 방송국 촬영기사로 정식 취직하게 되었다.[4]

오루크는 1974~1979년에 파푸아뉴기니에 머물면서 다큐멘터리를 제작하고, 원주민에게 영상촬영기술을 교육하였다. 1975년 9월 16일 파푸아뉴기니가 호주로부터 독립하면서 오루크는 탈식민과 근대 국가의 탄생 과정을 직접 목격하였다. 그는 새로운 국가가 탄생하는 과정을

---

4 Nancy Christine Lutkehaus and Dennis O'Rourke, "Excuse Me, Everything Is Not All Right—On Ethnography, Film, and Representation : An Interview with Filmmaker Dennis O'Rourke", Cultural Anthropology, 4, 1989, p.430 ff.

담은 영화 〈유미 엣Yumi Yet〉(1976), 〈선거Ileksen〉(1978)을 제작하였다. 그는 호주 방송국의 위탁을 받아 촬영을 하다가 미국의 수소폭탄 실험에 마샬 제도 주민이 실험용 쥐 역할을 하였다는 소문을 듣게 되었다. 그리고 피폭된 주민을 만나 〈반쪽 인생Half Life〉(1985)을 제작하였다. 오루크는 이 영화 덕분에 국제적인 명성을 얻게 되었다. 본 연구의 대상인 〈카니발 투어즈〉(1988)는 그의 작품들 가운데 학술적으로 가장 높이 평가받고 있는 작품인데, 현재는 다큐멘터리의 고전으로 인정받고 있으며 다양한 학문 분야에서 이 영화를 부교재로도 이용하고 있다.[5]

오루크는 호주영화 산업 발전에 기여한 공로를 인정받아 2005년에 돈 더스탄Don Dustan상을 받았고, 이외에도 베를린과 선댄스 영화제 등에서 수상했다. 그가 2013년 갑자기 사망하자, 암스테르담 국제다큐멘터리영화제, 베를린영화제, 런던 현대미술연구소, 샌프란시스코 태평양영화아카이브, 프라이부르크, 로스앤젤레스. 마르세유, 멜버른, 뉴델리, 뉴욕, 싱가포르, 대만 그리고 웁살라 등에서 그의 회고전이 열렸다. 하지만 한국에는 아직까지 그의 영화들이 소개되지 않고 있다.

2) 〈카니발 투어즈〉의 내용

오루크의 〈카니발 투어즈〉는 서구 방문객에 의해 벌어지는 관광의 부정적 모습을 그리고 있다. 이 영화는 부유한 미국과 유럽의 관광객이

---

5   ibid, p.434.

〈멜라네시아 익스플로러Melanesian Explorer〉 크루즈를 타고 세픽 강을 여행하는 과정을 추적하고 있다. 서구 관광객은 배위에서 비키니를 입고 일광욕을 즐기며, 작은 모터보트를 타고 굉음을 내면서 세픽 강 주변의 마을들을 방문한다. 이들은 끊임없이 마을 사람들을 사진촬영하고 주민에게 담배와 향수를 선물하기도 하며, 서로 바보스러운 말을 주고받기도 한다. 그리고 현지민이 추는 춤에 환호를 보내며 현지 관광 수공예품을 구매한다. 카메라는 몇몇 서구 관광객들이 하는 이야기에 초점을 맞춘다. 세 명의 이탈리아 출신 관광객은 파푸아 뉴기니의 원시인과 서구 현대인 사이의 차이점을 이야기하는 데, 현지인은 자연과 조화 속에서 살고 있으며 자신의 삶에 만족하면서 산다고 이야기하면서, 서구 선교사들이 이들에게 현대적 삶의 방식을 가르칠 필요가 있다고 주장한다. 미국 중년 여자 관광객은 관광으로 인해 진정한 원시미술이 사라지고 있는 것을 애석해하며, 전 세계 곳곳을 여행 중인 독일 중년 남자는 머리사냥headhunting과 식인풍습에 매료되어 있다. 그는 독일의 식민통치 시기 형성된 스트레오타입을 바탕으로 서구 문명과 "원시적 타자primitive Others"를 비교하기도 한다. 하지만 그는 서구인이 이들에게 가르칠 것이 많지만 이들로부터 배울 것도 많다고 이야기한다.

관광객의 카메라 렌즈에 의해 지역 주민들이 포착되는 데, 이는 또 다른 차원의 이야기를 만들어낸다. 한 중년 마을 남자는 서구인에 의해 신성한 전통이 사라진 것을 애석해하며, 자신의 조부가 처음 서구인을 만났을 때 이들을 죽은 조상이 환생한 것으로 이야기한 것을 상기한다. 어떤 중년 여성은 자신들은 돈이 없어서 비참한 생활을 할 수밖에 없다는 불만을 털어놓으며, 두 명의 소년은 선교사들이 가르쳐준 노래를 하고 중년 남자는 방문객들이 물건은 사지 않고 공짜로 사진만 찍는다고 불만을 토로한다. 전체적으로 본다면, 지역 주민은 관광 때문에 혼란한 삶을 살고 있다.

왜 백인들은 이런 지역으로 여행하는가? 이들은 어떻게 여행에 필요한 경비를 마련하는가? "원시인"인 현지 주민은 실질적 삶의 문제와 돈에 관심이 많은데, 서구인은 자신들만의 상상과 스트레오타입으로 이들을 판단하고, 대하고 있다. 이런 의미에서 이 영화는 서구인의 "진짜 원시인"에 대한 욕망과 마을 주민의 모더니즘에 대한 욕망 그리고 부족한 돈으로 인해 벌어지는 갈등을 다루고 있다. 관객은 몇 달러를 벌기 위해 자신의 문화를 상품으로 내다 팔수밖에 없다는 주민 말에 공감하며, 서구 관광객이 "진짜 원시"를 소비하기 위해 벌이는 행동과 말에 대해서는 당혹감을 느끼게 된다.

〈카니발 투어즈〉는 서구 관광객이 태평양 군도에서 벌이는 행태를 가장 신랄하게 꼬집은 영화로 인정받았고, 많은 문화연구자와 영화비평가 그리고 서구 매스미디어는 이 영화를 비중있게 다루었다.[6] 이 영화는 1988년 (마가릿)미드영화제에서 처음 선보였으며, 이후 14회 시애틀 영화제와 프라이부르크 민족지영화제 등에서도 상영되었다.

---

6   Hart Cohen, "Swinging through the Jungle. Review of Cannibal Tours", Filmnews, 1988a March; Frederick Errington and Deborah Gewertz, "Review of Cannibal Tours", American Anthropologist, 91, 1989, pp.274~275; Dean MacCannell, "Cannibal Tours", Society for Visual Anthropology Review, 6, 1990, pp.14~24; Dean MacCannell, "Cannibalism Today" Empty Meeting Grounds—The Tourist Papers, Routledge, 1992; Katherine Young, "Visuality and the Category of the Other—The Cannibal Tours of Dean MacCannell and Dennis O'Rourke", *Visual Anthropology Review* 8, 1992, pp.92~96.

3. 〈카니발 투어즈〉 분석

오루크는 대학교에서 정식으로 훈련받은 학자가 아니다. 그는 동남아시아와 남태평양 지역을 여행하면서 다양한 현장경험을 하였으며, 거의 독학으로 영상언어와 제작기술을 습득하였다. 그가 자신의 영화들에 대해 몇 차례 견해를 밝힌 적이 있지만,[7] 제도권 학문이나 영상전문가에게는 그의 말은 종종 추상적이고, 포괄적이라 정확히 이해하기 힘들다. 오루크의 말과 글을 토대로 서구 관광객과 세픽 마을 사람들의 재현 방법론을 중심으로 〈카니발 투어즈〉를 분석하고자 한다. 〈카니발 투어즈〉는 문학과 문화인류학으로부터 많은 영향을 받았다. 특히, 『낯선 땅 이방인』과 『어둠의 심연』의 풍자와 우화 방식 그리고 문화인류학의 실증주의 또는 사실주의가 그의 작품 구성에 중요한 역할을 하였다.

1) 문학과 풍자

〈카니발 투어즈〉는 코미디 영화가 아니지만, 상당히 당혹스런 장면들을 종종 보여준다. 기본적인 내러티브는 호화 크루즈 관광객과 세픽 강 주변의 마을들에 사는 주민들 사이의 일련의 상호작용을 이리저리 추적하는 내용으로, 발단→전개→위기→해결과 같은 구조가 없는 영상 에세이 형식이다. 오루크는 이야기들을 말과 영상 이미지로 전달하는 이야기꾼raconteur이라고 자신을 소개하고 있는데, 만일 자신이 한

---

7   Nancy Christine Lutkehaus and Dennis O'Rourke, op. cit., p.426.

세기 전에 태어났다면 아마도 수필가나 팸플릿 집필자 또는 소설가가 되었을 것이라고 하였다.[8] 오루크가 하는 일을 지칭하기에 에세이는 가장 적당한 단어이다. 펜 대신에 카메라와 나그라 녹음기로 특정 주제를 이야기하기 위해 사운드와 이미지들을 통해 담화를 만들어낸다."[9] 그는 장편 극영화를 제작하는 일에도 관심이 있었지만, "실제 극영화 factual fiction film"[10] 제작만을 하였다. 그는 이 형식으로 이야기할 수 있는 주제는 제한적이라고 생각하였는데, 가장 대표적인 주제는 미국이 비키니 섬에서 행한 수소폭탄 실험이다. 이 주제를 다룬 〈반쪽 인생〉의 부제는 "핵 시대를 위한 우화A Parable for the Nuclear Age"로, 이 영화는 우화 형식을 통해 사건의 교훈적이고 이야기적인 측면을 강조하였다. 오루크는 〈카니발 투어즈〉에서도 우화와 에세이 형식을 이어가는데, 부유한 외지인이 오지에서 원시 공동체를 이루고 살고 있는 사람들을 방문하면서 만들어지는 상호 의심과 오해를 풍자적으로 묘사하고 있다. 오루크는 자신의 영화를 다음과 같이 소개하고 있다.

"카니발 투어즈"는 두 개의 여행이다. 첫 번째는 부자와 부르주아지 관광객들이 호화 크루즈를 타고 파푸아 뉴기니의 정글 안에 있는 신비로운 세픽 강을 올라가는 (…중략…) 『어둠의 심연(Heart of Darkness)』의 패키지 버전(packaged version)이다. (영화의 진짜 텍스트인) 두 번째 여행은 형이상학적인 것이나. 이는 인기 있는 상상 중에서 '타자(the Other)'의

---

8 Dennis O'Rourke, Cannibal Tours, Canberra−O'Rourke and Associates, 1987.
9 Nick Roddick, "O'Rouck's Drift", The Society for Visual Anthropology Newsletter, 3(1&2), 1987, p.1.
10 그는 자신이 제작한 영화를 다큐멘터리라고 부르지 않고, "실제 극영화"라고 불렀다.

장소를 발견하려는 시도이다. 왜 '문명화된(civilized)' 사람이 '원시인 (primitive)'을 조우하길 원하는지에 대한 진짜 (대부분 무의식적이거나 오해에서 비롯된) 이유를 깨닫게 한다. 상황은 문명 종점의 이동(shifting terminus of civilization)인데, 이곳에서 현대적 대중문화는 인간성의 본 래적이고, 본질적인 측면들에 반하는 것을 추진한다. 서구 문화에서 가치 로 통하는 것의 상당 부분이 황량한 믿음을 통해 드러나는데, 이는 시시하 면서 거짓이다.[11]

〈카니발 투어즈〉는 "이방인이 낯선 땅을 방문하는 것처럼 낯선 땅에 서 이상한 것은 없다"[12]라는 자막으로 시삭한다. 오루크는 로버트 하인 리히(1907~1988)의 소설, 『낯선 땅 이방인*Stranger in Strange Land*』[13]에서 이말 을 따왔다. 또한, 그는 자신의 글에서 밝히고 있듯이, 조지프 콘래드 (Joseph Conrad)의 『어둠의 심연*Heart of Darkness*』[14]에서 영향을 받았다. 〈카 니발 투어즈〉는 『낯선 땅 이방인』과 『어둠의 심연』에 대한 일종의 오 마주이다. 1962년 휴고문학상을 받은 『낯선 땅 이방인』은 미국의 대표 적인 사이언스픽션 소설로, 화성으로부터 스미스가 지구로 귀환한 후 겪는 이야기를 담고 있다. 이 책은 화성인의 눈으로 당대 서구 사회의 위선을 풍자적으로 그리고 있어 오루크가 한창 정신적 방황을 하던 1960년대 반문화 운동의 상징이 되었다. 이 책은 특히 당대의 종교, 정

---

11 MacCannell, Dean, op. cit., p.14.
12 "There is nothing so strange, in a strange land, as the stranger who comes to visit it."
13 로버트 하인리히, 장호연 역, 『낯선 땅 이방인』, 마티, 2008. (Heinlein, Robert, Stranger in Strange Land, Putnam, 1961)
14 조지프, 콘래드, 이석구 역, 『어둠의 심연』, 을유문화사, 2008(Conrad, Joseph, *Heart of Darkness*, Blackwood's Magazine, 1999)

치, 화폐경제, 일부일처제, 죽음에 대한 공포 등과 같은 사회적 제도를 풍자적으로 비평하였다. 이 책은 1960년대 서구에 화성 언어인 "그록(grok)"을 유행시켰는데, 이 말은 "물을 나누다"라는 뜻이지만 비유적으로는 "이해하다", "사랑하다" 그리고 "누구와 하나가 되다"를 의미한다. 후에 이 단어는 "다른 사람과 공감함으로써 이해하다"라는 의미로 옥스퍼드 영어사전에도 등재되었다. 이 소설에서 공감은 중요한 개념인데, 하인라인은 자신의 소설에서 이를 다음과 같이 기술하고 있다.

'공감'은 '완전히 동등하다'는 뜻입니다. 인간의 상투적인 표현을 사용하자면 그렇습니다. 화성어의 뉘앙스를 살리자면 '이것 때문에 당신보다 내가 마음이 더 아파' 정도가 될까요. 화성인들은 우리가 현대 물리학을 통해 어렵사리 배운, 관찰자가 관찰의 과정에서 관찰 대상과 서로 영향을 주고받는다는 사실을 본능적으로 아는 것 같습니다. '공감'은 관찰자가 대상을 속속들이 다 이해해서 그 대상의 일부가 된다는 뜻입니다. 완전히 하나가 되어 집단의 경험 속에서 정체성을 잃어버린다는 뜻이죠. 우리가 종교니 철학이니 과학이니 하는 말로 의미하는 거의 모든 것들을 의미합니다. 결국 앞을 못 보는 사람한테 색깔이 무의미하듯 우리한테 공감이라는 말도 그렇게 무의미합니다.[15]

『낯선 땅 이방인』과 마찬가지로 〈카니발 투어즈〉의 핵심 메시지도 서로 다른 문화권(또는 행성) 사람 간의 공감 부재이다. 『낯선 땅 이방

---

15 로버트 하인라인, 앞의 책, 369쪽.

인』은 종교, 철학 그리고 과학 등과 같은 사회적 제도와 사상이 사람 간의 공감 능력 배양에 방해가 되고 있으며, 너와 나를 구분하고 차별하는 데 이용되고 있음을 보여주고 있다. 〈카니발 투어즈〉는 서구 관광객과 세픽 마을 주민 사이의 공감이 형성되지 못하는 원인을 서구인의 자민족중심주의에 기반한 스트레오타입에서 찾고 있다.

콘래드는 자신의 아프리카 여행 경험을 바탕으로 『어둠의 심연』을 발표하였다. 이 영화 역시 1960년대 반제국주의 운동의 상징이기도 하였는데, 이후 영화 〈지옥의 묵시록〉의 원작으로 유명해졌다. 이 중편소설은 지금도 심리학, 페미니스트 운동 그리고 탈식민주의 비평 등에서 다양하게 이용되고 있다. 콘래드는 자신의 소설에서 문명과 야만의 구분이 가진 무의미함과 모든 인간에 깃들어있는 어두운 측면을 집요하게 파헤쳤다. 주인공 말로는 프랑스 증기 여객선을 타고 아프리카 해안을 거쳐 내륙으로 들어가는데, 전설적인 상아 중개상, 커츠Kurtz를 만나 야만적 관습에 탐닉하는 모습을 보고 혼란에 빠진다. 또한, 그는 프랑스 군함의 무차별 폭격과 흑인 노예에 대한 잔인한 처우, 상아로 한몫 잡으려는 백인 식민주의자들의 무자비한 탐욕도 목격한다. 서구의 도덕과 문명이 실제로는 얼마나 위태롭고 가식적이며, 이것이 사소한 것들에 의해 유지되고 있는지를 이야기하면서, 이것이 인간의 가슴 속에 도사린 야만, 즉 "어둠의 심연"에 의해 얼마나 쉽게 전복될 수 있는지 보여주고 있다. 콘래드는 문명인과 야만인savage사이의 차이를 무화시킴으로써 제국주의와 인종주의에 대한 근본적인 성찰을 요구하였다. 『어둠의 심연』이 식민시기 서구인에 의해 벌어진 서구 문명의 야만성을 고발하였다면, 〈카니발 투어즈〉는 후기 식민시기 서구 부자여행객들이 벌이는 새로운 형식의 야만과 오만을 그리고 있다.

　오루크는 이 두 편의 고전 소설로부터 풍자와 우화 형식뿐만 아니라 서구 문화를 비판적으로 접근하고 평가하는 시선을 전유했다. 하지만 식민시기와 후기 식민시기라는 시기적 차이가 존재하고 문자텍스트와 영상이라는 매체의 차이점도 존재하기 때문에, 오루크는 이 두 작품과는 다른 시선과 방법으로 자신의 영화를 만들었다. 〈카니발 투어즈〉에서 고가의 카메라 장비와 옷을 입은 관광객이 풀로 엮어 만들거나 나무로 깎아 만든 공예품의 용도를 물어보거나 흥정하는 데, 이들은 싼 가격에 놀라면서도 곧 가격을 깎는다. 이들은 또한 다른 관광객을 부추겨서 값을 깎을 것을 조언하기도 한다. 미국 관광객은 가격을 깎아서 물건을 사고는 거들먹거리며 원주민에게 담배를 권한다. 어떤 미국 중년 여성은 원시 미술에 대한 자신의 식견을 자랑하고, 진짜 전통 수공예품을 사야 한다고 주장하지만, 정작 자신은 동료 관광객들과 함께 상점에서 관광객용 수공예품을 구매함으로써 역설적인 행동을 한다. 오루크는 몇몇 마을 주민과 개별적으로 인터뷰하는 데, 이들은 서구 관광객을 혼란이 섞인 감정으로 평가한다. 어떤 사람은 "나는 이들이 호들갑 떨지 않고 (물건값-역주) 지불하는 것을 원한다"라고 하고, 또 다른 이는 "나는 도시에 있는 큰 상점에서 흥정한 가격으로 물건을 살 수 없다. (…중략…) 나는 처음 요구한 가격으로 셔츠나 바지를 사야 한다"라고 서구 관광객의 구매 행태를 비난한다. 마을 노인은 "관광객들이 왜 마을로 오는지 이해할 수 없으며, 관광객이 사소한 것까지 모두 사진 찍는 동안 혼란스럽게 앉아 있는다"라고 이야기한다.

　오루크는 카키색 사파리 옷을 입은 배 나온 독일 중년 남자를 집중적으로 추적하는 데, 그는 마을 청년에게 집요하게 머리사냥과 식인풍습에 관해 물어보며, 한때 부족 간의 전쟁에서 살해된 희생자를 먹었던 시설물 앞에서 자랑스럽게 증명사진을 찍는다. 그는 고급 카메라를 가지고 촬영하면서 틈틈이 소형 녹음기에 이 과정을 음성으로 남기는데, 독일 식민시기에 파푸아뉴기니 사람들이 얼마나 행복했었는지를 이야기한다. 그는 오루크에게 자신이 "원주민 문화native culture"를 보기 위해 지금까지 방문한 전 세계 15개국을 자랑스럽게 나열하고는, 유럽 영향으로 인해 현지인의 삶이 얼마나 훼손되었는지 그리고 문화적 정체성을 잃어가고 있는지를 설명하기도 한다. 이 독일 남자 관광객은 독일 식민시기 통치자나 선교사 그리고 상인이 가졌던 원주민에 대한 부정적 편견이나 스트레오타입이 지금도 존재하고 있음을 보여준다. 하지만 이 사람은 서구인이 자신의 부를 이들과 나누는 것이 필요하다고 주장하며, 수공예품을 원주민이 요구하는 돈을 주고 구매하고, 원주민과 끊임없이 대화를 나누는 마음씨 좋은 아저씨의 모습도 보여준다. 이런 모습은 관객을 적지 않게 혼란에 빠뜨린다.

영화의 중심 주제 중 하나는 서구인이 현재 급격한 변화의 한 가운데 있는 세픽 마을을 어떻게 인식해야 하는지 전혀 모른다는 점이다. 세픽 사회는 서구문화의 영향으로 크게 변화를 하였는데, 이들 서구인은 계속해서 이 사회를 태고의 원시성을 간직한 사회로 간주하고 있다. 마을 사람들은 영화 속에서 과거와 현재를 실질적인 용어로 묘사하고 근대화에 대해 강한 욕망을 보이지만, 관광객은 감상적이고 오래된 스트레오타입들로 세픽 사회와 사람들을 이해하려고 한다. 〈카니발 투어즈〉에서 이탈리아 가족 관광객은 세픽 사회에 대해 가장 경악스런 설명을 한다. 아버지와 남매는 영화에서 세 차례 등장하는 데, 이들은 각 장면에서 서로 다른 이야기를 한다. 이들은 세픽 사회에 대해 이야기하면 할수록 더 깊게 자기모순에 빠져 드는데, 이들이 원주민의 이해관계와 입장을 어설프게 대변하면 할수록 자신들의 우월의식은 더 분명하게 드러난다. 아버지는 "이들의 삶의 방식은 우리의 눈에는 원시적으로 보인다. 하지만 이들은 만족 이상이다. 이들은 기쁘게 산다. 자연은 이들에게 삶에 필요한 것을 제공하며, 이들은 내일을 생각하며 걱정할 필요가 없다"라고 한다. 하지만 이들의 생각은 마을 주민과의 인터뷰를 통해 얼마나 피상적인지 바로 드러난다.

이 영화에서 끝에서 두 번째 장면은 가장 인상적인 것으로 종종 언급된다. 여행이 끝나가는 시점에 모든 서구 관광객은 크루즈 선박에서 파티를 벌인다. 오루크는 모차르트의 현악사중주 음악을 배경음악으로 사용하였는데, 몇몇 남자 관광객은 영혼집sprit house[16] 외벽에 있는 조상의 마스크를 자기 얼굴에 그리고 자신들이 아는 무시무시한 전사의 포즈를 취하고 춤을 춘다. 이 장면은 느린 동작으로 처리되면서 모차르

---

[16] 영혼집은 세픽 지역에서 중요한 종교적, 사회적 그리고 문화적 기능을 담당한다. 현지인은 죽은 조상이 이곳에 거주한다고 믿고 있으며, 이 안에는 마을의 중요한 종교적 물품들이 보관되어 있다. 건물 외벽은 우주관과 세계관 그리고 마을의 기원 신화 등에 관한 조각과 그림들로 치장되어 있다. 마을과 종족마다 영혼집의 모양과 치장이 나른데, 이 건물이 마을의 위세와 권위를 표상하기 때문에 대부분 크고 높게 지어진다. 신성한 장소이기 때문에 중요한 마을의 결정사항은 이곳에서 이루어지는데, 여성과 아이 그리고 외부인의 접근은 엄격하게 금지된다. 식민시기 서구 선교사와 통치자들에 의해 대부분의 영혼집은 파괴되었다. 일부 연구자는 조상집(ancestor house)이라고도 부른다. Eric Silverman, "High Art as Tourist Art, Tourist Art as High Art—Comparing the New Guinea Sculpture Garden at Stanford University and Sepik River Tourist Art", International Journal of Anthropology, 18, 2003, pp.219~230. (Reprinted in Rosi E., P. S. Venbrux and R. L. Welsch (eds) Exploring World Art. Long Grove, IL—Waveland Press, pp.271~284) 참조.

트의 음악과 함께 묘한 불협화음을 만들어낸다. 이들 관광객의 얼굴은 서로 구분이 되지 않는데, 이를 통해 이런 행동과 태도가 일부 서구 관광객의 행태만이 아님을 이야기하고 있다. 이들은 세픽 마을을 방문하였지만 관광객을 위한 기념품 이외에 더 얻어가는 것은 없다. 이들은 마을 사람들과 피상적인 관계만을 유지하였으며, 이들에게서 자신의 기대치에 부합하는 것만을 보았다. 이 때문에 관광객은 마을의 신성한 종교전통을 희극화하는 것에 그 어떤 부채의식이나 죄책감을 느끼지 않는다. 이들에게 다른 문화는 단지 유흥과 오락의 대상인 것이다. 오루크는 이 장면에서 다른 문화에 대한 이해과 존경심을 보이지 않는 서구인이 진짜 자신들이 찾아다닌 "야만인" 또는 얼간이이라는 사실을 은유적으로 이야기하고 있다. 하지만 이들은 식민시기와 달리 다른 사람과 문화를 직접적으로 억압하거나 착취하지는 않는다는 점에서 차이가 있다. 이런 은밀하고 간접적인 차이와 차별이 후기 식민시기의 특징 중 하나인데, 이것도 인간 사회의 공존과 평화를 위해 위험하기는 마찬가지이다.

세픽 강 마을을 방문한 서구 관광객에게서만 "원시적 타자"에 대한 판타지가 나타나는 것이 아니다. 대부분의 여행자는 변화의 한 가운데 있는 원주민 사회를 복합적으로 이해하고, 이들과 소통하기 위해 집을 떠나지는 않는다. 이들은 자기 문화에서 더는 찾을 수 없거나 경험할 수 없는 것을 보려고 한다. 비유적으로 이야기한다면, 이들 관광객은 방문지에서 거칠고 울퉁불퉁하고, 서로 다른 결들이 혼잡하게 겹쳐있는 것을 보고자 하지 않는다. 이들은 대부분 이국적인 사람과 문화로부터 무엇인가 매끄럽고 단순한 결을 찾고자 한다. 관광객이 강박적으로 사진 촬영에 집착하는 것은 이제 상투적인 행동이 되었으며, 이는 뷰파인더 안에서 세상의 복잡성을 몇몇 시각적인 단서들로 축약하는 것을 의미한다. 이는 매우 낯설고, 불안감을 주는 것으로부터 자기를 격리해서 안정감을 찾는 현대적 제의이기도 하다. 이들은 들쑥날쑥한 모서리를 제외하고 매끈하게 낭만화된 진정성을 포착하려고 하는 데, 이런 진정성은 우리의 상상 속에만 존재한다. 세픽 강 사람들은 관광객을 위해 악어 춤을 연행하고 관광객이 던지는 과거 역사에 대한 질문에 답한다. 하지만 이들은 자신들의 진짜 이야기를 하는 것이 아니라, 관광객의 기대에 부합하는 내러티브에 빈칸을 채워서 이야기하는 것이다.

오루크는 논픽션과 픽션 영화 사이의 차이를 인정하지 않았는데, 1980년대 중반 이런 생각을 가진 이는 영화계에서 소수였다. 문학의 풍자와 우화 형식에 영향을 받은 〈카니발 투어즈〉는 정통 다큐멘터리 형식을 포기하고, 후기 식민시기 서구인의 원시적 타자에 대한 낭만적 생각 그리고 이로부터 발생한 소통과 공감 부재 현상을 에세이 풍으로 그려냈다. 이와 같은 독특한 형식은 다수의 문화전문가와 영화비평가의 주목을 받았는데, 이러한 형식은 서구 문화를 또 다른 시각에서 바라볼 수 있게 하였다. 오루크는 자신의 영화를 허구 영화나 다큐멘터리와 구분하기 위하여 〈카니발 투어즈〉를 "실제 극영화"라고 불렀다. 당시 대부분의 비평가는 오루크의 영화들을 다큐멘터리로 간주하였지만, 오루크는 자신의 영화가 CBS의 텔레비전 뉴스매거진인 〈60분60 Minutes〉나 BBC의 동물 프로그램 또는 교통안전 프로그램과 동일시되는 것을 원치 않았다. 극영화 제작자는 복합적 표현 형식을 활용하여 작품을 창작하는 데, 오루크는 기존 다큐멘터리 영화에서는 이와 같은 영화적 감각을 찾을 수 없다고 비판했다.[17] 오루크는 복잡하고 미묘한 느낌과 경험을 표현하기 위해 복합적 표현 형식을 사용하였다. 특히, 『낯선 땅 이방인』과 『어둠의 심연』은 그에게 풍자와 문화(문명) 비판에 관한 상상력을 제공하였다. 오루크는 인간은 상황에 따라 언제든지 문명이라는 옷을 벗어버리고 폭력과 야만의 상태로 돌아갈 수 있음을 세픽 강 마을에서 벌어진 관광을 통해 풍자적이고 종합적으로 담아냈다. 그리고 이와 같은 현상이 단지 현재 세픽 강 주변에서만 벌어지고 있는 것이 아님을 암시하였다.

2) 인류학과 자기 현시

문화인류학자들이 오루크 영화들의 형식과 내용에 많은 관심을 보인 것은 그가 한 때 인류학을 전공하였기 때문만이 아니다. 바로 그가 제작한 영화에 기존 민족지가 간과한 부분들이 담겨 있기 때문이다.[18] 오루크는 주로 동남아시아와 멜라네시아에 관한 영화들을 제작하였는데, 그의 영화에는 후기 식민시기를 살아가는 다양한 삶의 모습이 풍부하게 담겨있다. 그는 특히 후기 식민 시대에 문화 간 접촉 과정과 이로 인한 사회적 변화에 초점을 맞추었다. 코헨은 〈카니발 투어즈〉를 모더니티 민족지의 영화적 버전이라고 불렀는데[19], 당시 대부분의 민족지

---

17 Dennis, O'Rourke, On the making of "Cannibal Tours", 1999, p.12 ff.
18 Dennis O'Rourke, "Beyond Cannibal Tours—Tourists, Modernity and 'The Other'", In Tourism and Cultural Development in Asia and Oceania, Shinji Yamashita, Kadir H. Din, and J. S. Eades (Eds.), Penerbit Universiti Kebangsaan Malaysia, 1997, pp.32~47.

는 원주민과 관광객 사이의 관계를 복합적이지만, 완곡하게 표현하는 경향이 있었다. 하지만 오루크의 영화는 모더니티 시각에서 관광을 매우 직접적으로 공격하고 있는데, 이런 태도는 당시 인류학의 흐름과는 상당히 달랐다.

후기 식민 상황에서 관광이라는 주제는 문화 간의 접촉을 넘어서는 복합적인 사회적 행위이다. 〈카니발 투어즈〉 이전에 상당수 학자들은 서구인이 가진 "원시적 타자" 또는 원주민 문화에 대한 표상을 주로 연구하였다. 그들은 서구인이 왜 이들 "원시적 타자"를 낭만화하고 이상화하는지에 대해 관심을 가졌는데, 맥캐널은 이런 현상을 서구인이 자신의 문명 때문에 소외된 것을 극복하기 위한 해결책으로 해석하면서 이는 원시적 타자가 되려는 서구인의 욕망을 억제하는 역할을 한다고 하였다. 또한, 이런 종류의 관광은 서구인들이 자신의 변별성과 우월함을 재확인하는 기회이며, 서구문화의 주도권을 후기 식민주의 세계에서도 확인받는 기제라고도 하였다.[20] 또 다른 학자들은 이국적이고, 원시적인 타자에 대한 학문 세계의 열정을 통시적으로 고찰하기도 하였다. 그들은 서구 관광객, 인류학자 또는 영화제작자들이 "이국적" 사람들을 대상화하는 특권을 어떻게 획득하는지, 이를 누리는 과정 그리고 이것이 이들의 저작이나 영화 속에서 어떻게 나타나고 있는지를 보여주었다.[21]

---

19 Hart, Cohen, op. cit., 1988a.
20 Dean MacCannell, op. cit., 1976.
21 Robert Stam and Louise Spencer, "Colonialism, Racism, and Representation—An Introduction", In Braudy, Leo and Cohen, Marshall(editors), Film Theory and Criticism, 7th edition, 2009, pp.751~765.

오루크는 이들과는 약간 다른 결에서 "원시적 타자"에 대한 문제에 접근하였다. 그는 영화를 제작하기에 앞서 오랜 기간 참여관찰을 하였다는 점에서 인류학적이면서도, 민족지 영화제작방법론 대신에 넌픽션 영화의 영상 문법을 이용해서 다양한 실험을 하였다.[22] 이 때문에 그의 영화는 당시 민족지 영화가 추구하던 신조credo에 도전하였으며, 당시의 '사실주의적' 또는 '실증주의적' 민족지에 대항하던 실험적 민족지와 그 궤를 같이하고 있다.[23] 오루크는 당시의 저널리즘에 대해서도 비판적인 태도를 견지하였는데, 이는 대부분의 저널리즘이 사람을 추악하게 느끼게 하거나 거북하게 만드는 진짜 진실과 직면하는 것을 피한다고 생각했기 때문이다. 그는 저널리즘이 유포하는 이야기를 '공식적 스토리텔링official storytelling'이라고 하면서[24], 자신은 이와는 다른 결의 이야기를 하고자 했다.

영국 시인 콜리지Samuel Taylor Coleridge, 1772~1834는 '종합적인 진실의 빛을 보지 않는다면 단지 사실 자체만은 얼마나 비루한가'라는 말을 하였는데, 오루크는 그의 말을 토대로 저널리즘이나 인류학에서 한 걸음 더 나아간 재현을 주장하였다. 오루크는 "어떤 진실인가?"에 초점을 맞추었는데, 그는 '나의 진실이 있고, 너의 진실이 있다. 누구나 자신만의 진실을 가지고 있다'라는 말을 좋아했다. 오루크는 다수가 믿고 있는 진실이 아니라, 각자가 가지고 있는 진실을 드러냄으로써 사건의 복잡

22 Hart, Cohen, op. cit., 1988b. pp.34~40; Nick Roddick, op. cit, 1987.
23 James Clifford, op. cit., 1983, pp.132~143; James Clifford & Georges Marcus, *Writing Culture*, University of California Press, 1986; George Marcus and Richard Cushman, "Ethnographies as Texts", *Annual Review of Anthropology*, 11, 1982, pp.25~69.
24 Dennis, O'Rourke, op. cit., 1997, p.44.

성을 보여주고 각자의 사유를 촉발하고자 했다.[25] 이러한 그의 생각은 〈카니발 투어즈〉에서 중심축을 이루고 있다. 그는 〈콘투 섬의 상어 호출꾼The Shark Callers of Kontu〉(1982)나 〈반쪽 인생〉을 제작할 당시 인류학적인 방법론을 대폭 활용하였다. 장기간의 현지조사는 그에게 어떠한 아이디어나 느낌 또는 개념을 떠오르게 하였다. 조명이 꺼지면서 영화가 시작하는 것처럼, 그의 머릿속에서 다른 모든 것이 차단되면 그는 다음과 같은 구상을 하였다. '나에게 이 영화는 무엇을 의미하는가, 등장인물은 어떻게 할 것인가 그리고 관객은 이 영화를 어떻게 받아들일까' 등에 대해 그는 자신에게 질문을 던졌다. 이러한 질문 이후에 주제와 관련된 자료를 찾아보고, 이를 아이디어와 다시 연결하려고 하였다. 추상적이고, 포괄적인 질문에 어느 정도 해답이 떠오르면 그는 영화 제작에 돌입하였다.[26]

하지만 오루크는 〈카니발 투어즈〉에서는 이러한 제작방식을 탈피했다. 1983년 그는 세픽 강의 안고람Angoram 마을을 방문하였는데, 강에는 커다란 유람선이 떠 있고 서구의 부유한 관광객들이 여기저기 다니면서 공예품을 흥정하는 모습을 보았다. 그는 이 모습을 부유한 서구와 가난한 파푸아뉴기니인들의 갈등을 보여주는 초현실적 순간이라고 생각했다. 그는 나중에 이 모습을 언젠가는 사용할 수 있다고 생각하고는 무작정 촬영했다.[27] 그는 〈카니발 투어즈〉를 제작하면서 사전에 스크립드나 콘티 없이 단지 A4 한 장 정도의 메모를 가지고 촬영을 시작하였

---

25 Lutkehaus, Nancy Christine and Dennis O'Rourke, op. cit., p.435 ff.
26 Ibid, p.425.
27 Eric Silverman, "From Cannibal Tours to Cargo Cult-On the Aftermath of Tourism in the Sepik River, Papua New Guinea", *Tourism Studies*, 12, 2012, pp.109~130.

다. 그는 자신이 영화에서 다룰 내용을 미리 알 수 있다면 그 영화는 죽은 영화라고 생각했다.[28] 따라서 〈카니발 투어즈〉에서는 자신이 미리 알 수 있거나 상상할 수 있는 내용을 영화에서 제외하였다. 하지만 그는 호주정부가 위탁한 다른 영화를 제작해야 했기 때문에 1987년까지 이 영화 제작을 미루어야만 했다.

〈카니발 투어즈〉에서의 새로운 시도는 서구인과 "원시적 타자"의 실제적 만남을 영화의 중심축으로 삼은 것인데, 이러한 시선의 전환 덕분에 그는 문화 간의 접촉을 새로운 시선에서 바라볼 수 있었다. 또한 그는 관객에게 전달하기 위한 새로운 내러티브를 사용하였다. 이전의 영화에서 오루크는 거리를 두고 관찰하는 방식을 취했는데, 〈카니발 투어즈〉에서는 자신의 존재를 의식적으로 드러내어 자신도 영화 속의 등장인물 중의 하나가 되었다. 이런 변화는 당시 변화한 민족지 기술 방법과 그 궤를 같이하는 데, 인류학에서는 이를 자기 성찰성self reflectivity 이라고 불렀다.[29] 인류학자들은 1980년대 중반의 문화적 전회 이후 자신의 존재가 현장 상황을 변화시킨다는 사실을 심각하게 받아들이기 시작하였으며, 지식의 구성적 측면에 대해서도 주목하기 시작했다. 이들 중 몇몇은 자신의 지식이 구성되는 과정과 맥락을 민족지에서 보여주기 시작하였다. 인류학자들은 텍스트 안에서 지식의 구성적 측면을 부각하기 위해 성찰적 방법론을 사용하였다. 이들 연구자는 당시 대부분의 사실주의적 민족지들에서 나타나는 전지전능하고 권위적인 목소

---

28 Nancy Christine Lutkehaus and Dennis O'Rourke, op. cit., p.435 ff.
29 Jay Ruby, "Exposing Yourself-Reflexivity, Film and Anthropology", *Semiotica* 30(1~2), 1980, pp.153~179.

리의 특징을 깨버렸다.[30] 〈카니발 투어즈〉를 제작할 당시, 오루크는 논증을 통해 서구 문화와 권력이 다른 사회에 어떤 영향을 끼치고 있는지를 보여주는 방식을 지양하고, 서구인과 원주민 사이에 벌어지는 담론을 더 자세하게 드러내는 것에 관심을 가졌다. 이와 같은 맥락에서 〈카니발 투어즈〉는 어느 정도 자기 성찰적 영화라고도 부를 수 있다.

오루크는 자신의 영화적 실천 또는 양식을 "자기 성찰성" 또는 "성찰성" 대신에 "자신의 현시the revelation of the self" 또는 "영화제작자의 복잡성the complicity of the filmmaker"이라고 불렀다.[31] 오루크는 자신을 무신론자라고 말하지만, 그의 세계관이나 작품세계에서 기독교는 중요한 역할을 하였다. 그는 오직 신만이 자기 성찰을 할 수 있으며, 인간은 자기 성찰 능력이 없다고 생각하였다. 왜냐하면 인간은 복잡하게 얽힌 사건을 신처럼 종합적이고 가치중립적으로 인식할 수 있는 능력을 갖추지 못하고 있기 때문이다. 따라서 그는 지식의 구성성과 복잡성을 제시함으로써 각자 나름대로 진실을 구축해나가도록 도와주는 것이 자신의 역할이라고 생각했다.[32] 바로 이 지점에서 그는 인류학과 궤를 달리한다. 당시 과학으로서의 인류학은 우리의 이성과 지식을 통해 문화들을 객관적으로 분석하고 이해할 수 있으며 이를 모든 사람이 납득할 수 있는 형식으로 재현할 수 있다는 자신감에 차있었다.[33] 하지만 오루크는 이를 인간의 자기 오만으로 생각했다. 그는 이 대신에 인간의 약점과

---

[30] James Clifford, "On Ethnographic Authority", *Representation* 2, 1983, pp.132~143; George Marcus and Richard Cushman, "Ethnographies as Texts", *Annual Review of Anthropology* 11, 1982, p.32.

[31] Nancy Christine Lutkehaus and Dennis O'Rourke, op. cit., p.427.

[32] ibid, p.430.

[33] Fredric Jameson, *The Cultural Turn – Selected Writings on the Postmodern, 1983~1998*, Verso, 1998.

한계를 극복할 수 있는 새로운 내러티브 구성에 관심을 가졌다.

오루크에 의하면 서구 관광객이 진짜로 세픽 지역에 사는 사람들의 문화를 이해하기 위해서는 우선 느긋해져야 하며 명백하게 보이는 것 너머의 것을 보려고 해야 하고 긴밀한 만남을 통해 이들의 다양한 이야기들을 실시간으로 들어야 한다.[34] 관객이 〈카니발 투어즈〉에서 강한 힘을 느끼는 지점은 서구 관광객과 마을 주민의 '피상적인' 상호작용에 있는 것이 아니라 마을 주민들이 자신에 관해 이야기하는 부분이다. 서구인 대부분은 세픽 마을을 외부 문명(또는 문화)과 완전히 차단된 채 주어진 자연환경 속에서 조화롭게 살아가는 원시인으로 생각하고 있다. 많은 관광객은 이런 모습을 보기 위해 비싼 돈을 내고 크루즈 선박을 타고 오지로 여행을 온다. 하지만 영화에서는 이곳에서도 전 세계 뉴스를 라디오를 통해 들을 수 있다는 사실을 보여주는데, 이는 이 외딴 지역도 서구의 영향권 아래 있으며 이들 주민은 서구식 근대화에 대한 강한 욕망을 가지고 있다는 점을 알려준다.

또한, 서구 사회에서와 마찬가지로 세픽 주변 마을 사람에게도 세대 간 차이가 존재하며 주민들에 따라 근대화에 대한 욕망도 각기 다르다. 이 사회에도 사람들 간의 다양성이 존재하는 것이다. 회색 수염을 가진 노인은 왜 관광객이 사진 찍는 일에 그리 열광하는지 이해할 수 없다고 이야기하면서도, 자기 아들이 도시에서 보낸 사진엽서 이야기를 한다. 이 아이는 도시에서 학교에 다니고 있는데, 자신에게 도시 모습을 담은 사진엽서를 보낸 것이다. "우리 아이들도 그들 마을에 산다. 아이들이

---

34 Nancy Christine Lutkehaus and Dennis O'Rourke, op. cit., p.429.

집에 보내기 위해 (사진엽서를-역주) 산다. 내 아이도 나에게 한 장을 보내왔다"라고 노인은 이야기를 이어나가는데, 관객은 그의 이중적인 말에 적지 않은 혼란을 느끼게 된다. 마을 사람들의 중층적 구성은 베텔 betel을 씹는 여인의 모습에서도 나타난다. 그녀는 서구 관광객이 얼마나 인색하게 구는지를 신랄하게 비판하는 데, 이 모습을 본 다른 여자는 "소리를 낮춰라", "공손해라. 이야기하기 전에 생각하라"라는 조언을 한다. 이처럼 〈카니발 투어즈〉는 주민들의 이야기를 통해 중층성과 다양성 그리고 복잡성을 보여줌으로써 우리가 가지고 있는 원시인에 대한 스트레오타입을 해체할 뿐만 아니라 관객을 혼란으로 몰아간다.

　인류학자들은 현지에서 원주민 문화를 조사할 때 행위자들의 중층성과 다양성을 경험하고, 이에 대해 혼란을 느낀다. 하지만 이들은 이런 무질서함을 무시하거나 깎아내서, 자신이 생각하는 이론이나 사고 틀에 맞추어 민족지를 작성한다. 이 과정에서 연구 대상이 된 사회는 매끈하고 통일적인 면으로 만들어지는데, 오루크는 이 장면에서 이러한 문화인류학자의 태도를 비판하고 있다. 이런 점은 전 세계에서 제작되는 대부분의 텔레비전 프로그램에서도 마찬가지이다. 오루크는 자신의 영화가 민족지 영화가 아니라고 분명하게 이야기하였는데,[35] 이는 저널리즘처럼 공식적 진실을 이야기하는 것으로 생각했기 때문이다.

　성찰성 그 자체는 민족지 영화에서 완전히 새로운 양식은 아니지만, 오루크 영화의 새로운 점은 그 질과 매너 또는 담화의 양식에 있다. 이런 특징은 그의 영화에서 상당 부분 영화제작자, 오루크의 존재를 통해

35　Dennis O'Rourke, op. cit., 1999, p.19.

나타난다. 이 영화는 관광객과 주민들의 상호작용에 초점을 맞추고 있는데 오루크가 여기에 개입한다. 서구 관광객과 마을 주민은 카메라 앞에서 서로 이야기를 주고받는데, 오루크는 종종 여기에 개입하고 상황을 변화시킨다. 이들 관광객이나 주민은 카메라를 향해 예상치 못한 대답을 하기도 한다. 또한, 관객은 촬영하는 오루크의 손이나 팔을 볼 수 있을 뿐만 아니라 카메라를 어깨에 메고 촬영하는 모습을 창유리에서 볼 수 있다. 그는 피사체와 영화제작자 사이의 관계를 관객에게 보여줌으로써 이 영화는 구성된 이미지일 뿐만 아니라 영화제작자가 이런 과정에서 통제권을 행사하고 있음을 고지하고 있다.

맥락적 정보제공 측면에서 〈카니발 투어즈〉와 당시 민족지 영화들은 완전히 다른 면을 보여준다. 과학적 검증가능성을 중시하던 민족지 영화는 영화와 관련된 모든 정보를 모두 관객에게 제공하는 것을 원칙으로 삼았다. 따라서 영화 속 등장인물, 제작 환경과 조건, 제작 장비 그리고 정보제공자 등에 대한 정보를 모두 공개했으며, 이를 학자의 의무라고 생각했다. 하지만 오루크는 〈카니발 투어즈〉에서 이를 상당 부분 무시하였는데, 이는 인류학과는 다른 인식론적 차이와 영화의 목적 때문이다. 오루크는 〈카니발 투어즈〉에서 자신의 형이상학적 문제의식을 드러내고 관객과의 소통을 위해 또 다른 노회한 내러티브를 사용하였다. 관객은 영화를 보는 동안 지구상의 어느 오지 마을에서 이 영화가 촬영된 것이라는 것을 추정할 수는 있지만, 정확히 알 수는 없다. 영화가 끝나면서 마지막 크레디트는 18개 마을에서 촬영되었다는 점을 알려주지만, 관객이 구체적으로 각 마을을 구분해 내는 것은 불가능하다. 또한, 등장인물의 이름과 직업 그리고 나이 등을 알려주는 정보도 없다. 관객은 단지 익명의 마을 주민과 서구인이 연속적으로 만나는 모습을 볼 수 있을 따름이다. 또한, 관객은 이런 짧은 만남 이외에 또 다른 일이 벌어지는지에 대해서도 알 수 없다. 관객은 영화 속 장면이 한 마을에서 일어난 일인지, 아니면 몇 년 동안 기록한 것을 이어붙인 것인지 알 수 없다.

관객이 이 영화에서 혼란을 느끼는 또 다른 이유는 보이스오버 해설이 없기 때문이다. 오루크는 당시 저널리즘이나 다큐멘터리 영화 제작에 있어서 하나의 표준으로 정착된 보이스오버 해설에 비판적이었다. 그는 이런 해설이 관객에게 영화 속 내용이 충분한 조사와 분석을 거쳐 만들어졌으며, 현재 다루고 있는 내용이 진실이라는 확신을 준다고 생각했다. 그는 전지적 시점에서의 이해는 신의 영역이고 인간은 이런 이해에 도달할 수 없다고 그는 생각하였다. 그는 이러한 이유로 보이스오버 해설을 포기하였다.[36] 오루크는 자신이 현장에서 본 것 그리고 이 상황들이 만들어지는 과정을 제한적으로 보여줌으로써 관객 각자가 오루크의 영화가 제한적인 진실만을 재현하고 있다는 사실을 깨닫길 원했다. 실제로 보이스오버 해설의 부재는 서구 관광객과 마을 주민들 사이에 벌어지는 행동을 관객이 어떻게 받아들여야 할지 감을 잡기 힘들게 하는데, 이는 우리의 인식 능력의 한계와 무지를 일깨운다. 권위적 해설의 부재는 우리는 본 것을 어떻게 받아들여야 할지 고민하게 만들며, 관광객의 무례하고 과장된 행동에 집중하게 하며 이들의 행동에 당혹감을 느끼도록 만든다.

대부분의 문화인류학자 또는 영화제작자는 현장에서 보고, 경험한

---

36 Dennis O'Rourke, op. cit., 1987, p.56 ff.

것의 의미를 제대로 모두 파악하고 있지 않다. 하지만 여행 작가, 다큐멘터리 영화 제작자, 민족학자들은 여행의 상황에서 무엇을 기록하고 보고할 의무감을 가지고 있기 때문에 무리하게 해석하고 이를 그럴듯하게 재현하는 경향이 있다. 물론 이들 중 일부는 천천히 여행하면서 어렵게 얻은 내적 통찰력을 기반으로 고유한 내러티브를 통해 이야기하기도 하지만, 대부분의 콘텐츠 제작자들은 그렇지 않다. 여행자들 또는 관광객은 이들보다 더 피상적이고 방향감각 없이 사람이나 문화를 대하는 경향이 있는데, 이런 의미에서 이들은 단지 소비자이며 애호가일 따름이다. 이들은 영원한 외부자로서 사진과 선물을 모으는데 관심을 가질 뿐, 진지하게 세상을 기록하고 해석하는 것에는 무심하다.

〈카니발 투어즈〉의 초반에 등장하는 눈 큰 소년은 담장 너머로 오루크의 카메라를 응시하는 데, 모차르트 음악이 배경음악으로 들린다. 이 클로즈업 장면은 상당히 길게 지속되는데, 이 소년의 눈에는 호기심과 수줍음이 담겨있다. 서구 관광객이 마을 사람들에게 카메라를 무례하게 들이대는 것처럼 오루크의 카메라도 이 소년과 공감대를 형성하지 않은 상태에서 촬영하고 있는 것이다. 오루크는 이 장면에서 자신의 카메라도 관광객의 카메라와 본질적으로 다르지 않으며, 자신의 시각 또는 해석도 서구의 스트레오타입으로부터 자유롭지 않다는 사실을 고백하고 있다. 또한, 베텔을 씹으면서 서구 관광객에 대해 강한 불만을 토로하던 여인이 갑자기 오루크를 향해 "당신 백인. 당신들이 모든 돈을 가지고 있다"라고 비난하는 데, 오루크는 이 장면을 통해 자신과 서구 관광객 사이에 질적인 차이가 없음을 고백하고 있다.

오루크는 기존의 문화인류학자들이 보여준 한계를 인식하였지만,

스스로 대안적 해석을 제시하지는 않았다. 그는 수많은 진실이 세상에 존재하고 있지만, 이 진실들을 종합하더라도 문화인류학이 추구하는 객관적이고 보편적인 인식에 도달할 수 있다고 생각하지 않았다. 이는 서구인이 상상하는 신의 영역이고, "원죄"를 가진 인간이 도달할 수 있는 영역이 아니기 때문이다. 오루크는, 한계를 가진 인간은 이를 어떻게 극복할 수 있을까? 차근차근 각자가 가진 진실들을 드러내고, 이것이 어떻게 만들어졌으며, 이것이 가지고 있는 사회적, 문화적 함의는 무엇이고, 실제로 이것이 어떻게 다양하게 발현되고 상호작용하는지를 다각적으로 관찰하고, 이에 대해 사유를 유도하는 것이 필요하다고 생각하였다. 이를 통해 제3의 진실이 발견될 수 있으며, 이러한 과정을 도와주는 것이 영화제작자인 오루크의 임무라고 생각하였다.[37] 오루크는 이를 위해 느린 접근과 열린 마음 그리고 자아 정체성을 버리고 대상과 하나가 되는 공감을 주장하였다. 바로 이 지점에서 그는 과학적 학문이 되고자 했던 인류학과 다른 길을 걸었는데, 오루크는 이런 결별을 통해 독특한 자신만의 영화 세계를 구축할 수 있었다.

4. 나가며

신식민주의 시대에 서구 관광객에게 "원시적 타자"는 주술적인 의미를 갖는다. "원시적 타자들"이나 원주민이 외떨어진 곳에서 고립되어 살 경

---

37 Dennis O'Rourke, op. cit., 1999, p.21.

우 '순진한' 관광객들은 이들의 이국적인 삶과 문화에 매료된다. 이들은 자민족중심주의에 기초해서 상대편을 이해하기 때문에 서구 문화와 원주민 문화 사이에 갈등이 발생한다. 이때 몇몇 사람은 현지인과의 대화를 통해 매력적으로 치장한 관광 상품을 탈 신화화하려고 하지만, 다른 이들은 이런 경험을 디즈니랜드의 공연처럼 소비한다. 오루크는 서구의 관광객과 세픽 마을 주민 사이의 문화적 관계를 소비주의, 식민주의, 모더니즘, 스트레오타입 그리고 문화의 세계화 측면에서 풍자하고 있다. 낯선 나라에 낯선 것은 없지만, 이방인들은 이를 보고 경험하기 위하여 낯선 나라를 경쟁적으로 방문하고 있다. 오루크의 영화에는 두 개의 문화들이 상호작용하면서 형성되는 의미들을 더 잘 보여주기 위하여 해설이 없다. 서구 관광객과 마을 주민은 서로에 대해 거의 알지 못할 뿐만 아니라 서로를 의심하는 데, 이는 관광의 상업적 착취가 아니라 자민족중심주의 때문이다.

서구 관광객들은 거친 수전노이며, 끊임없이 "원시 문화"와 "원시적 타자"를 카메라로 촬영한다. 이들의 분별력 없는 관음증은 종종 마을 사람을 불안하게 만든다. 이런 모습은 동물원의 매력과 유사한데, 스탬과 스펜서는 동물원은 온정주의로 포장된 부르주아에 의해 자양분을 공급받는다고 하였다.[38] 오루크는 관광객의 거들먹거림, 무지한 소비주의와 관음증 그리고 진정한 대화의 부재를 끊임없이 보여준다. 어떤 관광객은 사진 촬영하기 전에 원주민의 머리와 옷을 만지며, 다른 관광객은 어떤 감정적 교류가 없는 상태에서 벌거벗은 아이들과 사진을 찍는다. 이 영화

---

[38] Robert Stam and Louise Spencer, op. cit., p.756.

에서 그래도 세픽 주민에게 존경심을 가진 외부 침입자는 여러 언어를 말할 줄 아는 독일인인데, 관광객과 원주민 사이에서 가교 역할을 하려고 한다. 그는 지역 토산품의 정교함 가치를 알아볼 줄 알며, 다른 관광객들과는 달리 원주민 상인이 부르는 가격을 흥정하지 않고 낸다.

서구문화는 세계 곳곳에 침투하였는데, 이들 관광객은 자신의 문화와 경제가 아주 외딴 세픽 마을을 크게 변화시켰으며, 이곳 주민도 거대한 글로벌 상업 네트워크에서 자신의 역할을 담당하고 있다는 사실을 외면하고 있다. 원주민 마을 사람도 서구 자본가와 마찬가지로 관광객에게 자신이 만든 물건을 팔고, 조상의 사당인 영혼집을 관광객에게 개방해서 돈을 벌고 있다. 지난 세기 초 서구 선교사들은 파푸아뉴기니의 종교를 미신으로 낙인찍고, 영혼집과 전통 문화를 파괴했다. 관광객이 몰려들자, 지역 주민은 영혼집을 새로 짓고 그 안에 신성한 물건들을 새로 만들어서 배치하였다. 관광객들은 여기서 진짜 "원시"를 발견하고 돈을 내고 사진을 찍는다. 이제는 영혼집이 관광객이 가장 선호하는 방문 장소가 되었다. 서구인에게 이렇게 촬영된 사진은 "원시"를 포착한 귀중한 가치를 갖게 되지만, 마을 주민에게 그 사진은 전혀 가치가 없다. 영화에서 마을 노인이 "서구인이 왜 사진을 찍는지 모르겠다"라고 말하는 것은 이런 이유 때문이다.

서구인과 세픽 마을 사람들 사이에도 경제적 가치를 둘러싸고 차이가 존재한다. 마을 사람들은 자신의 문화를 최대한 많이 팔아서 돈을 버는 것에, 서구 관광객들은 낯선 곳에 가서 이국적인 경험을 최대한 하는 것에 관심이 있다. 이런 동기 차이는 이들의 행동과 목적에서도 나타난다. 서구 관광객은 자신이 경험한 낯선 것들을 고향 사람들 앞에서 사진으로 증명하고 싶어하는 데, 이는 오직 서구인에게만 가능한 것이다. 원주민은 생존하기 위해 서구인에게 자신과 문화를 파는 "쇼"를 해야만 하는데, 이 행위는 자신의 가난과 빈곤을 극복할 수 있는 유일한 가능성이다. 서구 관광객과 마을 주민은 서로 다른 가치와 욕망을 가지고 있지만, 공통적인 부분도 있다. 마을 주민도 돈 많이 벌어서 크루즈 선박을 타고 세상 구경을 하고 싶어 하고 좋은 옷을 입고 싶어 하며 자식에게 좋은 교육을 해주고 싶어 한다.

오루크가 영화에서 선보인 흥미로운 시각은 세픽 마을 주민들이 자발적으로 자신들의 집과 마을 그리고 신성한 장소를 착취자인 서구 관광객에게 개방했다는 점이다. 이런 사실은 이들 주민이 관광객과의 만남에서 어떤 역할을 담당해야 하는지 정확히 알고 있다는 사실을 알려준다. 관광객과 주민 모두는 경제적, 문화적 교환을 통해 서로 이득을 취할 수 있다는 사실을 잘 알고 있는데, 이는 관광이 그 어느 쪽의 일방적인 착취가 아니라 상당 부분 호혜적 관계라는 사실을 보여준다. 관광이 끝나자 서구관광객은 다시 호화유람선으로 돌아가고, 원주민은 자신들의 빈곤을 더 이상 한탄하지 않는다. 관광은 서구 관광객과 마을 주민 모두에게 심각한 해를 남기지는 않는다.

맥캔널은 원주민을 "예전의 원시인들ex-primitives"이라고 불렀는데, 이는 모더니티의 보편적 드라마에서 원시인의 역할을 하는 사람과 현대 서구인 사이에 진정한 차이가 없기 때문이다.[39] 많은 서구 관광객이 과거 식인풍습이 행해졌던 마을로 모여든다. 하지만 마을 노인은 과거 야트물

---

[39] Dean MacCannell, "Cannibalism Today" *Empty Meeting Grounds—The Tourist Papers*, Routledge, 1992, p.34.

사회에 식인풍습이 있었지만, 서구인이 식민통치 시기와 이차대전 동안 벌인 대규모 학살행위가 진짜 식인행위라는 이야기를 한다. 그의 말은 관객을 혼란 속으로 밀어 넣고 식인풍습에 대해 재사유하도록 촉구한다. 리처드 C. 킹은 인간의 살점을 먹는 대신에 비대칭적 문화적 착취와 소비를 "신 식인풍습neo-cannibalism"이라고 불렀다.[40] 신 식인풍습은 권력과 통제를 기반으로 하는 자본주의로부터 추동력을 얻는데, 이는 문화적 차이를 무화시키고 당사자들을 비인간화할 뿐만 아니라 우월감에 젖은 자민족중심주의를 강화한다.

스탬과 스펜서는 "종합적 다문화 방법론a comprehensive multicultural methodology"의 필요성을 주장하였는데, 이는 재현과 리얼리티 사이의 개입에 대해 각별한 관심을 기울이는 것을 의미한다.[41] 오루크의 〈카니발 투어즈〉는 이러한 "종합적 다문화 방법론"을 기반으로 제작되었다. 영화의 의미는 해석하는 행위와 분리될 수 없다. 모든 관객의 해석은 영화제작자의 의도와 마찬가지로 객관화될 수 없고 중립적이지 않으며 편견은 존재할 수밖에 없다. 또한, 관광은 단지 소비행위만이 아니라 자신을 내미는 행동으로 이는 접촉을 의미한다. 접촉은 어떤 식으로든 대화를 수반할 수밖에 없다. 타자에 대해 윤리적으로 각성하기 위해서는 문화적 공손함 또는 존중이 필요하다. 우리는 '식인적 충동'에 휩싸여서 타자를 착취하기에 앞서서 장단기의 문화 간 대화 창구를 만들고, 다문화적 방언으로 이야기하는 방법을 배워야 한다. 〈카니발 투어즈〉는 문화 간의 커뮤니케이션과 공감의

---

40 Richard C. King, "The (Mis)Uses of Cannibalism in Contemporary Cultural Critique", *Diacritics* 30(1), 2000 Spring, p.113.

41 Eric Silverman, "After Cannibal Tours—Cargonism and Marginality in a Post-touristic Sepik River Society", *The Contemporary Pacific* 25(2), 2013, p.223.

부재를 드러내고 우리 안에 자리하고 있는 편견과 오해를 해체함으로써
이러한 필요성을 다시 강조하고 있다.

참고문헌

로버트 하인리히, 장호연 역, 『낯선 땅 이방인』, 마티, 2008.(Heinlein, Robert, *Stranger in Strange Land*, Putnam, 1961)

조지프, 콘래드, 이석구 역, 『어둠의 심연』, 을유문화사, 2008.(Conrad, Joseph, *Heart of Darkness*, Blackwood's Magazine, 1999)

Akin, David and Joel Robbins, *Money and Modernity — State and Local Currencies in Melanesia*, Association for Social Anthropology in Oceania Monograph 17, University of Pittsburgh Press, 1999.

Alexander, Jeffrey, "The New Theoretical Movement", In Smelser, N. J, *Handbook of Sociology*, Beverly Hills, Sage Publications. 1988.

Bonnell, V. E. and L. Hunt, *Beyond the Cultural Turn*, University of California Press, 1999.

Burns, P. and J. Lester, "Using Visual Evidence — The Case of Cannibal Tours", In B. Ritchie, P. Burns and C. Palmer (eds) *Tourism Research Methods — Integrating Theory with Practice*, CABI, 2005.

Clifford, James & Georges Marcus, *Writing Culture*. University of California Press, 1986.

Clifford, James, "On Ethnographic Authority", *Representation* 2, 1983.

Cohen, Hart, "Expeditions, Exorticism and Ethnography — Film and the Pacifc", *Photofile*, 1988b.

Cohen, Hart, "Swinging through the Jungle. Review of Cannibal Tours", *Filmnews*, 1988a March.

Errington, Frederick and Deborah Gewertz, "Review of Cannibal Tours", *American Anthrapologist* 91, 1989.

Huang, W. J. and B. C. Lee, "The Tourist Gaze in Travel Documentaries — The Case of Cannibal Tours", *Journal of Quality Assurance in Hospitality & Tourism* 11(4), 2010.

Jameson, Fredric, *The Cultural Turn — Selected Writings on the Postmodern, 1983 ~ 1998*, Verso, 1998.

King, Richard C., "The (Mis)Uses of Cannibalism in Contemporary Cultural Critique", *Diacritics* 30(1), 2000 Spring.

Lutkehaus, Nancy Christine and Dennis O'Rourke, "Excuse Me, Everything Is Not All Right —On Ethnography, Film, and Representation : An Interview with Filmmaker Dennis O'Rourke", *Cultural Anthropology* 4, 1989.

MacCannell, Dean, "Cannibal Tours", *Society for Visual Anthropology Review* 6, 1990.

_____, *The Tourists,* Schocken Books, 1976.

_____. *"Cannibalism Today" Empty Meeting Grounds—The Tourist Papers,* Routledge, 1992.

Marcus, George and Richard Cushman, "Ethnographies as Texts", *Annual Review of Anthropology* 11, 1982.

O'Rourke, Dennis, *Cannibal Tours,* O'Rourke and Associates, 1987.

_____ "Beyond Cannibal Tours—Tourists, Modernity and 'The Other", In *Tourism and Cultural Development in Asia and Oceania.* Shinji Yamashita, Kadir H. Din, and J. S. Eades (Eds.), Penerbit Universiti Kebangsaan Malaysia, 1997.

_____, On the making of "Cannibal Tours", 1999.

Palmer, C. and J. Lester, "Stalking the Cannibals—Photographic Behaviours on the Sepik River", *Tourist Studies* 7(1), 2007.

Roddick, Nick, "O'Rouck's Drift", *The Society for Visual Anthropology Newsletter* 3(1&2), 1987.

Ruby, Jay, "Exposing Yourself—Reflexivity, Film and Anthropology", *Semiotica* 30(1~2), 1980.

Silverman, Eric, "Art, Tourism and the Crafting of Identity in the Sepik River (Papua New Guinea)", In R. Phillips and C. Steiner (eds), *Unpacking Culture—Art and Commodity in Colonial and Postcolonial Worlds.* University of California Press, 1999.

_____, "High Art as Tourist Art, Tourist Art as High Art—Comparing the New Guinea Sculpture Garden at Stanford University and Sepik River Tourist Art", *International Journal of Anthropology* 18, 2003,(Reprinted in Venbrux, E., P. S. Rosi and R. L. Welsch (eds) *Exploring World Art.* Long Grove, Waveland Press).

_____, "Cannibalizing, Commodifying, or Creating Culture? Power and Art in Sepik Tourism", In V. Lockwood (ed.), *Globalization and Culture Change in the Pacific Islands,* Prentice-Hall, 2004.

_____, "From Cannibal Tours to Cargo Cult—On the Aftermath of Tourism in the Sepik River, Papua New Guinea", *Tourism Studies* 12, 2012.

_____, "After Cannibal Tours—Cargonism and Marginality in a Post-touristic Sepik River Society", *The Contemporary Pacific* 25(2), 2013.

Stam, Robert and Louise Spencer, "Colonialism, Racism, and Representation—An Introduction", In Braudy, Leo and Cohen, Marshall(editors), *Film Theory and Criticism*, 7th edition, 2009.

Steven, Best, "Culture Turn", *Blackwell Encyclopedia of Sociology*, 2007.
doi:10.1111/b.9781405124331.2007.x. Retrieved 30 July 2014.

Vonnegut, Kurt, "Heinlein Gets the Last Word", *The New York Times*, 1990.12.09.

Young, Katherine, "Visuality and the Category of the Other—The Cannibal Tours of Dean MacCannell and Dennis O'Rourke", *Visual Anthropology Review* 8, 1992, pp.92~96.

여행소설을 통해 본 장소 정체성의 구성 양상*

소설집 『그 길 끝에 다시』를 예로 들어

조명기**

1. 국내 여행소설과 근대

여행·관광[1]과 소설장르의 친연성은 둘 모두 근대의 산물이라는 점에서 비롯된다. 관광은 건강, 자유, 자연, 자아 발견과 같은 근대적 가치와 밀접하게 관련되며 근대성의 구조와 모순을 반영하는 문화적 현

---

* 이 글은 「국내여행소설을 통해 본 장소 정체성의 구성 양상」(「인문과학논총」 35(3), 순천향대학교 인문과학연구소, 2016)을 수정·보완한 것임.

** 부산대학교 한국민족문화연구소 HK교수

1 관광은 여행의 한 형태이고 여행은 관광과 달리 뚜렷한 목적이나 동기 없이도 가능한 행위 유형으로서 관광보다는 훨씬 포괄적인 개념이다. 관광은 회귀를 전제로 일상 거주지를 떠나는 신체적·공간적 이동 행위이며 이러한 이동은 일상적 시공간의 구조와 단절되는 특성을 가진다(인태정, 관광의 사회학, 한울, 2007, 34쪽). 또한 자발적·유희적·근대적 특징을 지니며 여행에 여가가 접목된 레크리에이션 여행 개념이다(이미림 등, 「우리시대의 여행소설」, 태학사, 2006, 17쪽). 그러나 이 글에서 여행과 관광은 동일한 개념 즉 짧은 기간 동안 일상 거주지에서 목적지로 떠나는 모든 종류의 이동을 의미한다. 이 글은 여행·관광이 근대 이후에 본격화·제도화된 문화 현상임에 특별히 주목한다.

상이다. 소설은 이성적 합리성이 초월적 질서를 대체하고 세계와 자아가 균열된 시대에 문제적 개인이 자아를 찾아가는 여행이자 선험적 고향 상실을 표현하는 장르다.[2] 여행소설은 근대의 적자 중 하나다.

한국에서 여행소설이 본격적으로 창작되고 연구된 것은 1990년도 이후다.[3] 근대산업의 성장과 해외여행 자유화 그리고 세계화의 본격적 전개라는 사회적 조건이 형성되면서 국제여행 경험을 소설화하는 경향이 생겨났다. 한국에서 여행 혹은 여행소설은 세계화의 물결 속에서 시작된 국제여행을 가리키는 경우가 대부분이었고,[4] 국외의 공간들을 경유한 이후에야 국내의 여러 공간들을 재발견하는 경향을 보였다. 국내 각 공간들의 장소 정체성에 대한 관심의 증가는 글로컬Glocal화 양상의 일면이었고, 1990년대 이후의 한국 여행소설은 시공간의 압축 즉 다양한 시공간적 층위가 중층적으로 공존하는 양상에 민감하게 반응하였으며 이에 대한 연구들 역시 여행소설의 역사적 의의를 주로 탈주·치유 등과 같은 탈근대적 가치와 연결하였다.

한편, 국제여행의 경우든 국내여행의 경우든 여행의 실제 출발지·정주지와 목적지는 근대국민국가 아래의 층위에서 특정되는 구체적인 공간이다. 관광과 세계화는 이 구체적인 공간들의 차이를 유도하는

---

2 게오르그 루카치, 반성완 역, 『소설의 이론』, 심설당, 1985, 30쪽. 소설의 내적 형식으로서의 길 그리고 길을 주요 모티프로 삼은 여로형소설과 여행소설의 관계에 대해서는 이미림 등, 앞의 책, 23~41쪽을 참조하시오.

3 여행소설에 대한 연구는 일세강점기 여행소설을 주된 대상으로 삼아 근대성과 관련하여 논의하면서 한층 심화되었다. 근대화의 상대적 수준, 국가경계와 이데올로기에 대한 당위와 현실 사이의 모순에서 발생하는 갈등을 내지와 조선, 경성과 북국 등의 관계 속에서 식민지적 근대에 대한 논의를 진행했으며, 향토 개념이 국토 개념을 대체해가는 양상을 밝혀냈다.

4 이미림 등, 앞의 책, 25쪽.

데,[5] 국외를 대상으로 본격화된 여행(소설)이 국내 여러 공간들의 차이와 장소 정체성을 촉진하는 현상 역시 이와 관련된다. 방문지와 출발지, 그리고 이 공간에서의 개인적인 경험을 충실히 묘사하는 여행소설은 공간들의 차이와 장소 정체성의 독특성을 재현하는 데 적합한 문학 장르다. 나아가 각 공간과 장소 정체성을 근대 국민국가 아래의 층위 즉 개체의 삶이나 여행이 전개되는 구체적인 현장으로 감각하도록 이끈다. 하지만 여행자가 정주하거나 여행하는 '지금 여기'의 구체적인 시공간은 글로벌·국민국가·로컬의 영향력이 서로 영향을 주고받으며 중층적으로 작동하는 다중 스케일의 공간[6]이다. 특히 국제여행이라는 과정을 통과한 후 국내의 공간들과 장소 정체성을 발견해온 한국의 경우, 글로벌과 내셔널 그리고 로컬이라는 다양한 층위에서 발산되는 규정력은 각 공간에서 다층적으로 작동하고 있다. 공간과 장소 정체성을 구체화·감각화하는 여행소설은 여행자·화자의 시선을 제약하는 글로벌·국민국가의 공간 규정력과 깊이 연결되어 있다. 이로 볼 때, 각 공간의 장소 정체성을 구체화·감각화하는 여행자의 시선이 어떤 토대에서 발아된 것인지를 분석하는 작업은, 국민국가 아래의 층위에서 구체적으로 특정되는 목적지의 성격 즉 장소 정체성을 여행자가 어떤 층위에서 정위定位하고 있는지를 파악하는 것이 된다. 이 글은, 장소 정체성에 대한 여행자·화자 개인의 감각과 지식이 독자적이거나 자생적인 것처럼 보일지라도 여행소설은 근대화나 글로벌화의 수준 혹은

---

5   닝왕, 앞의 책, 209쪽.
6   박배균, 「초국가적 이주와 정착에 대한 공간적 접근」, 최병두 외, 『지구·지방화와 다문화 공간』, 푸른길, 2011, 89쪽.

국민국가의 공간 규정력 등에 일정 정도 제약된다는 가정 아래 이런 제약의 층위와 정도를 가늠해보고자 한다.

이 글은, 소설집 『그 길 끝에 다시』[7]의 여행소설을 예로 들어, 최근 한국작가들이 국내의 로컬과 장소 정체성을 구성하고 정위시키는 공간 층위와 방식을 살피고자 한다. 장소 정체성으로서의 로컬리티를 공간에 내재되어 있고 변치 않는 원천으로 간주하는 대신 문맥적이고 관계적이며 현재의 요구에 의해 생산되는 것으로 이해한다면, 국내여행을 다룬 소설들이 국내 로컬의 장소 정체성을 생성하는 방식과 그 구조를 분석하는 작업은 로컬리티 생산과 이해에 개입하는 다중 스케일의 비대칭성을 검토하는 일이 될 것이다. 이 작업은 주로 탈근대적 가치의 발현이라는 관점에서 여행소설에 접근해 온 기존의 연구 경향에 대한 반성적 시도라는 의의를 갖는다.

이를 좀 더 효율적으로 진행하기 위해 국외여행을 다룬 소설집 『도시와 나』[8]를 참고텍스트로 삼을 것이다. 두 소설집 『그 길 끝에 다시』와 『도시와 나』는 동일한 출판사의 연속기획물로, 각각 7명의 작가가 쓴 7편의 단편소설을 묶은 것인데 이 중 3명의 작가가 두 소설집에 동시에 참여했다. 『그 길 끝에 다시』는 속초, 정읍, 원주, 제주, 부산, 여수, 춘천을 대상지역으로 선정했는데, 이런 기획은 애초부터 국민국가의 층위가 아니라 구체적인 로컬을 목적지로 선정했다는 점에서 이 글의 의도에 부합하는 것으로 판단된다.[9] 그런데 소설집에 실린 7편의

---

7 백영옥 등, 『그 길 끝에 다시』, 바람, 2014.
8 정미경 등, 『도시와 나』, 바람, 2013.
9 이는 국제여행을 다룬 소설집 『도시와 나』에도 그대로 적용된다. 이 소설집은 아비뇽, 뉴욕, 도쿄, 브장송, 세비야, LA, 튀니스 등의 로컬을 목적지로 삼아 각각 여행하는 소설들로

단편 중 '정착-떠남-정착'의 서사[10]를 지닌 여행소설은 총 5편이다. 두 소설집은, 국내여행과 국제여행을 통해 구성되거나 재현되는 심상 지리와 주체의 위치를 배치하는 상상력의 층위를 살피는 데 좋은 사례 가 될 것으로 보인다. 한두 특정 작가의 작품이나 중복 없이 묶인 작가 군을 통해 최근 한국 여행소설의 일반적 특성을 추론할 때 발생할 수 있는 오류를 예방해주리라 기대되기 때문이다. 이 글은 국내여행소설 과 국제여행소설의 장소 정체성 인식 층위를 비교·대조하여 분석하는 일련의 작업 중 국내여행소설을 대상으로 하는 글이다.[11]

2. 여행자의 시선 — 개인 기억에 의한 기지감과 돌출되는 망각

한국의 여러 지역들을 찾는 『그 길 끝에 다시』 소설들의 서사는 대체 로 여행의 형식으로 진행된다. 그러나 『그 길 끝에 다시』의 인물들은 자신들의 이동 행위가 관광 혹은 여행인지 아닌지에 대한 인지조차 갖 고 있지 않다. 백영옥의 「결혼기념일」의 '나'는 전남편의 사망소식에 그의 고향이자 결혼식 공간이었던 속초를 "몇 년 만에"[12](10) 찾으며, 윤고은의 「오두막」의 도영은 사망사건이 발생했던 제주를 업무차 재방

꾸며져 있다.
10 이미림 등, 앞의 책, 30쪽.
11 『도시와 나』의 국제여행소설들이 장소 정체성을 인식하는 층위는 『그 길 끝에 다시』의 국 내여행소설들과는 뚜렷하게 대조된다. 이에 대해서는 별도의 글에서 다루고자 한다. 물론, 이 두 소설집이 현재의 모든 여행소설을 대표하지는 않는다. 그러나 두 소설집을 텍스트로 삼아 전개되는 이 글의 시도가 여행소설을 새롭게 이해하는 데 기여하기를 바란다.
12 백영옥, 「결혼기념일」, 백영옥 외, 『그 길 끝에 다시』, 바람, 2014, 10쪽. 이하 작품명과 인용 쪽수만 기입.

문하며, 한창훈의 「여수 친구」의 '나'는 고향 친구의 초청으로 고향인 여수로 이동하며, 김미월의 「만 보 걷기」의 미래는 외국인 친구의 관광 안내인으로 춘천을 다시 찾는다. 이들이 자신들의 이동을 여행 혹은 관광으로 인지하지 않는 이유는 방문지가 미지의 공간이 아니기 때문이다. 방문지는 이들이 이미 잘 알고 있는 기지의 공간이다.

하지만 소설은 방문지에 대한 개인적 기지감에서 출발하지만 서사가 진행됨에 따라 방문지는 기지의 공간인 동시에 미지·망각의 공간임이 드러난다.

> 터널 주의 구간입니다. 통행 요금 삼천 원입니다. / 언제 생긴 지 모르는 생소한 터널이었다. 나는 본능적으로 몸에 익숙한 미시령 옛길로 핸들을 꺾었다. (…중략…) / 잘못된 길입니다. / 내비게이션에서 경고음이 울렸다.
>
> —「결혼기념일」, 11~12쪽

> 그녀는 주기적으로 정신과 상담을 받았지만 사실을 털어놓은 적은 없었다. / (…중략…) / 도영이 한동안 이 의사를 주기적으로 만난 건 그것이 거짓말이라는 걸 알고도 내색하지 않아서였다. 오히려 다른 질문을 던져 도영이 계속 거짓말을 확대하도록 만들었다. 그렇게 거짓 교통사고에 대해 묘사하다 보면 자신이 제주 오두막에서 목격한 게 정말 교통사고인 것 같은 기분이 들기도 했다.
>
> —「오두막」, 113쪽

아미의 진짜 이름이 무엇이었는지는 기억나지 않았다. 어쩌면 한 번도 들어본 적이 없을지도 몰랐다. 미래는 아미에 대해 많은 것을 알고 있었지만 그보다 더 많은 것을 잊어버렸다. 아미에 얽힌 많은 추억을 가지고 있었지만 동시에 형편없는 기억력을 소유하고 있었다.

—「만 보 걷기」, 201쪽

「결혼기념일」의 속초행은 익숙한 길과 생소한 길의 병행을 보여준다. 익숙한 길은 영원히 폐쇄 상태에 있을 듯한 휴게소로 이어지는 "잘못된 길", "위험한 산길", "협박"(이상 12) 같은 경고음이 울리는 길이다. 「오두막」의 제주는, 도영이 3년 전에 목격했던 살인사건 피해자의 인생을 "스토커처럼"(129) 뒤지고 다녀야 하는 기억의 공간인 동시에 더욱 증폭되는 거짓말과 "인위적인 휴지"인 "암전"(이상 112)을 통해 "도망"치듯이(130) 망각하려는 공간이다. 「만 보 걷기」의 춘천은, 이 도시에 거주한 적이 있는 미래로서는 "외국인 관광객이 주로 방문하는 명소들쯤은 그녀도 익히 알고 있"어서 "춘천 구경을 시켜주는 일이야 어려울 것 없"(이상 194)는 기지의 도시다. 동시에 이 도시는 미래의 외국인 친구였던 아미가 펜화를 통해 "많은 것을 생략"함으로써 "더 많은 것을 상상"(197)하도록 만드는 공간이다. 미래와 머빈은 "존재하지 않는 아미와 함께 춘천의 이곳저곳을 돌아다"(203)니지만, 미래는 "아무리 기억을 더듬어보아도"(197) 아미의 춘천 그림을 떠올리지 못한다. 아미의 그림이 생략과 상상의 공존을 특징으로 하듯 춘천과 아미에 대한 미래의 기억은 망각과 공존한다. 오랜만에 고향을 방문한 「여수 친구」의 '나'는 "시간이 멈춘 것"(162) 같은 여수를 보면서 "십 년쯤 뒤에 더 늙은 모습으로"(161) 똑같은 삶의 방식을 유지하고 있을 것이라 기대한다. 그러나 "항구가 살아있는 생명체로 변한다면 오롯이 그"(163)일 친구는, 여수가 곧 경험할 급격한 변화로 인해 여수를 떠날 것을 결심하고 '나'와의 작별을 예고한다. 이 소설 역시 기지의 공간으로 인지되고 간주되었던 방문지들이 미지·망각의 가능성을 내장한 공간임을 보여준다.

개인적 기억에 이지해 도시를 방문하는『그 길 끝에 다시』소설들의 인물들은 방문지나 자아에 대한 무지의 감각을 지니고 있지 않다. 인물들은 방문지를 개인의 기억이 생성된 익숙한 공간으로 간주한다. 방문지의 장소 정체성은 기억을 통해 체계화된 지식의 일부로 편입되어 있는 것으로 간주되며 기억은 이러한 지식에 의해 재구성된 상태다. 각 도시를 방문하는 인물들이 기억 주체로 승인되는 한, 장소 정체성에 대한 기지감은 자동적으로 자아 정체성에 대한 기지감을 동반한다. 이 지점이 인물의 이동과 소설의 서사가 시작되는 지점이다.

하지만 서사가 진행되면서 이 공간들은 기지와 미지, 기억과 망각, 반복과 삭제, 상상과 생략, 불변과 변화가 중첩·공존하는 공간임이 드러난다. 각 방문지는 이미 알고 있다고 믿어지는 기지의 공간인 동시에 망각이 이질성을 은폐한 무지·망각의 공간이기도 하다. 기억 주체는 반복과 삭제, 상상과 생략 등을 통해 기억의 내용과 도시의 성격·이미지를 일련의 지식으로 구조화했고 이로 인해 방문지는 기지의 공간으로 인지되어 있지만, 이후의 이동과 서사전개 과정은 방문지에 대한 기존의 지식을 분열시키고 지식에서 배제된 것들에 대한 응시와 재경로화에 집중한다. 이질성·차이 등의 이유로 지식의 일부로 구성되지 못하고 배제·생략된 장소 정체성 그래서 존재하지 않는 것으로 의식화되어온 장소 정체성을 경험함으로써 기존 지식은 균열에 봉착하게 된다. 소설들은 기억의 작용을 통해 장소 정체성과 자아 정체성이 이미

구축되어 있다는 전제에서 출발하지만 망각의 돌출에 의해 기존의 지식이 의심받고 붕괴되는 과정을 서사화한다.

3. 기억 조정자, 장소 정체성 관리자로서의 국민국가

『그 길 끝에 다시』의 소설에 등장하는 인물들이 목적지의 장소 정체성에 대한 지식을 이미 획득하고 있는 표면적인 이유는 물론 목적지에 대한 개인적인 경험에서 비롯된다. 목적지에서 일정 기간 거주하였거나 그곳을 방문한 경험이 있다는 개인사는 그 공간의 장소 정체성에 대한 지식에 분명하고도 든든한 근거로 작용한다. 그러나 국외여행을 다룬 『도시와 나』에 수록된 7편의 단편소설 모두 방문지를 처음 방문하는 미지·무지의 공간으로 상정하고 있다는 점을 감안한다면, 국내여행을 다루는 『그 길 끝에 다시』의 7편 소설들 모두 목적지를 기지의 공간으로 상정하면서 출발한다는 것은 각 공간의 장소 정체성을 상상하는 과정에 국가경계(혹은 이에 대한 인식)가 작동하고 있음을 암시한다. 목적지의 장소 정체성에 대한 기지감은 인물들의 개인적인 경험에서만 연유된 것이 아니라 국가경계와 이에 대한 인식과도 일정정도 관련되어 있을 수 있다는 가설에서 이 장은 출발한다. 이때 망각은 각 방문지의 장소 정체성에 대한 기존 지식·국가경계의 한계와 배제의 지점을 드러낸다. 이 망각을 발견하고 재구성하는 과정을 살핌으로써, 기지감의 근원 즉 국가경계 내 공간들의 구획과 공간들 간의 유기체적 위계가 어떻게 구성·조정되는지를 확인할 수 있을 것이다.

‘나’와 그의 결혼과 이혼 그리고 그의 죽음을 통해 「결혼기념일」이 탐구하는 것은 속초의 내재적인 장소 정체성이 아니라 서울과 속초의 관계다. 서울과 속초는 "예식 장소를 두고 신경전이 팽팽"(13)하며, ‘나’는 "빈틈없이 반짝이는 하이힐과 갯벌 냄새가 채 빠지지 않은 고무 장화들, ‘선장’이나 ‘이장’ 같은 낯선 말들이 뒤섞인 예식장"에서 "외롭다고"(14) 느낀다. 결혼생활은 "같은 공간에 살았지만 시차가 전혀 다른 도시에 사는 외국인들"(22)의 "끊임없는 마찰의 연속"(24)이다. 속초가 개인 기억과 망각이 공존하는 공간이듯 서울과 속초의 관계는 결혼을 통한 결속과 마찰이 공존하는 관계다.

> 나는 멀리 한남대교가 내려다보이는 이태원의 사무실에 앉아 광고 카피를 가다듬고 있었다. 판교에 세워지는 초고층 주상복합 아파트의 헤드카피였다. 스물네 시간 불이 꺼질 일 없는 사무실 안에서 어떤 형용사를 끼워 넣을 것인지 고민하다가, 행복이란 명사 앞에 멈춰서 내가 기억하는 그의 마지막 모습을 떠올렸다.(9)
>
> 예정에 없이 속초에 들렀던 것처럼 예정에 없던 곳에 가야 할지 모른단 생각이 든 건 그때였다. 한때 우리가 가지고 있었지만 잃어버린 것들에 대해, 영원한 맹세가 얼마나 허망한 것인지 끝내 확인하고 싶었던 건지도 모른다. (…중략…) 그는, / 로드 킬, / 흰 스프레이맨이 되어 내 앞에 누워 있었다. (…중략…) 그의 죽음이 시작된 곳에 주저앉아 나는 그의 죽음이 끝난 곳을 생각했다. / 시동생은 추암에 그의 시신을 뿌렸다고 말했다.(34~36)

서울은 중단 없는 노동과 일상의 공간이다. 서울의 노동은, 광고 카피의 허위적인 맹세를 위해 "행복"·"진심"·"긍정"·"미래" 등의 단어를 "죄책감" 없이 "뻔뻔"(17)하게 사용하는 것을 "특기"(16)로 삼는다. 노동과 일상의 공간인 서울은 휴가지를 필요로 하는데[13] 「결혼기념일」에서는 속초가 여기에 해당한다. 전남편의 사망 소식에 휴가를 얻어 속초로 떠난 '나'에게 최국장이 보낸 휴대전화 문자 메시지가 서울과 속초의 관계를 단적으로 보여준다. 서울이 기대하는 휴가지 속초는, 기업 이미지 광고 제작을 위한 "아이디어"를 제공하는 "좋은 풍경"(17), 본능과 충동이 승화된 문화로 배양되어 방출되는 문명화된 에로스적 만족의 공간,[14] 서울과는 구별되지만 쾌락의 내용과 표출 방식이 서울의 질서에 의해 허용되거나 통제되는 한계지대[15]다.

하지만 "몇 년 만에 얻은 첫 휴가"(17)의 공간인 속초는 기억뿐만 아니라 망각이 현현되는 과거의 공간, 예측 불가능한 사고와 죽음의 공간이다. 나아가 "예정에 없"(34)던 속초행이 그러하듯 예식장이었던 S호텔과 추암으로 이동하는 행위 그리고 결혼반지를 다시 끼어보는 행위 등 속초에서 이루어지는 결정과 행동은 연속된 충동에 사로잡혀 있다. 서울의 기대와 달리 이 공간에서는 합리적인 이성과 규칙적인 질서가 작동하지 않으며 일상의 질서와 규범이 전복된다. 로고스-근대성의 공

---

13 닝왕, 앞의 책, 41~42쪽. 관광객은 노동에서 해방된 여가시간에 몸을 맡기고 재충전하여 다시 노동시간으로 돌아가는 시간구조 속에 있다(야마시타 신지, 「관광인류학 안내─다른 문화에 대한 새로운 접근」, 야마시타 신지 편, 황달기 역, 『관광인류학의 이해』, 일신사, 2001, 26쪽).

14 로고스-근대성, 에로스-근대성에 대해서는, 닝왕, 앞의 책, 69~81쪽을 참조하시오.

15 리조트 등으로 대표되는 한계지대 혹은 경계영역(liminal zone)은 사람들이 사회적 규제에 일정한 거리를 두면서 일상의 질서와 규범을 역전시킬 수 있는 분리 공간이다. 이 공간에서 추구하는 진정한 자아는 단지 상대적 의미에서 성취될 뿐이다(닝왕, 앞의 책, 38쪽·73쪽·107쪽; 존 어리, 「관광사회학」, 크리스 쿠퍼 편, 고동완 역, 『포스트모던 관광의 이해와 연구』, 교문사, 2008, 18쪽).

간인 서울이 죽음을 "막연"(28)한 것으로 간주하면서 추상화·동질화를 생산하는 공간이라면 죽음과 충동의 속초는 죽음을 구체화하고 서울의 기대에 균열을 일으키는 차별화의 공간이다. 속초의 장소 정체성에 대한 기지감이 은폐해왔던 망각을 발견하는 순간 속초에 대한 서울의 기대에도 균열이 발생한다. 즉 망각의 발견은 서울의 기대와 질서에 완전히 장악되지 않은 속초의 타자성·이질성의 발견을 의미한다.

속초의 타자성·이질성에 대한 발견이 강화될수록 '나'의 귀환을 종용하는 서울의 자세 또한 완강해진다. 속초를 일상의 노동을 위한 휴가지 즉 서울의 기대와 질서에 복종하는 공간으로 간주하던 태도는 "냉정한 투"의 "복귀" "명령"(36)과 "당장 서울 올라와"라는 "다급한 목소리"(39)를 거쳐 "경고성 메시지"(41)로 강화된다. 서울과 속초는 노동과 휴가, 일상과 죽음, 로고스와 에로스 등으로 구획되면서 양극화된다. 후자는 전자를 유지하거나 강화·회복하는 데 기여할 정도의 이질성 즉 전자가 자신의 질서 내에 수용 가능한 것으로 승인한 이질성만 발현하도록 강요되며, 수용 불가능한 이질성은 타자로 차별받으며 차별한 사실조차 망각된다.[16] 이때 속초의 장소 정체성에 대한 승인이나 부정·망각은 서울의 기대와 요구·질서에 의해 결정되며, 기지감을 통해 승인되는 장소 정체성은 장소 내재적인 것이 아니라 서울과의 관계에 의해 구성된 것이다. 따라서 속초에 대한 '나'의 기지감과 망각은, 서울과 속초를 구획하고 이렇게 구획된 공간들을 의미화하는 공간구

---

16 이마무라 히토시에 의하면, 동일화론은 그 내부에 차별화의 분류 도식을 내포하고 있는데, 주체는 자신의 도식에 해당시킬 수 있는 것을 수용 가능한 것으로 승인하지만 수용 불가능한 것은 타자로서 차별하고 차별한 사실조차 망각한다. 그리고 이 방식은 무수한 변형체를 낳는다.(이마무라 히토시, 이수정 역, 『근대성의 구조』, 민음사, 1999, 202쪽)

조[17]의 효과인 셈이다.

하지만, 소설은 공간구조를 전면화하는 데서 머물지 않고 공간구조의 허위성과 위력을 동시에 드러낸다. 광고 카피가 허위적인 맹세이듯 규범과 질서를 특징으로 하는 서울의 로고스-근대성 역시 근대적 상상물에 불과하다는 점을[18] '나'는 이미 잘 알고 있다. 또한 "이 동네가 어떤 곳인데 여길 체인도 없이 옵니까?"(40)라는 힐난은 속초에 대한 '나'의 무지를 노골적으로 지적한다. 서울이 허위의 공간으로 인정될 때 속초에 대한 기지감 역시 거짓임이 드러난다. 서울-속초의 관계가 규범·질서-죽음·무질서로 정립되고 이 같은 관계가 공간구조에 의해 조성된 것일 때, 속초에 대한 지식은 개인이 아니라 공간구조에 의해 제공된 것임을 알게 된다. 따라서 속초에 대한 무지를 지적하는 힐난은 서울에 대한 무지를 지적하는 것과 동질의 것이 되며, 이는 광고 카피의 허위와 묶이면서 서울의 허위성 나아가 공간구조의 허위성 폭로로 이어진다.

그러나 '나'는 다급하게 귀환을 촉구하는 서울과 남편의 유골이 뿌려진 추암(속초) 사이에 갇히고 만다. 서울과 추암 사이의 길 위에서 연료

---

17 여기서 공간구조는, 근대국가의 기획과 의지로 인해 국가 경계 내의 공간들을 추상적으로 수량화하고 이질성·차이를 관리·통합 가능한 것으로 재생산하여 유기체적이고 위계적인 근대적 공간으로 조직하는 상호기능적 연관틀을 가리킨다(앙리 르페브르, 양영란 역, 『공간의 생산』, 에코리브르, 2011, 71~80쪽 참조). 각 공간들은 차이에 대한 기대로 가득 찬 시선에 의해 발견되는 타자적 공간으로 생산되는데, 이때의 차이·타자성은 국가의 유기체성에 봉사하거나 적어도 위배되지 않는 것으로 인정된 것들이다. 이런 차이는 국민국가의 틀 안에서 장소 정체성의 스펙트럼을 구성하는 것으로 포섭된다. 이러한 공간구조의 작동범위는 국민국가 내로만 한정되지는 않는다. 예를 들어 세계화시대의 남북관광은, 전지구화라는 환상을 전제로 서양과 구별되는 차이를 지닌 타자적 공간을 구성하고 소비한다.(닝왕, 앞의 책, 200쪽)
18 닝왕, 앞의 책, 65쪽.

를 완전 소모하면서 차가 "숨을 멈추"(41)고 폭설로 인해 견인도 렌트도 불가능한 상태가 되었을 때 '나'는 계속된 서울의 전화와 결혼반지를 향해 욕설을 내뱉으며 "당혹감"(38)을 느낄 뿐이다. 공간구조의 허위성을 발견했을 때, '나'는 이 구조의 양극단 어디로도 이동할 수 없지만 동시에 양극을 향해 난 길 위에서도 벗어날 수 없다. 「결혼기념일」에서 속초에 대한 '나' 개인의 기억과 망각은, 서울의 지배력에 대한 의존과 균열을 더욱 궁극적으로는 서울과 속초를 양극단으로 하는 공간구조에 대한 의존과 탈구를 표상한다. 망각의 발견은, 속초가 기존 공간구조 내의 한 극단이 아니라 이 공간구조를 벗어나는 지점 즉 동일성의 폭력이 포섭하거나 관리할 수 없는 절대적 타자의 외재성[19]의 공간임을 폭로한다. 또한 망각의 발견으로 인한 "당혹감"은 대체재의 부재로 인해 기존 공간구조와 지식 안에 머물 수밖에 없는 곤경을 드러낸다.

「결혼기념일」에서 속초를 구획하고 설명하는 공간구조는 「오두막」의 제주에도 유사하게 작동한다. 제주의 장소 정체성은 서울의 기대를 충족시키는 정도 즉 서울과의 관계 그리고 서울과 제주의 관계를 통해 구현되는 공간구조에 의해 규정된다. "일상"(120)의 공간인 서울이 기대하는 제주는 "휴식"(109)·"여행"(110)의 공간, 공간구조의 양극단 중 한계지대로 기능함으로써 또 하나의 극단인 서울의 규범·질서를 강화하는 공간이다. 그러나 인물들이 제주에서 목격하는 것은 「결혼기념일」의 속초에서처럼 죽음 그것도 살인에 의한 죽음이다. 이 사건은 공간구조에서는 정당하지 않거나 정당화할 수 없는 그러나 지금 여기

---

19 엠마누엘 레비나스, 강영안 역, 『시간과 타자』, 문예출판사, 2001, 75쪽..

있는 그대로의 사건이다.[20] 제주가 죽음·살인의 공간이 됨에 따라, 만난 지 일주일 되던 마지막 밤에 "서로의 맨살을 처음 끌어안"기에 "최적"(112)인 한계지대에 대한 기대는 붕괴되고 만다.

> 도영과 헤어진 다음 케이를 기다리는 건 도영이 얼마 전까지 머물러 있던 그 늪이었다. 더럭 겁이 나는 순간이 많아졌다. 처음에 그건 갑자기 경찰이 들이닥쳐 자신을 연행해 가거나 피해자를 아는 이들이 다가와 자신을 폭행할지도 모른다는, 그런 식의 공포였다. 그러나 차츰 더 모호하고 막연한 형태로 바뀌었다.(116쪽)
>
> 도영은 이런 식으로 지난 몇 년간 그들이 피해왔던 그 구멍에 접근하고 있었다. 일상을 갑자기 무너지게 만드는 싱크홀 같은 것. 싱크홀이 두려운 건 그 깊이 때문이 아니라 느닷없음 때문이라는 걸 그들은 이미 알고 있었다. 그들은 발밑의 공포를 느끼면서 다시 오두막 안으로 돌아갔다.(129쪽)

소설은 도영과 케이의 두 번째 제주 방문을 다룬다. 이 과정에서 살인사건을 목격했던 첫 번째 제주 방문과 그 이후 서울에서의 삶이 회고의 방식으로 삽입된다. 제주의 오두막에서 살인사건을 목격하면서 느꼈던 "엄청난 공포"(124)는 서울의 일상에서 느끼는 "모호하고 막연한 형태"의 불안과 "느닷"없는 공포와 불안의 원인이다. 제주는 서울의 일상과 질서를 붕괴시키는 공포의 대상이지만, 두 인물은 "그 봄 제주의 비명"(121)에 대해 침묵하고 "이 섬을 생략"(108)함으로써 서울의 일상

---

20 앙리 르페브르, 박정자 역, 『현대세계의 일상성』, 기파랑, 2009, 331쪽.

을 유지하려 한다. 그들은 "자신들이 본 것이 (…중략…) 수면 위로 영영 떠오르지 못하는 시체이길 바라"(121)며 "그렇다면 충분히 모른 척" 하면서 "케이는 박사 논문을 준비하고 있었고, 도영은 월간지를 발행하는 회사에 취직"(120)한다. 서울의 일상이 요구하는 것은 제주의 비명에 대한 망각이다. 제주의 비명을 망각함으로써 일상을 유지하려는 서울의 노력은 일상의 붕괴에 대한 공포와 불안이 기존의 공간구조에 이미 내재되어 있음을 보여준다. 따라서 서울의 일상이 망각하고 싶어 하는 더욱 궁극적인 것은 제주의 비명이 아니라 공간구조 자체에 불안과 공포가 이미 내장되어 있다는 사실 그 자체이다.

망각의 노력이 불안·공포를 해소할 수 없을 때, 서울은 불안의 원인을 서울 혹은 공간구조 자체의 결함에서 찾지 않고 서울과 공간구조의 외부 즉 한계지대 밖의 제주에서 찾는다. 제주가 기존의 공간구조 내에서 관광지로서의 기능을 수행하지 못하고 절대적 타자성을 드러냄에 따라 서울의 일상이 불안해졌다는 것으로 불안·공포의 원인이 굴절된다. 제주의 비명을 교통사고로 치환함으로써 서울의 일상을 유지하려는 도영의 태도는, 근대가 포섭할 수 없는 절대적 타자성을 근대문명의 부작용 그러나 근대문명을 더욱 발전시킴으로써 해소하거나 최소화할 수 있는 부작용으로 전환하는 것이며 제주를 부작용 발생지점 그래서 치료를 해야 하는 공간으로 지정하는 것이다. 소설은 두 번째 제주 방문을 다룸으로써 제주의 비명 자체가 아니라 제주를 기존의 공간구조 내에 재정위시킴으로써 서울의 불안을 해소하는 데 집중한다.

사건 당시 범인은 피해여성을 향해 "어차피 여긴 아무도 없"다고 말한다. "그 말은 그들(오두막 속의 케이와 도영-인용자)에게" "이곳에 누구도 없어야만 해. 누가 있다고 해도 내가 금세 손볼 수 있어. 결과적으로는 누구도 없는 것이 될 거야"(124)라는 뜻으로 해석되며, 결국 그들은 사건에 대해 정확히 진술하지 않고 제주에서 "도망"친다. 공간구조에 의해 생산된 주체의 시선[21]을 소유하고 있던 관광객은 "느닷없이" 시선을 박탈당하며 목격한 것을 진술하는 주체의 위치에서 추방된다. 그러나 이들은 두 번째 제주 방문에서 시선의 회복, 기존 공간구조의 회복을 시도한다. "얘기를 하려고 하면 항상 입을 막았"(129)던 그들은 두 번째 방문한 제주에서도 우연히 만나 서로에게 사건에 대해 고백하고 진술한다. 도영은 피해자 여성과 우연히 만났던 무인카페를 취재하여 잡지에 실으려 한다. 그들은 진술 행위와 취재를 통해 자신들을 진술하는 주체, 시선의 주체로 재정립한다. 나아가 케이는 제주에 "어둠을 밝히"고 "위험할 때 위치 신고를 가능"(133)케 하기 위해 "태양열 가로등을 인적 드문 곳에 촘촘히 심는 일"(132)을 실행한다. 그리고 살인사건을 교통사고로 뒤바꾸는 도영의 거짓말은 카페 주인의 접촉사고와 이로 인한 인터뷰 지연으로 실제화된다. 두 번째 제주 방문은, 공포와 불안의 공간으로 호출된 제주를 태양열 가로등이 사건의 재발을 예방하는 공간, 의사이벤트[22]가 시연하는 타자성 즉 수용 가능한 것으로 승인된 안전한 이질성・에로스의 공간으로 재배치한다. 서울의 일상을 유지하려는 인물들은 주체성을 회복하면서 제주를 기존의 공간구조 안으로 재정위시키며, 제주는 서울의 불안과 공포를 치유하는 공간으로서의

---

21 관광객은 권력의 시선, 시선의 권력에 의해 규율되고, 권력은 관광자의 시선을 조직해낸다.(조광익, 『현대관광과 문화이론』, 일신사, 2006, 33쪽)
22 의사이벤트(pseudo-event)에 대해서는, 다니엘 부어스틴, 정태철 역, 『이미지와 환상』, 사계절출판사, 2004, 122~170쪽을 참조하시오.

기능을 회복한다. 「결혼기념일」이 공간구조 자체의 허위성과 지배력을 보여준다면, 「오두막」은 기존 공간구조의 유지와 권위를 인정하는 것처럼 보인다.[23]

함정임의 「꿈꾸는 소녀」는 부산을 "이면이 많은 도시"로 형상화하는 데 집중한다. 부산은 "초고층 빌딩"(이상 153) 뒤로 "후미"지고 "흉흉"하고 "어둡고 황폐"(139)한 골목이 있는 도시이며, "태양을 등지고 아이들처럼 즐겁게 소리 지르며 이리 뛰고 저리 뛰"던 린 언니가 일본으로 가기 위해 "검정색 정장을 한 남자의 윤기 나는 검정색 차"(144)에 오르는 도시다. 하지만 부산의 혼종성·이면성은 풍경에 대한 이런 내재적 묘사보다는 부산에서 교우하는 두 외부인 호아와 G에 대한 서사를 통해 선명하게 드러난다. 한국인 남편이 돌아간 한국을 "평생 가슴에 품"으며 "세상에서 가장 아름다운 나라"로 여긴 할머니의 영향으로 인해, 호아는 "내 할아버지의 나라로 꼭 가고야 말겠다"(이상 152)는 꿈을 꾼다. 그러나 "아버지와 나이가 같은" 한국인 남자와 결혼하여 한국으로 이주한 호아는 구타와 멸시 그리고 고국 풍습의 부정 등으로 괴롭힘을 당하다 시가媤家에서 추방된다. 고향은 한국을 꿈꾸게 하고 한국은 고향을 그리워하게 만들 때 호아는 두 공간 어디에도 정착하지 못한다. 그 후 "며칠 몇 날 산을 넘고 강을 건너"(이상 144) 걸어서 도착한 곳이 "나를 업어주던 할머니를 닮"은 소나무가 있는 부산의 "골목"(137)이

---

23 제주에서 발생한 살인사건에 대한 서울의 외면과 이로 인한 죄책감은 제주 4·3사건에 대한 오랜 침묵과 죄책감의 알레고리로도 읽힌다. 그러나 여행소설의 장르적 특성상 이동 중인 자가 시선의 주체·진술하는 주체가 되며 관광객의 시선은 권력의 효과를 낳기에(John Urry, *The Tourist Gaze*, Sage, 2002) 소설의 서사는 기존 공간구조의 회복을 향할 개연성이 높다.

다. 한편, 한국인 G는 강도의 총에 죽은 형의 장례를 치르기 위해 급작스럽게 10일의 휴가를 얻어 페루로 떠난다. 그는 "자신을 그 먼 곳까지 이끈 것은 (…중략…) 다른 무엇이 있음을 깨"닫는데, 그것은 자신이 "사지死地에 뛰어들어 고군분투한 것처럼 심신이 지쳐 있"(이상 149)다는 사실, "전쟁과 같은 숨 가쁜"(153) 서울에서의 삶이다. "오직 자기 자신의 육체와 정신에 집중하게 만"드는 페루는 서울을 "복잡하게 얽혀 있던 세속적인 고뇌"(149)의 공간으로 재구성한다. 「결혼기념일」의 공간 구조 즉 노동과 휴가, 삶과 죽음으로 규정되는 서울과 속초의 관계는 「꿈꾸는 소녀」에서 서울과 페루의 관계로 변주·반복된다. 하지만 「결혼기념일」의 '나'는 서울과 속초 사이의 길 위에 갇힌 채 당혹감을 드러낼 뿐인 데 반해, 「꿈꾸는 소녀」의 G는 "한국으로 돌아오려고 결심"하면서 "서울이 아닌 남쪽 바닷가" 부산을 떠올린다. 부산은 여고 사진반 학생들에게 특강을 하는 노동의 공간인 동시에 페루에서 3년 동안 바라본 "막막한 바다"(이상 153)의 도시다. 결국, 부산은 한국의 시가와 고국의 고향 사이, 서울과 페루 사이에 위치하는 혼종의 공간, 타협지점이 된다. 서울과 페루 사이, 시가와 고향 사이에 위치한 부산은, 국가 경계의 내부와 외부라는 양극단이 타협하고 내부가 허용한 한계지대인 셈이다. 비관광지와 관광지라는 차이에도 불구하고, 「꿈꾸는 소녀」의 부산은, 「오두막」의 도영과 케이가 진술과 시선의 주체성을 회복함으로써 재정위시킨 제주처럼 여전히 국민국가에 의해 타자성이 분류되고 관리되는 공간, 균질성을 강조하기 위한 다양성의 공간이다.

호아와 G 그리고 이들의 교감에 대한 서사는, 부산을 노동과 휴식, 삶과 죽음, 서울·국민국가의 구심력과 이국·세계화의 원심력이 중층적으로 작용하거나 교차하는 이면의 도시로 구성한다. 이면의 도시라는 장소 정체성은, 국가경계 내의 다른 도시와 부산을 동질의 공간으로 구획하는 국민국가의 구심력을 전제하면서 국민국가 외부에서 작동하는 원심력의 영향력을 강조한다. 『그 길 끝에 다시』의 다른 소설들과 달리, 「꿈꾸는 소녀」는 국가경계 내의 두 공간 사이에 국경 너머의 공간을 경유지로 매개해 넣는다. 호아의 고향과 페루는, 호아의 한국 시가와 부산을 그리고 서울과 부산을 변별적인 공간으로 구별짓고 이동의 의미를 결정하는 근거로 기능한다. 장소 정체성에 대한 주목이 도시들 간의 경쟁을 유발하는 세계화의 또 다른 파생체라면,[24] 초국가적 매개와 개입을 통한 서울과 부산의 구별 그리고 부산 장소 정체성의 규명은 공간구조에 대한 국민국가의 독점적 지배가 자본 등과의 경쟁적·합작적 지배로 전환되었음을 보여준다. 하지만, 이 소설은 도시 간의 관계와 이로 인한 장소 정체성의 생산 즉 공간구조 작동의 층위를 국민국가로 환원하는 경향을 보인다.

이기호의 「말과 말 사이—원주통신 2」[25]는 원주에서 태어나고 자란 4명의 남녀 친구를 통해, 원주의 장소 정체성이 도시 내부에서 구성되는 양상을 보여준다. 4명의 우리는 줄곧 원주에 정주해 사는데 "원주가 마음에 들어서 그랬던 것은 아니"고 "그냥 어찌하다 보니 그렇게 된 것"이다. 원주와 우리의 이런 관계는 우리 친구 간의 관계에도 그대로 적용된다. 우리는 서로가 "마음에 쏙 들어 어울렸다기보단 그냥" "너무

---

24 닝왕, 앞의 책, 242쪽.
25 이 소설은 여행소설이 아니다. 하지만, 『그 길 끝에 다시』의 여타 여행소설들이 보여준 국가경계 내 공간들의 위계와 장소 정체성의 관계 즉 공간구조를 통한 장소 정체성 구성과 개체의 호명 문제를 도시 내부자의 시선으로 제기하고 있다는 점에서 좋은 참조자료가 된다.

오래된 친구들"(이상 74)일 뿐이다. 그러나 우리는 "변한 건 별로 없"이 "다 고만고만한 직장에서 고만고만한 월급을 받으며 고만고만한 애인과 고만고만하게 부대끼며"(79) 살아가는 단일한 성격의 인물들로 보이지만, "우리라는 말에서 형자는 빼자"(76), "우리라는 말에서 또 한 번 형자를 제외시키자"(79)는 반복된 서술에서 알 수 있듯 내부에서의 구별과 배제가 종종 전개되는 공동체다. 소설은 원주와 우리의 친화적 관계를 보여주면서 시작되지만 곧바로 우리라는 집단의 동질성은 부정된다.

형자로 형상화되는 이질성은 우리라는 범주 내에만 존재하는 것이 아니라 '나'라는 인물 그리고 원주라는 공간 자체에 내재해 있음이 드러난다. '나'는 형자가 흑인 미군병사 월과의 잠자리에 계속 실패하는 것에 대해 "고마"워하면서 "이십 년 한결같은, 또 앞으로도 그대로"(91) "계속 그 상태 그대로 남아있기를 바"(88)라는 동시에, "울면서 하소연"하는 형자를 달래야 하는 "귀찮"(94)고 "피곤한 상황"(96)을 예방하기 위해 월과의 잠자리 성공을 돕기도 한다. 한편, 원주는 "아메리카를 꼭 가고 말겠다는 열의로 중무장"한 여인이 존재하는 도시이며, '나'는 이를 "21세기에 이 무슨 1950년대적 상황"·"우리의 세월만 좌변기 속 물마냥 고여 있는"(95) 것이라고 해석한다. '나'는 우리에 대해 양가적인 감정을 갖고 있는 인물이며, 과거의 아메리칸 드림이 현존하는 원주는 이질적인 시간대가 공존하는 도시다. 이로 인해 우리의 동질성, 원주와 우리의 상동성은 해체되고 '나'와 도시 내부의 이질성이 드러난다.

그러나 소설은, 형자의 상황에 공감하고 이를 동질의 감정으로 체험하는 '나'를 통해 도시 내부의 이질성을 동질감으로 전환하면서 종결된다. 정상적인 잠자리에 실패하고 오럴섹스로 대체되어버린 상황을 통해 형자는 "자신이 서 있는 위치를, 상처를, 태생을 알아버"리며, 나는 형자를 따라 "내 식도가 갑갑해져오는 것을 느"(104)낀다. 도시 내부의 이질성을 동질성 회복으로 전환하는 과정은 국가경계 내 도시들과 원주의 차이를 생산하는 과정과 직결된다. 도시 내부의 이질성을 배제하고 도시의 동질성을 강조할 수 있는 근거는 그 도시와 외부 도시와의 차이에서 비롯되기 때문이다.

소설의 서사는 도시 내부자의 시선에 의해 주도되는 동질성 → 이질성의 발견 → 동질성의 회복을 묘사하며, '나'의 시선은 회복된 동질성 즉 원주의 장소 정체성을 안타까움과 답답함, 시대착오적인 것으로 체험하면서 공감한다. 이러한 서사와 시선은 한국의 각종 군대와 "주한미군 부대인 캠프 롱, 캠프 이글이 바글바글하게 모여 있는 곳", "후텁지근한" "분지"(73)인 원주를 일종의 희생양 제의[26]의 속죄물로 상상하는 듯 보이는데, 이 희생양 제의는 '내'가 국민국가 공간구조의 주체로 기능할 때 가능해진다. 따라서, 비록 「말과 말 사이」의 화자가 도시 내부자로 설정되어 있을지라도 그의 시선은 도시 외부인의 시선을 차용한 것이며, 제주를 국민국가의 공간구조 속으로 재정위시킨 「오두막」을 욕망하고 있다.

---

26 르네 지라르, 김진석 역, 『희생양』, 민음사, 1989, 132쪽.

4. 여행자의 주체화 방식 – 멜랑콜리

목적지에 대해 이미 알고 있다는 기지감은 개인 경험의 소산이 아니라 각 공간들을 위계적 유기체로 기획하는 국민국가의 공간구조에 의해 생산된 것임을 알게 되었을 때, 『그 길 끝에 다시』의 인물들은 상실감을 경험하며 이 상실감은 소외의식으로 연결된다. 관리·규율할 수 없는 절대적 타자성·이질성을 생략·배제하거나 관리 가능한 타자성으로 전환시킴으로써 기존의 공간구조·질서가 정립되었지만, 배제·생략된 타자성·이질성은 공간구조의 구심력·일상 속에 불안과 공포의 방식으로 잠재하면서 공간구조의 허위성을 끊임없이 드러낸다.

공간구조의 주체로 호명된 인물들은, 질서정연한 공간구조에 대한 상상 즉 국가 층위에 의해 구조화되고 제공된 공간적 인식과 이 질서에 균열을 내는 타자성의 실재 사이에서 부유하면서 소외의식을 주로 멜랑콜리의 감정으로 드러낸다. 애도로 시작된 「결혼기념일」의 속초행은 서울과 속초, 구심력과 원심력 사이에 갇혀버린 '나'를 그리는 것으로 종결되며, 「오두막」의 도영과 케이는 "모호하고 막연한" 공포를 호소한다. 애도의 경우 세계가 초라하고 공허하며 자아는 자신이 상실한 대상을 명확하게 인식하는 반면 멜랑콜리의 경우 초라하고 공허한 것은 자아이며 무엇이 상실되었는지 정확히 인식하지 못한다.[27] 양가적 세계에 구속되면서 빈곤해진 자아와 상실된 것에 대한 모호하고 막연한 공포 등은 멜랑콜리로 드러낸다. 「오두막」에서 가장 명확히 드러나듯,

---

27 최문규, 「근대성과 "심미적 현상"으로서의 멜랑콜리」, 『뷔히너와 현대문학』 24, 한국뷔히너학회, 2005, 208쪽.

"정신과 상담"(112)을 통해 정상적인 현실 즉 공간구조의 지배력에 대한 신뢰를 회복하는 것이 필요하다고 간주된다. 그래서 「오두막」의 도영과 케이는 제주를 더 이상 타자성·이질성이 노출되지 않는 공간으로 재정위시키며, 「꿈꾸는 소녀」는 부산을 이면이 많은 공간으로 설명하면서도 서울·공간구조의 자장 내에 위치시킨다.

인물들의 멜랑콜리적 대응은 대도시를 통해 고향을 재구성하는 방식에서도 드러난다. 「여수 친구」의 '내'가 현재 경험하는 세계는 "롤러코스터 만든 기술자가 (…중략…) 자신이 만든 속도에 얼이 빠지기도 하는데, 며칠 뒤면 다른 곳에서 어떤 놈이 더 빠른 것을 만들어버리는" 세계다. "오랜 친구"를 만나기 위한 "오랜만의 고향행"(이상 160)은 "시간이 멈춘"(162) 고향을 발견하고 고향상실로 인한 향수의 감정을 사전에 경험할 기회를 제공한다. "항구가 살아있는 생명체로 변한다면 오롯이 그"(163)였을 고향 친구는 "절대적 존재"(181)였던 형을 모방하다 마침내 신으로까지 영접한 인물이며, '나'는 여수역 앞의 택시기사가 "십년쯤 뒤에 더 늙은 모습으로, 하얗게 변한 코털을 달고 이곳에서 손님을 기다리고 있"(161~162)기를 기대한다. 친구는 엑스포 정비 사업으로 인해 고향을 상실하게 될 것이며 이에 걸맞게 그 또한 절대적 존재와 이별함으로써 변함없는 반복을 생산하는 모방을 종결할 것임을 예고한다. 근대의 속도는 고향을 고정된 과거, 회고적이고 회귀하는 시공간으로 생산하며,[28] '나'는 현재 소유하고 있는 것을 상실된 것으로 간

---

28 나리타 류이치, 한일비교문화세미나 역, 『'고향'이라는 이야기』, 동국대 출판부, 2007, 28쪽; 김태준, 「고향, 근대의 심상공간」, 동국대 문화학술원 한국문학연구소 편, 『'고향'의 창조와 재발견』, 역락, 2007, 14쪽.

주함으로써 향수를 미리 경험한다.[29] 소설이 독자에게 요구하는 것은 '나'를 매개로 고향상실의 감정을 함께 소비하는 것이다. 향수는 고향의 소멸이나 시간적 사후성[30]을 전제로 하기에, '내'가 사전에 향수를 경험하는 행위는 근대의 시간이 요구하는 타자로서의 고향을 상상적으로 구성하는 행위가 된다.[31] 대도시는 고향을 상실의 공간으로서만 상상하고 발견할 수 있을 뿐이기에 고향을 방문한 대도시인은 이미 멜랑콜리의 감정을 준비하고 있는 셈이다.

손홍규의 「정읍에서 울다」는 여행의 과정 없이 내부자의 시선으로 정읍이라는 공간의 성격을 설명한다.[32] 파킨슨병에 걸린 늙은 아내는 정읍댁을 불러달라는 요구를 남편인 그에게 반복하는 데 이 요구는 정읍의 정체성에 대한 끈질긴 질문이다. 질문의 주체가 여행자에서 내부자로 바뀌었을 뿐 질문의 내용은 동일한 셈이다. 소설의 서사는 그가 답을 찾는 과정 즉 정읍댁은 누구인지를 탐문해가는 과정을 밟는다. 다시 정읍으로 이사 온 옛사랑 순자는 "그의 유년 시절과 소년 시절이 혹은 그가 잃어버린 열망과 꿈이 담긴 과거 전체였으며 그가 결코 되돌아갈 수 없고 재현할 수 없는" "아름다웠던 시절, 그가 선량했던 시절, 타

---

29 김동훈, 「죽음을 부르는 질병인가, 인간 실존의 근원적 조건인가?」, 『철학논총』 80, 새한철학회, 2015, 131쪽.

30 나리타 류이치, 앞의 책, 26쪽.

31 이런 전략은 타자를 제거함으로써 관리 가능한 타자를 생산하여 스스로를 유지하는 근대성의 논리를 담고 있다. 이 권력전략은, 중심과 미개, 발전과 낙후, 잃어버린 세계에 대한 탄식의 전략 등으로 나타난다.(J. Frow, *Time and Commodity Culture*, Oxford Uni. press, 1997, pp.1~2쪽. 여기서는 황국명, 「여로형소설의 지형학적 논리 연구」, 『문창어문논집』 37, 문창어문학회, 2000, 284쪽에서 참조)

32 내부자의 시선으로만 진행되는 「정읍에서 울다」 역시 여행소설은 아니다. 그러나, 화자의 차이에도 불구하고 이 소설이 고향을 재구성하는 방식은 「여수 친구」의 경우와 유사하다는 점을 확인할 수 있다.

락이 무언지 몰랐던 시절"(55)을 상기시킨다. 반면에 그는 "까무룩 정신을 잃기 일쑤"인 아내 옆에 누우면 "나란히 매장된 듯한 기분"(57)을 느낀다. 과거와 현재는 각각 아름다움·선량과 타락·매장의 성격으로 구별된다. 그러나 소설은 아내의 입을 통해 죽은 첫딸이 정읍댁임을 밝히며, 상실한 아이를 홀로 기억하고 길러낸 아내를 찾아 여러 차례 동네를 돌아다니다 마침내 아내를 업고 돌아오는 그를 통해 아내 역시 정읍댁임을 암시한다. "한 번도 아름다웠던 적이 없"고 "선량했던 적도 순수했던 적도 없는 것 같"(69)다는 그의 참회는, 현재를 부정하는 과거·순자가 아니라 현재를 통해 성장하고 이름을 부여받는 과거·아내에 가치를 부여한다. 파킨슨병이 죽기 이전에 경험하는 또 하나의 죽음이라면, 정읍은 진정한 아름다움·선량·순수·사랑이 상실의 감정과 함께 투사된 고향으로 구성된다. 이 고향은 경제적 곤란으로 인해 이혼하는 도시의 아들 부부와 대조되면서 보편적인 노스탤지어의 심상지리[33]를 반복한다. 소설은 내부자의 시선으로 정읍의 장소 정체성을 탐색하지만 이 시선은 도시의 요구와 멜랑콜리를 차용한 시선이며, 결과적으로 기존의 공간구조를 자연화·이상화하는 데 기여한다.

멜랑콜리는 자기소외를 경험하는 근대적 주체로서의 개인이 보편적으로 경험하는 감정이다. 특히 대도시의 이중적 분열과 양가성 즉 해방된 개인의 자율적 공간 / 탈개인화로 인한 집단적·익명적 공간, 공공성과 건강성의 공간 / 무관심과 고립과 불안의 공간, 빈부가 동시에 공존하는 것과 밀접하게 연결된다.[34] 또한 멜랑콜리는 소유했던 대상의

---

33 나리타 류이치, 앞의 책, 120쪽.
34 최문규, 앞의 글, 218~219쪽.

상실에서 발생하는 것이 아니라 처음부터 그 대상으로 결핍하고 있었던 데서 발생하며 그래서 역설적으로 결핍을 상실로 기만함으로써 대상을 소유하고 있었던 것처럼 보이게 만든다.[35] 멜랑콜리는 결핍 즉 애초에 소유하고 있지 않았던 것을 상실 즉 소유하고 있던 것을 잃어버린 것으로 전환함으로써, 자아의 기억을 확고부동하고 올바른 것으로 정립하면서 기존의 공간구조에 대한 의존을 강화해간다. 따라서 『그 길 끝에 다시』의 소설들은 멜랑콜리를 통해 타자성을 관리 가능한 것으로 포섭하거나 상실을 미리 경험함으로써 즉 죽여서라도 타자로부터 벗어남으로써,[36] 각 공간들을 위계적인 유기체로 상상하고 기획하는 근대 국민국가의 공간구조를 선험적인 것으로 재정위하면서 공간구조의 허위성을 은폐한다.[37]

---

35 위의 글. 211쪽.
36 왕철, 「프로이트와 데리다의 애도이론」, 『영어영문학』 58(4), 한국영어영문학회, 2012, 795쪽.
37 국제여행을 다룬 『도시와 나』에 수록된 7편의 단편소설 중 5편이 여행소설에 해당하는 데, 이 5편 중 3편이 애도를 위한 순례여행을 다룬다. 정미경의 「장마」, 함정임의 「어떤 여름」, 윤고은의 「콜럼버스의 뼈」는 각각 이미 죽은 어미, 예비 남편, 아비의 흔적을 찾아 국제여행을 떠난다. 애도는 타자성을 삭제함으로써 상실의 대상을 내면화하고 주체의 일부로 삼는 과정이기에(왕철, 앞의 글, 789~790쪽), 여행하는 주체의 자아 정체성은 목적지의 장소 정체성을 제어하고 삼킴으로써 회복할 수 있는 것으로 간주된다. 정주지에서 "뿌리"(「콜럼버스의 뼈」, 175)를 상실하고 그 흔적조차 찾지 못한 인물들은 해외의 새로운 목적지를 찾아나서는데, 주체는 애도의 작동 결과로 목적지의 장소 정체성과 관계 맺으면서 "그 전과는 다른 존재"로 변화해간다. 『그 길 끝에 다시』의 소설들이 멜랑콜리를 통해 자아의 빈곤과 기존 공간구조의 지배력을 확인한다면, 『도시와 나』의 소설들은 목적지의 자아 정체성을 통해 자아 정체성의 기만적인 스펙터클을 성취하는 과정을 보여준다.

5. 장소정체성 – 개인 기억과 국민국가의 매개

이 글은, 소설집 『그 길 끝에 다시』를 예로 들어 최근의 여행소설이 국내의 공간들과 장소 정체성을 상상하고 구성하는 방식과 근대 국민국가의 공간구조가 어떻게 관계되는지를 살피고자 했다. 이를 더욱 뚜렷이 확인하기 위해 국제여행을 다룬 『도시와 나』를 참고 텍스트로 사용하였는데, 그 결과는 다음과 같다.

『그 길 끝에 다시』에 수록된 7편의 소설 중 5편이 여행소설이다. 이 소설들의 여행은 대체로 방문지의 장소 정체성을 이미 알고 있다는 개인적 믿음과 상상에서 시작된다. 장소 정체성을 기억하고 망각을 발견하는 주체는 일차적으로 여행자인 외부인이다. 이들이 목적지의 장소 정체성을 도출하고 조정하는 방식은 표면적으로는 기지감의 근원인 자기 기억에 의존한 것처럼 보이지만 사실은 국민국가라는 유기체 내 공간들과의 비교와 대조를 통해서다. 이는 여행소설이 아닌 「말과 말 사이」의 경우처럼 도시 내부자를 화자로 설정했을 때에도 마찬가지다. 출발지(주로 서울)와 목적지는, 노동 · 일상적 삶 · 로고스 · 허위성 · 구심력과 휴가(여유) · 죽음 · 에로스 · 원심력으로 대조된다. 두 공간의 정체성은 내재적이거나 자생적인 것이 아니라 구성된 것이며, 이런 구성적 관계는 국민국가의 유기체적 공간 기획과 실천에서 기인한다. 장소 정체성에 대한 기지감은, 관리 · 통제의 한계를 벗어난 이질성 · 타자성을 망각의 방식으로 소거하는 한편 관리 · 통제의 영역 내에 포섭된 이질성 · 타자성을 기억의 방식으로 재현함으로써 획득된 것이다. 따라서 장소 정체성을 기억하고 형성하는 인물들은 근대 국민국가의

공간구조에 호명된 인물들이며, 인물들의 개인 기억과 망각은 이 공간
구조의 효과에 해당한다.

하지만 인물들은 방문지에서 기지감의 이면인 망각과 조우하게 되
는데, 이는 관리·통제할 수 없는 이질성·타자성의 발견으로 이어진
다. 기존의 공간구조 내에 포섭되지 않은 이 절대적 이질성·타자성은
근대 국민국가의 유기체적·규범적 공간구조 자체가 불안과 공포를 내
장한 취약한 구조라는 사실을 폭로한다. 허상성에 대한 인지에도 불구
하고 대안적 상상에 실패함으로써 기존 공간구조의 지배력을 추인하는
결과를 빚기도 하고(「결혼기념일」), 통제·관리 불가능한 이질성·타자
성을 자신의 지식·노동 등을 통해 제어함으로써 목적지를 한계지대로
복원시키기도 하며(「오두막」), 이질성·타자성을 국가경계 밖으로 추방
함으로써 목적지를 구심력과 원심력의 교차 공간으로 만들기도 하는
(「꿈꾸는 소녀」) 등 구체적인 발현 양상은 다를지라도, 『그 길 끝에 다시』
여행소설의 인물들은 기존 공간구조의 효과이며, 방문지의 이질성·타
자성을 관리하고 새롭게 배치하는 서사들은 기존의 공간구조가 절대적
타자성을 발견하면서 재정립되는 각종 양상을 재현한다.[38]

38 이는 국외여행을 다룬 『도시와 나』의 소설들과 의미 있는 차이를 보인다. 『도시와 나』의
소설들은 목적지를 처음으로 방문하는 도시 즉 현재 지식의 영역 밖에 외재하는 미지의 공
간으로 설정한다. 그리고 인물들은 자신의 이동행위를 관광과 구별하고자 하는데, 이러한
강박은 미지(未知)의 도시를 지(知)의 대상으로 전환하려는 욕망 그리고 새로운 지식을 획
득함으로써 "그 전과는 다른 존재"(성석제, 「사냥꾼의 지도」, 정미경 외, 앞의 책, 53쪽)가
되고자 하는 욕망으로 이어진다. 미지의 도시에 대한 장소 정체성을 파악함으로써 여행자
자신의 자아 정체성을 재구성하는 서사는 자아를 결여된 존재, 미성숙한 존재로 인식하는
데서 출발한다. 동시에 지식의 대상으로 새롭게 편입된 장소 정체성을 통해 자아 정체성을
재구성하여 "그 전과는 다른 존재"가 되는 과정에서 여행의 가치를 발견하는 것은, 역설적
이게도 미지의 대상이었던 자아 정체성은 여행 이전에도 이미 존재하고 있었고 주체 역시
이에 대해 이미 알고 있었다는 가정을 이중 긍정하게 만든다. 『도시와 나』의 소설들은 여
행자의 자아 정체성과 그 변화에 주목하는 데 반해, 국내여행을 다루는 『그 길 끝에 다

이는 이 소설집의 여행소설에서 발견되는 멜랑콜리의 이중적 성격과 직결된다. 멜랑콜리는 억압적인 현실에 순응하지 않으려는 비판적 감정을 이면에 내장하고 있다. 애도가 현실에 대한 불만족보다는 그런 불만족의 개념적 지양 즉 이성적 사유에 의한 현실 순응을 꾀하는 것이라면 멜랑콜리는 역으로 개념적 지양에 저항한다.[39] 멜랑콜리는 근대 국민국가의 공간구조 자체의 허위성에 대한 인식을 은연중에 드러낸다. 동시에 소설들은 결핍을 상실로 전환함으로써, 국민국가의 공간구조를 선험적인 것으로 승인한다. 소설의 인물들은 멜랑콜리를 통해 절대적 타자성을 관리 가능한 것으로 포섭하거나 고향상실 이전에 상실감을 미리 경험함으로써 각 목적지들을 다시 근대 국민국가의 유기체적·위계적 공간구조 안으로 포섭하는 동시에 공간구조의 허약성을 은폐한다.

　『그 길 끝에 다시』의 국내여행소설은, 개인의 기억과 망각, 그리고 절대적 타자성의 배제나 관리 가능한 것으로의 수정 혹은 상실된 것으로의 사전 경험 등은 근대 국민국가의 유기체적·위계적 공간구조에 기인한 것임을 드러내면서 이 구조에 의한 내부 식민지성을 노정한다. 이러한 특징은, 국가경계 밖 도시들의 장소 정체성을 자아 정체성 확인의 근간으로 삼으면서 자아 정체성의 스펙터클을 지향하는 『도시와 나』의 국제여행소설들과 의미 있는 차이를 보인다. 『그 길 끝에 다시』에서 드러난 이러

시』의 소설들은 자아 정체성을 위축시키는 국민국가 공간구조의 위력을 증명한다. 이는, 장소 정체성 형성의 궁극적인 주체는 국민국가의 공간구조라는 점, 모국의 도시에 대한 인식은 이 공간구조에 의해 진행된다는 점, 미지의 외국 도시에 대한 인식은 국민국가의 공간구조 안에서 진행될 수 없기에 자아 정체성이 전면화된다는 점을 재증명한다.

39 최문규, 앞의 글, 209쪽.

한 특성을 다른 여행소설에서도 일정정도 발견할 수 있는지에 대해서는 후속 연구가 필요하다.

참고문헌

백영옥・손홍규・이기호・윤고은・함정임・한창훈・김미월,『그 길 끝에 다시』, 바람, 2014.

정미경・성석제・함정임・백영옥・서진・윤고은・한은형,『도시와 나』, 바람, 2013.

김동훈, 「죽음을 부르는 질병인가. 인간 실존의 근원적 조건인가?」,『철학논총』80, 새한철학회, 2015.

최문규, 「근대성과 "심미적 현상"으로서의 멜랑콜리」,『뷔히너와 현대문학』24, 한국뷔히너학회, 2005.

동국대 문화학술원 한국문학연구소,『'고향'의 창조와 재발견』, 역락, 2007.

왕철, 「프로이트와 데리다의 애도이론」, 영어영문학, 58(4), 한국영어영문학회, 2012.

이미림・안지나・최배은,『우리시대의 여행소설』, 태학사, 2006.

인태정,『관광의 사회학』, 한울아카데미, 2007.

조광익,『현대관광과 문화이론』, 일신사, 2006.

최병두・임성회・안영진・박배균,『지구・지방화와 다문화 공간』, 푸른길, 2011.

야마시타 신지, 황달기 역,『관광인류학의 이해』, 일신사, 2001.

이마무라 히토시, 이수정 역,『근대성의 구조』, 민음사, 1999.

나리타 류이치, 한일비교문화세미나 역,『'고향'이라는 이야기』, 동국대 출판부, 2007.

르네 지라르, 김진석 역,『희생양』, 민음사, 1989.

닝왕, 이진형 역,『관광과 근대성』, 일신사, 2004.

다니엘 부어스틴, 정태철 역,『이미지와 환상』, 사계절, 2004.

앙리 르페브르, 박정자 역,『현대세계의 일상성』, 기파랑, 2009.

_____, 양영란 역,『공간의 생산』, 에코리브르, 2011.

엠마누엘 레비나스, 강영안 역,『시간과 타자』, 문예출판사, 2001.

게오르그 루카치, 반성완 역,『小說의 理論』, 심설당. 1985.

크리스 쿠퍼, 고동완 역,『포스트모던 관광의 이해와 연구』, 교문사, 2008.

Frow, J., *Time and Commodity Culture*, Oxford Uni. press, 1997. 여기서는 황국명, 「여로형소설의 지형학적 논리 연구」,『문창어문논집』37, 문창어문학회, 2008에서 재인용.

Urry, J., *The Tourist Gaze*, Sage, 2002.

세계유산등록을 둘러싼 한일 재현의 정치*

'메이지일본의 산업혁명유산 제철 · 철강, 조선, 석탄산업'을 중심으로

박수경

1. 들어가며

2015년 7월 5일, 규슈九州와 야마구치山口를 중심으로 한 일본의 8개 현, 11개 시, 23개 시설이 「메이지일본의 산업혁명유산 제철 · 철강, 조선, 석탄산업明治日本の産業革命遺産 製鉄 · 鉄鋼, 造船, 石炭産業(이하, 메이지일본산업유산)」이라는 이름으로 유네스코 세계유산으로 등록되었다.[1] 이 유산은 '국무총리실 소속 강제동원 피해조사 및 국외 강제동원 희생자 등 지원위원회'(이하, '강제동원피해자지원위원회')에 의하면 5만 이상의 식민지 조선인

---

* 이 글은 박수경, 「세계유산등록을 둘러싼 한일 재현의 정치 – '메이지일본의 산업혁명유산 제철 · 철강, 조선, 석탄산업'을 중심으로」, 『일본문화학보』 72, 한국일본문화학회, 2017을 수정, 게재하였다.
1 『연합뉴스』(2015.7.5)
(http://www.yonhapnews.co.kr/bulletin/2015/07/04/0200000000AKR20150704
045900005.HTML?from=search 검색일 : 2016.3.29)

이 강제동원 되었으며, 3,000여 명이 사망한 것으로 보고되고 있다.[2] 특히 이 유산 안에는 나가사키의 하시마端島통칭 군함도軍艦島와 다카시마高島가 속하는데, 이곳은 식민시기 조선인 4,000여 명이 강제연행 된 조선인의 한이 서린 자리로[3] 이곳이 세계유산으로 등록될 것이라는 사실에 한국의 등록 반대가 거세었다.

이에 당시 언론은 의장국인 독일을 포함하여 많은 나라가 조선인 강제징용 문제와 관련한 한국의 호소를 받아들여 표결에 부친다면 부결될 가능성이 높다고 보도하고 있었으며,[4] 한일 간의 외교전까지 예상되었다. 7월 4일로 예정되고 있던 발표가 하루 늦추어질 만큼 일본의 세계유산등록은 생각대로 원활하게 진행되지 않았다. 그러나 이러한 상황을 뒤로 하고 메이지일본산업유산은 세계유산으로 등록, 결정되었다.

본고는 일본이라는 국가적 차원에서 메이지일본산업유산이 세계유산으로 등록되는 것이 어떠한 의미를 가지는지 논하고, 또 나가사키라는 지역 차원에서는 지자체가 하시마를 어떻게 재현, 홍보하는가를 중심으로 살피기로 한다. 한편 한국 측에서는 정부 레벨의 입장표명보다는 방송, 언론매체에서 하시마의 재현으로 메이지일본산업유산이 세계유산으로 등록되는 것을 적극적으로 반대하는데, 이 과정 속에서 어떤 부분이 하시마의 재현에서 오류를 범하고 있는지 지적하고, 또 메이지

---

2   강동진 외, 「일본 큐슈－야마구치 일원 근대화 산업유산군의 세계문화유산 등재에 대한 비판적 고찰」, 『국토계획』 49-2 대한·도시계획학회지, 2014, 116쪽.

3   竹内康人, 「三菱重工業·三菱鉱業と強制労働－長崎を中心に」, 『第9回強制動員真相究明全国研究集会「朝鮮人強制労働と世界遺産問題」』, 強制動員真相究明ネットワーク, 2016, p.20.

4   『연합뉴스』(2015.7.19)
    (http://www.yonhapnews.co.kr/bulletin/2015/07/19/0200000000AKR20150719
    061300073.HTML?from=search 검색일 : 2016.3.30)

일본산업유산에 등록반대에 있어서 어떤 부분이 비판의 대상에서 누락되어 있는지 살피기로 한다.

2. 일본의 재현의 정치

1) 일본 – 메이지영광론

메이지일본산업유산의 정식명칭에는 메이지라는 시대가 포함되어 있는데, 이 시대가 표상하는 것은 단지 메이지일본산업유산이 어느 시기의 유산군인지 나타냄에 불과한 것일까. 시바타 토시아키柴田利明는 역사학자 나가쓰카 아키라中塚明, 1929~에 의해 명명된 메이지영광론明治栄光論[5]과 관계 있을 것으로 주장하고 있다.[6] 메이지영광론이란 메이지시대에 정치가 이토 히로부미를 비롯해서 위대한 군인 노기 마레스케乃木希典, 1849~1912, 도코 헤하치로東郷平八郎, 1848~1934가 존재했으며 일본육해군은 막강한 군사력을 가지고 있었고, 일본은 청일전쟁(1894~1895)과 러일전쟁(1904~1905)에서 중국과 러시아를 이겼다고 메이지시대를 찬란하고 영광스럽게 여기며 그 시대를 그리워하는 역사관의 한 종류이다.[7]

국민작가인 시바 료타로司馬遼太郎, 1923~1996는 러일전쟁을 소재로 한 『언덕 위의 구름坂の上の雲』(1973)으로 2010년 현재까지 1천8백만 부수

---

5   中塚明, 『現代日本の歴史認識-その目覚せざる欠落を問う』, 高文研, 2007.
6   柴田利明, 『西坂だより』80号 (NPO法人岡まさはる記念長崎平和資料館会報), 2016, p.15.
7   위의 글, p.15.

를 판매, 베스트셀러 반열에 올랐다. 그 제명을 풀어보면 언덕이라는 고지를 힘겹게 밟고 올라 저 높은 희망의 구름을 바라본다는 것으로 러일전쟁의 승리를 빗댄 글로 메이지영광론이 잘 나타나있다고 평가되고 있다.[8] 여기에서 주목할 점은 언덕을 힘겹게 올랐다는 것으로, 사실이 어떠했는가라는 문제를 떠나, 작고 미개한 나라가 문명 거인국을 이긴 기적의 전쟁이라고 재현되고 있으며, 독자는 거기에 열렬히 환호하고 자신감을 얻었다는 것이다.[9] 또 여기에서 러일전쟁이라는 침략전쟁은 어쩔 수 없이 대항하였던 조국방위전쟁으로 둔갑한다. 즉 시바 료타로의 말을 인용하면, 러시아가 한반도까지 내려왔다면, 그 위협을 전쟁을 치르지 않고서도 일본은 과연 참고 견딜 수 있었겠는가. 그런 상황이 와도 참고 견뎠어야 했다고 할 수도 있으나 당시는 국민국가가 성립 된지 30여년밖에 안되었기 때문에 국가와 개인은 분리될 수 없었다고 피력한다.[10]

메이지영광론은 일본의 지식인, 역사연구자, 전후보상문제연구자, 소설가, 평론가에게도 널리 알려져 있어 상식적 수준으로 자리매김 되고 있다. 다음의 아베 신조安部晋三 총리의 전후70년 담화(2015.8.14)에서도 메이지영광론이 역력히 나타난다.

百年以上前の世界には、西洋諸国を中心とした国々の広大な植民地が、広がっていました。圧倒的な技術優位を背景に、植民地支配の波は、十九

8　김용범, 「"메이지 제국의 영광"을 그리워하는 사람들 – 왜 지금 『언덕 위의 구름』인가」, 『한국논단』 244권, 2010, 116~117쪽, 121쪽.

9　위의 글, 124~125쪽.

10　위의 글, 126~127쪽 재인용; 司馬遼太郎, 『この国のかたち』4 , 文藝春愁社, 1994, p.173.

世紀、アジアにも押し寄せました。その危機感が、日本にとって、近代化の原動力となったことは、間違いありません。アジアで最初に立憲政治を打ち立て、独立を守り抜きました。日露戦争は、植民地支配のもとにあった、多くのアジアやアフリカの人々を勇気づけました。[11]

압도적 기술을 가진 서양의 식민지 지배가 아시아로 밀려 들어왔는데, 일본은 이 위기를 근대화의 원동력으로 삼았고, 아시아에서 최초로 입헌 정치를 이루고 독립을 유지하였다. 러일전쟁은 식민지 지배하에 있던 많은 아시아와 아프리카 사람들에게 용기를 가져 다 주었다는 것이다. 간단히 말해, 당시 일본은 식민지배의 위기를 느꼈으나, 입헌정치를 메이지유신으로 이루어 근대화를 하였고 이는 같은 입장이 될 뻔한 타(아시아, 아프리카)의 모범이 된다고 한다. 이러한 문장은 메이지영광론이 전형적으로 나타난 것이라고 지적되고 있다.[12] 이를 메이지일본산업혁명유산의 팜플렛(2009)에 실린 개요와 비교해 보자.

19世紀以降に欧米の国々がアジアへ進出しはじめると、植民地化への危機感も増大。防衛のために西洋の科学記述を導入して、軍事力を強化しました。これが近代化のはじまりで、以降も高いモチベーションを維持しな

---

11 백 년 이상 전에 세계는 서양 제국을 중심으로 한 나라들의 광대한 식민지가 펼쳐져 있었습니다. 압도적 기술 우위를 배경으로 식민지 지배의 파도는 19세기에 아시아로도 밀려들어 왔습니다. 그 위기감이 일본에 근대화의 원동력이 된 것은 틀림없습니다. 아시아에서 최초로 입헌정치를 세우고, 독립을 끝까지 다 지켰습니다. 러일전쟁은 식민지 지배하에 있었던 많은 아시아나 아프리카 사람들에게 용기를 안겨주었습니다.(『産経新聞』, 2015.8.14) (http://www.sankei.com/politics/news/150814/plt1508140016-n1.html 검색일 : 2016.4.9)
12 柴田利明, 『人権NEWS』(2015.10.9. 柴田利明発行), 2015, p.1.

がら、近代化を進める日本の先導的な役割を果します。(…中略…)「九州・山口の近代化産業遺産群」は西洋以外の地域の近代化の先駆けとなった日本の原点を語り継いでいく上で、 **13**

위의 인용문을 비교, 대조하기 위해서 직역을 하면서, 직역에 상당하는 아베의 전후 70년 담화 속의 문구를 ( )에 표기하면 다음과 같다.

19세기(백 년 전) 구미의 나라들(서양을 중심으로 하는 나라들)이 아시아(아시아)로 진출하기 시작하자(밀려들어), 식민지화(식민지 지배)에 대한 위기감(위기감)도 증대. 방어(러일전쟁)를 위해서 서양의 과학기술(압도적 기술우위)을 도입하여 군사력을 강화하였습니다. 그것이 근대의 시작으로, 이후로도 강한 동기를 유지하면서 근대화를 추진하는 일본의 선도적 역할을 다합니다. '규슈・야마구치의 근대화 산업유산군'은 서양이외의 지역(아시아)의 근대화의 선봉(최초)이 된 일본의 원점을 전해감에 있어서,

세계유산의 개요는 아베의 담화 속 단어와 겹치거나, 의미상 유사성을 가진다. 대상 시기, 해당 시기의 식민화의 주체, 식민화의 대상지, 식민화의 기세, 일본의 해외정세 파악 양상, 대응의 목적, 대응 방법, 세계사 속의 근대화 순서가 같다. 또 근대화의 한 종류로 아베가 말하는 입헌정치를 배치시킨다면, 내용은 더더구나 유사해진다.

---

13 「九州・山口の近代化産業遺産群」世界遺産登録推進協議会(2009.8)「九州・山口の近代化産業遺産群～非西洋世界における近代化の先駆け～」
(http://www.kyuyama.jp/index.html 검색일 : 2012.6.27)

또 문부과학성의 자료를 한 예로 보자면, 메이지 시대는 1868년부터 1912년까지임에도 불구하고 메이지일본산업유산의 시기를 1850년부터 1910년까지로 한정하고 있다.[14] 이러한 작업을 통하여 1910년 한일합방으로 행해진 이웃하는 나라의 주권침탈의 책임을 회피하고, 명분상 식민시기 조선인을 배제할 수 있었기에 국제적 논란이 될 만한 한국의 반발을 무마할 수 있으리라는 효과를 노린 것으로 보인다.[15]

상기에서 본고는 아베 담화와 메이지일본산업세계유산 팜플렛의 내용은 별다를 바 없음을 확인하였다. 또 그 근원에는 어쩔 수 없는 침략전쟁이었다고 스스로를 용서하는 메이지영광론이 재현되어 있음을 알 수 있었다. 이와 동시에 메이지일본산업유산은 메이지라는 시기를 1850년부터 1910년으로 한정함으로써 그 이후의 시대 즉 쇼와昭和와 분리하여 기억, 재현하고자 한다. 쇼와는 어떤 시대였던가. 쇼와는 만주사변(1931)부터 제2차 세계대전 동안 이웃국가를 침략하고 그 국민을 일본 내로 끌고 들어와 고통을 안긴 시대로 메이지에 비하여 어두운 시대로 각인되어 있으며 영광스럽지 못한 시대이다. 그러나 쇼와는 메이지가 낳은 결과물로 두 시대는 연속적이다. 이에 유네스코(2015.7.5)는 메이지일본산업유산에 대하여 메이지라는 그 한 단면만이 아니라 쇼와를 포함한 전 시대를 알 수 있도록 조치를 취하도록 권고하고 있다. 이후로 일본이 어떤 식으로 권고사항을 이행할지 두고 볼 일이다.

---

14 http://www.mext.go.jp/component/a_menu/.../1360500_02.pd(검색일 : 2016.9.23)
15 柴田利明, 앞의 글, 2016, p.15.

2) 나가사키-하시마의 브랜드화

하시마가 세간의 이목을 모으게 된 것은 2009년 1월 일본 문화청의 세계유산 잠정일람표에 기재[16]되면서부터이다. 1970년대에 일본 산업 고고학회가 설립되었으나 산업유산에 급속한 관심이 집중되기 시작한 것은 1990년대에 들어서이다. 국가적 차원에서는 1994년 문화재보호기획특별위원회가 근대화 산업의 시급한 조사와 보존의 필요성을 지적하고,[17] 2년 후 1996년 그 결과가 정리되면서 문화재등록제도에 기반한「등록유형문화재」가 생겨난다. 같은 시기에 문화청의 지도로 각 현에서 근대화유산조사가 이루어져, 많은 도도부현都道府県이 조사결과를 보고한다. 현과 지역 단위로 일반인을 겨냥한 서적이 등장하기 시작하는 것은 2005년경으로, 그 시작이『군함도의 유산-풍화하는 근대일본의 상징軍艦島の遺産-風化する近代日本の象徴』(2005)[18]이다.[19] 그런데 매스컴과 지자체에 이러한 현상을 불러일으킨 것은 오히려 지역의 시민단체로 하시마의 경우 2003년 NPO로 인정받은 '군함도를 세계유산으로 만드는 모임軍艦島を世界遺産にする会'이 존재한다. 하시마 출신으로 조선인의 강제동원 역사를 부정하는 사카모토 토토쿠坂本道徳가 주축이 되어 1974년 폐광되어 무인도가 된 하시마를 관광자원으로서 주목한다.[20] 이후 2006년 경제산업성이

---

16 내각관방 산업유산(内閣官房産業遺産)의 세계유산등록추진실(世界遺産登録推進室)이 2015년 5월 4일 명기로 이코모스의 심의결과를 보도자료로 내었다. (http://www.kyuyama.jp/action/icomos.pdf 검색일 : 2016.4.6)

17 幸田亮一,「熊本・九州産業遺産をめぐる動向と課題」,『熊本学園大学付属産業経営研究所』25 熊本学園大学付属産業経営研究所, 2006, p.1 재인용: 東京国立文化財研究所,「時代の変化に対応して文化財保護施策の改善充実について」, 1999, p.13.

18 後藤惠之輔他,『軍艦島の遺産-風化する近代日本の象徴』, 長崎新聞社, 2005.

19 幸田亮一, 앞의 글, p.2.

하시마 뿐만이 아니라 '규슈·야마구치의 근대화산업유산군^{九州·山口の近}^{代化産業遺産群}'으로 지방경제 활성화정책으로 세계유산화에 관여하기 시작하여[21] 2009년 문화청의 세계유산 잠정일람표에 기재, 2014년 1월에 유네스코로 추천서 제출, 2014년 9월~10월에 이코모스의 전문가에 의한 현지조사, 2015년 5월 4일 이코모스의 기재권고,[22] 마지막으로 2015년 7월 5일 세계유산등록으로 결정 난다.

미쓰비시머티리얼 소유였던 하시마는 2001년 관리비의 부담으로 현재 나가사키시 소속 다카시마쵸^{高島町}에 무상으로 양도된다. 전범기업으로 유명한 미쓰비시 소유였던 만큼 식민지 조선인의 강제노동에 대한 기억은 물론하고, 해저 탄광이었기에 일본인에게도 하시마는 가혹하였다.[23] 식민지 조선인으로서는 강제동원, 연행되어 굶주림과 구타 속에서 차별받으며 혹사당한 기억이 남아 있으며,[24] 주민으로 거주하던 일본인으로서는 그저 허물어지는 대로 그대로 놓아두길 바라는 입장이 있는가 하면,[25] 좁은 공간에서 너나 할 것 없는 한 가족으로 생활했던 지나간 과거에 대한 향수의 대상이기도 하였다.[26] 이러한 기억들 속에서 특히 간과해서는 안 될 것이 고통의 기억이라 할 것인데, 나

---

20 위의 글, pp.2~3.
21 柴田利明, 앞의 글, p.15.
22 내각장방 산업유산[內閣官房産業遺産]의 세계유산등록추진실(世界遺産登録推進室)이 2015년 5월 4일 명기로 이코모스의 심의결과를 보도자료로 내었다. (http://www.kyuyama.jp/action/icomos.pdf 검색일 : 2016.4.6)
23 柴田利明, 『人権NEWS』(2015.12.2. 柴田利明発行), 2015, p.2 재인용; 上野英伸, 『追われてゆく坑夫たち』, 岩波新書, 1960.
24 岡まさはる記念長崎平和資料館, 『岡まさはる記念長崎平和資料館パンフレット』, 2009, p.15.
25 木村至聖, 2010, 「「軍艦島」をめぐるヘリテージ・ツーリズムの現状と課題」, 『社会情報』19(20), 札幌学院大学総合研究所, p.230.
26 柴田弘捷, 「「記憶」の無人島・軍艦島-廃鉱の島・長崎県端島」, 『専修大学社会科学研究所月報』566~567, 専修大学社会科学研究所, 2010, p.68.

가사키는 하시마에 대한 부정적 기억이 선명하게 남아있는 가운데, 하시마 관광수입창출을 위한 인지도를 높이기 위하여 다음과 같은 행보를 보인다.

2009년 후지텔레비전 개국 50주년 기념으로 제작되며, 2010년 제33회 일본아카데미상 애니메이션 작품상을 수상한 〈방치된 섬ホッタラケの島〉의 배급처 동보東宝와 나가사키시가 두 섬을 자매섬으로 맺었다. 〈방치된 섬〉은 필요 없어진 보물로 이루어진 섬으로 폐광된 하시마의 이미지와 겹친다는 면에 착목한 결과이다.[27] 일본 유명 락 그룹 비즈(B'z)의 2009년 싱글곡 〈MY LONELY TOWN〉의 뮤직비디오와 앨범 자켓에는 하시마가 등장하는 데, 나가사키시의 허락으로 촬영 가능하였으며, 노래와 영상이 어울리는 것으로 평가받고 있다.[28] 관민연계의 새로운 관광전략으로 이오지마伊王島의 리조트 호텔과 하시마를 연결한 크루즈 주유周遊플랜을 내세우고 있다는 보도가 있는데,[29] 이때의 관이라는 것은 당연히 나가사키현이나 나가사키시가 될 것이다. 비교적 최근의 기사로는 007시리즈 50주년을 맞이한 기념작 〈007 스카이폴007 スカイフォール〉(2012)에는 하시마가 적의 아지트로 등장하는 데, 이는 나가사키현의 지원을 얻어 촬영 가능하였다.[30] 나가사키시가 하시마를 어떠한 관점으로 바라보고 있는가는 2009년에 있었던 다음의 한 시민의 질문과 답변에서 명확히 알 수 있다. 하시마에서 어떤 아티스트의

---

27 『西日本新聞』朝刊 (2009.8.18)
28 http://www.barks.jp/news/?id=1000052580 (검색일 : 2013.4.5)
29 『長崎新聞』(2010.6.10)
30 『読売新聞』(2012.11.1)
   (http://www.yomiuri.co.jp/entertainment/news2/20121101-OYT8T00958.htm
   검색일 : 2013.4.5)

촬영 보도가 있었는데, 그 시민은 일반인이라면 들어갈 수 없는 곳을 그 사람들은 어떻게 해서 들어갈 수 있는가라는 항의 섞인 글을 나가사키시 시민게시판에 기재하였다. 그 답변은 하시마는 세계유산 잠정리스트에 들어간 역사적 가치 있는 중요한 산업유산인 동시에, 많은 관광객을 유치하기 위한 관광자원이기도 한데, 하시마의 선전효과가 높고, 시의 관광 진흥에 기여한다고 생각되어, 특별히 허가하였다고 고한다.[31] 나가사키는 여느 시와 마찬가지로 지역활성화에 진력을 다하고 있는데, 그 활동 중에 하나로 하시마로 관광진흥을 꾀하여, 지역경제에 보탬을 이루고자 함을 읽을 수 있다. 여기에서의 문제는 관광화 자체가 아니라, 하시마를 알림에 있어서, 부負의 역사가 은폐된 채로 위대한 유산이라는 편향적인 방향으로 몰고 감에 있다. 이러한 생각들은 2009년 '규슈·야마구치 근대화산업유산군의 세계유산등록'에 관여하는 전문가위원의 인터뷰에 그대로 투사되어 나타난다. 전문가 위원들은 다카시마 탄광, 데지마 네덜란드 상관흔적, 미쓰비시중공업 나가사키조선소 역사자료관을 시찰하였음을 고하는데, 특히 유네스코 관련기관 국제산업유산보존위원회의 스츄어트 스미스 사무국장은 다음과 같은 인터뷰를 남긴다. "일본 근대산업발상의 땅. 일본이 어떻게 하여 아시아에서 가장 급속이 근대화를 이룰 수가 있었는지, 세계 사람에게 전해야 할 이야기가 있다고 평가하였다."[32] 그리고 이들은 이틀 후 하시마를 방문하는데, 위의 동 인물은 "이런 작은 섬에, 많은 사람이 행복하게 살

---

31 文化観光総務課 답변(2009.9.10)
(https://www1.city.nagasaki.nagasaki.jp/teian/200904_09koukaiweb.html검색일 : 2013.4.5)
32 『西日本新聞』 朝刊(2009.4.26)

고 있었던 것을 생각하면 흥분된다"고 압도당한 표정으로 말하였다.[33]

세계유산으로서 하시마의 가치를 전문적으로 검토하는 이들조차도 일본의 근대화 시기, 다른 말로 해서 일본 제국주의 시기에 미쓰비시가 어떠한 역할을 담당하였는지에 무지하며, 미쓰비시의 탄광섬 하시마에 대해서는 그 어두운 역사를 뒤로 하고, 오히려 그 극적인 상황을 낭만적으로 극찬하고 있다. 하시마는 세계유산등록으로 2015년까지의 통계로 50만 명의 관광객을 불러들였지만, 사실 정확히 말하자면 하시마섬 전체가 세계유산으로 등록이 된 것이 아니라, 수차례에 걸친 매축공사 때 생긴 돌로 만든 폭이 1미터가 안 되는 제방보강시설 축벽이 이번 메이지일본산업유산군의 시설이다.[34] 이 사실은 나가사키시의 세계유산책임자가 당연히 인지하고 있는 사실로 JTBC의 〈이규현의 스포트라이트〉 21회(2015.10.30) 때 방송이 되었는데, 나가사키시를 기자와 동행하여 취재하며, 하시마를 소개한 시바타 토시아키柴田利明, 2016에 의하면 상식적으로 믿을 수 없는 답변이 돌아왔다.

　　너무 틀리다고 판단하면 별개이지만, 관광업자에게 어떻게 설명해야할지 지도할 수 없다. 군함섬 전체로서 세계유산을 구성하고 있다고 할 수 있다.[35]

　　관광객들은 축벽을 보러오는 것이 아니라, 하시마의 특이한 실루엣과 내부 경관이 신기하고 더더구나 세계유산으로 등록되었다기에 보러오는 것이다. 세계유산이라는 브랜드가 찍힌 차별화된 관광지를 찾아온다.[36] 그럼

33　『西日本新聞』朝刊(2009.4.28)
34　JTBC〈이규현의 스포트라이트〉21회(2015.10.30)
35　柴田利明, 앞의 글, 2016, p.16.
36　이코모스의 세계유산등록 권고가 있던 2015년 5월부터 11월까지 전년도 같은 시기와 대

에도 불구하고 시의 책임자는 축벽과 특이한 실루엣은 그다지 다르지 않으니 관광업자를 지도할 수 없다고 한다.

일본정부는 2017년 12월까지 유네스코, ICOMOS에 세계유산등록 시설에 관하여 어떤 교육 등을 하는지, 어떤 조치를 취할지 방침을 제시하지 않으면 안 된다. 그 때, 정부의 견해에 따라서는 세계유산등록이 취소될 가능성도 있다. 나가사키시는 나라의 방침, 결정에 따라서, 군함도 등의 시설을 어떻게 할지 정하게 된다.[37]

시의 책임자는 정부의 견해에 따라 세계유산등록이 취소될 가능성도 있으니 등록 장소가 어디인지 정부의 방침을 따를 뿐이라고 책임을 중앙정부에 미루고 있다. 또, 강제동원에 대한 역사가 있었다는 사실을 어떻게 생각하느냐는 질문에 대해서는 다음과 같이 답한다.

> 징용이라는 것은 일본인에게도 있었고, 그 때는 조선인도 일본인이었다. 강제라고 하는 것에 관해서는 모두가 강제되었다고 한다면, 일본인도 그러하다. 강제노동이라는 말 자체가 적절한 것인가? 군함도에 오는 사람들은 관광하러 오기 때문에, 조선인의 어두운 이야기는 좋아하지 않는다.[38]

당시는 조선인도 일본인이었다는 말은 조선의 식민지화 과정과 상태에 잘못이 없었다고 인정하는 말로, 아베 신조의 전후 70년 담화와

비하여 6만 4천 명이 많은 17만 9천 명이 하시마를 상륙했다. 『長崎新聞』(2015.12.22)
37 柴田利明, 앞의 글, 2016, p.16.
38 위의 글, p.16.

다를 바 없다. 연합군과 중국에 대해서는 전쟁에 대해 사과를 하고 있지만, 조선의 식민지 지배에 대해서는 당시 교전국이 아니라 자신들의 영토였기 때문에 사과할 필요가 없다는 것이다.[39] 또 하시마에 오는 사람들은 관광을 위해 오기 때문에 어두운 이야기를 좋아하지 않는다고 하는데 그것은 그 개인의 의견으로 다크투어의 가능성을 부인하는 이야기이며,[40] 메이지영광론을 토대로 한 선입견으로 밖에 생각할 수 없다. 메이지일본을 보려면, 축벽만을 보아야 할 것으로, 그 특이한 경관을 이루는 아파트는 보아서는 안 된다. 그것은 하시마에서 가장 오래된 아파트 30호동조차도 1916년에 완성되었기 때문이다. 메이지 이후의 것을 보면서 그것이 메이지라고 생각한다는 것은 역사 왜곡과 날조를 목표로 하는 재현의 정치가 일어났기 때문에 가능하다.

3. 한국의 재현의 정치

하시마에 대한 한국의 기억의 정치는 정부보다는 언론매체에 의해 행해지는데, 한국의 방송에서 하시마는 어떤 식으로 재현되고 있을까. 한국의 방송에서 하시마는 어떻게 나타나고 있을까. 우선 MBC 〈신기한 TV 서프라이즈〉(2009.10.18. 386회)는 세계유산등록으로 한국의 주목을 받지 못하던 2009년 '유령섬'이라는 타이틀로 하시마를 거론한다. 그 방식은

---

39 이영채, 「아베담화의 분석과 전쟁법안 처리 이후의 일본 시민운동의 전망」, 『코리아연구단 현안진단』 278호, 2015, 4쪽.
40 2016년 1월 21일 동경에서 일본 제국주의 역사를 학생들에게 교육하고자 사전답사로 일본인 중학교 교사가 하시마를 방문하였다.

음침하며, 기괴한 호기심의 대상으로 "현재 아무도 살고 있지 않는 섬, 하시마섬"에서 징용된 억울한 한국인의 원혼이 유령처럼 떠돌고 있을지도 모른다고 극적劇的으로 재현된다. MBC 〈무한도전〉(2015.9.12)은 세계유산으로 7월에 등록된 하시마가 서서히 잊혀질 9월에 방송되어 하시마를 국민적으로 상기시키는 역할을 해낸다. 그러나 아쉽게도 1935년부터 1945년까지의 사진을 제시하지 못하고 1965년경의 사진에 "호화로워 보이는 레스토랑 사진"이라는 자막을 넣어서 방송에서 내보냈다. 이 사진은 조선인 강제동원의 역사를 부정하는 군함도자료관軍艦島資料館[41]이 쇼와40년대(1965년대)로 전시하고 있는 사진이기도 하다. [42]

한국은 식민지 조선인의 생활상을 최대한 대비시킬 것을 목표로 1965년경의 사진을 선택하였으리라 생각되나, 잘못된 재현으로 역사적 사실을 냉철하게 인식할 수 없음은 한일관계사를 논구함에 있어 방해요소로 작동할 뿐이다.

1) 재일조선인이라는 터부

KBS 〈역사스페셜〉('지옥의 땅, 군함섬', 2010.8.7)은 2010년이라는 비교적 이른 시기에 하시마를 일본의 양심적이면서 진보적 시민단체를 통하여 강제동원의 양상을 잘 나타내고 있다. 그러나 이 시민단체는 대외 관계

---

41 박수경·조관연, 「나가사키 하시마(군함섬)를 둘러싼 로컬 기억의 생산과 정치」, 『일본어문학』 61, 일본어문학회, 2013, 526쪽.

42 군함도자료관 현지답사(2016.1.28)

자 인터뷰를 주로 대표인 다카자네 야스노리高實康実와 시바타 토시아키柴田利明가 담당을 하는데 해당 시민단체의 이름과 소속직명이 아닌, 각각 '나가사키대학 명예교수'와 '향토사학자'로 소개하고 있다. 여기에서 말하는 시민단체란 시민운동가, 시의원, 나가사키 충혼비 위헌 소송자인 오카 마사하루岡正治, 1918~1994[43]를 중심으로 1965년에 구성된 '나가사키 재일조선인의 인권을 지키는 모임長崎在日朝鮮人の人権を守る会(이하, '지키는 모임')' 또는 이들이 같이 소속하고 있는 '오카마사하루 기념 나가사키평화 자료관岡まさはる記念長崎平和資料館(이하, '오카자료관')'이다. 전자는 한일기본 조약이 일본의 무책임감의 소치로 여겨 한일기본조약에 반기를 들고 나섰으며 가장 차별받을 것으로 예상되는 '조선'이라는 '부호'를 짊어진 자들을 지키기 위해 모였다. 이들의 활동은 현재까지 지속되고 있는데 가장 큰 업적 중의 하나가 소위 '하시마 자료端島資料'의 발굴이다. '하시마 자료'란 1925년부터 1945년까지 21년간 하시마에서 사망한 일본인을 비롯한 조선인, 중국인 모두에 대한 사망진단서와 화장인허가증으로 사인死因까지 기록되어 일본인 대비 조선인, 중국인이 얼마나 많이 어떻게 죽었는지를 알 수 있는 귀중한 자료이다. 나아가 이 단체는 그 양상을 분석하여『원폭과 조선인』4집『原爆と朝鮮人』4집 1986으로 출판하여 일본 제국주의의 만행을 세상에 밝혔다. 현재 해산된 상태인 '강제동원피해자지원위원회'가 2012년 발행한 '사망기록을 통해 본 하시마端島탄광 강제동원 조선인 사망자 피해실태 기초조사 보고서'는 한국정부가 가지고 있는 호적이나 제적등본까지 첨부한 과학적이며 정확한 보고서로 평가받고 있는데,[44] 이

---

43 朴修鏡,「平和都市としての長崎構築のための岡正治の実践(1) ─『原爆と朝鮮人』(1982~1991)と長崎忠魂碑(1982)を中心に」,『日本学報』106, 2016, pp.33~49.

보고서는 『원폭과 조선인』 4집을 근간으로 펼쳐냈다 해도 과언이 아니다. 후자는 오카마사하루가 1994년 사망한 후, 그의 유지를 계승하여 설립된 자료관으로 전자가 발굴한 다양한 자료들을 전시하고 있다.[45] 하시마의 세계유산등록을 비판하는 방송을 내보낼 때, 전자와 후자 중 어느 단체를 굳이 선택해서 방송에 내보낼 것인가를 생각한다면, '하시마 자료'를 발굴한 전자에 무게가 실린다. 그러나 유감스럽게도 이 두 단체의 명칭은 어떤 TV방송에서도 거의 나오지 않는다.

KBS〈역사저널 그날〉(2015.6.28)에서 상기의 책이 등장하고 왼쪽 하단에 '나가사키 재일조선인의 인권을 지키는 모임'이라는 명칭이 나오긴 하나 아주 작은 글씨로 명칭이 나와 일반시청자가 인식하기에는 불가능하다고 해도 무방할 것이다. 그리고 의아한 것은 방송의 제명이 '군함도의 두 얼굴, 숨겨진 진실'인데도 불구하고, '지키는 모임'이나 '오카 자료관'이 아닌 '죠세이 탄광 수몰참사를 역사에 새기는 모임長生炭鉱の水非常を歴史に刻む会'의 공동대표가 녹화당시의 실시간 연결화면으로 등장한다. JTBC〈이규현의 스포트라이트〉(2015.10.30)는 '지키는 모임'이라는 명칭을 사용하지 않고 두 사람을 '평화자료관 이사장'과 '향토사학자'로 자막 처리한다.

'지키는 모임'의 명칭이 정확하게 언급되는 것은 인터넷 언론방송인 〈뉴스타파〉(2015.8.15)에서로 시바타 토시아키는 '나가사키 재일조선인의 인권을 지키는 모임' 사무국장으로 표기되어 나타난다.[46] 〈뉴스타파〉

---

44 柴田利明, 『西坂だより』81号, NPO法人岡まさはる記念長崎平和資料館, 2016, p.6.
45 현지 답사 (2016.2.8)
46 https://www.youtube.com/watch?v=N1L9X_l7-Do(검색일 : 2016.4.11)

가 인터넷방송이라는 점이 상기의 언론매체들과 가장 다른 점이다. 그러면, 왜 이렇게 '지키는 모임'은 그 명칭이 제대로 보도되고 있지 못하는 것일까. 본고는 그 이유를 '지키는 모임'의 정식명칭 속에 재일조선인 특히 '조선'인이라는 단어가 사용되고 있다는 점에 주목한다. 한국에서 일본 거주 Korean을 지칭하는 명칭으로 재일동포, 재일교포, 재일, 자이니치, 재일조선인, 재일한국인, 재일코리안 등 다양한 명칭이 존재한다. 이중, 재일한국인과 재일조선인은 정치적으로 심각하게 대립하고 있다. 이러한 대립은 해방 이후 한반도에 남과 북으로 두 개의 국가가 수립되었기 때문이다. 그들에 대한 명칭은 1948년 8월 이전에는 대한민국이 수립되기 이전이었기 때문에 일본 거주 Korean을 재일조선인이라고 부르며, 수립 이후에는 한국계는 재일한국인이라고 부르며, 북한계는 재일조선인이라고 부른다. 이러한 호명은 절대적인 것은 아니지만, 쉽게 이해되는 호명법이다. 조선이라는 호칭은 일본에서 오랫동안 북조선, 공화국(조선민주주의인민공화국)과 조선총련에 포섭되었던 이름이기 때문에[47] 재일조선인이라면 북한계로 인식되기 쉽다. 1947년 5월 GHQ는 외국인등록령을 실시하여 재일조선인을 관리하는 데, 재일조선인은 한반도에 국가가 수립되기 이전이었기 때문에 국적이 아닌 '조선적'으로 외국인 등록을 해야 했던 역사적 경위를 가진다.[48] 그 후, 1965년 한일회담 결과, 일본은 한국과 국교를 맺고 한국을 유일한 합법정부로 인정하게 된다. 이와 함께 그 때까지 '조선적'으로 있던 자들이 '한국적'을 취득할 수 있는 기회를

---

47 조관자, 「재일조선인운동과 지식의 정치성, 1945~1960」, 『일본사상』 22, 한국일본사상사학회, 2012, 196쪽.

48 위의 글, 194쪽.

얻게 되어, '조선적'인 사람들은 '한국적'을 선택하든지 그대로 '조선적'을 유지하든지 하게 되었다. '조선적'을 유지하는 자들은 북한에 가족이 거주하고 있기 때문에 '한국적'을 선택할 수 없는 자가 있기도 하고, 저항의 의미를 담아 식민지의 표상으로 자신을 스스로 '조선적'에 묶어두기도 하고, 반미라는 정치적 이유를 갖기도 하는 다양한 이유를 가진 자들로 구성된다. 그러나 반공을 국시로 하는 자유 대한민국은 그들을 일괄적으로 정치적 이유 때문에 '조선적'을 선택한 것인 마냥 바라보기 일쑤였다. 해방 후 70년이 지난 지금에도 색깔론은 마녀사냥에 유용하다. 이러한 상황 속에서 '나가사키 재일조선인의 인권을 지키는 모임'은 북한계 Korean과 어떠한 고리를 가진 이적利敵 단체로 오해받아 논란의 대상이 되기 쉬워 '지키는 모임'의 정식명칭은 공식적 성향이 강한 TV방송프로그램에서는 자제되고 있는 것이 아닌가 생각된다. MBC〈무한도전〉이 세계유산등록 발표 2개월이 지난 9월에 하시마를 거론하면서 인근에 있는, 세계유산으로 같이 등록된 다카시마高島의 공양탑을 찾아가는데, 이곳에서 참으로 아이러니한 장면을 연출하게 된다. 배달의 무도라고 하여 공양탑에 그들이 그렇게 굶주림에 허덕이며 애타게 찾던 밥과 고깃국을 배달하고 묵념을 올리는데, 바로 그들이 선 자리는 사실 공양탑의 옛터자리로 무덤을 밟고 올라선 모양이 된다.

1974년 하시마가 폐광되자 '하시마 자료'에 이름이 올라있는 1925년부터 1945년까지 사망한 조선인 유골 122기의 일부는 다카시마에 있던 무연고 납골당인 공양탑에 같이 납골되었다. 그 후, 1988년 다카시마 탄광이 폐광될 때 미쓰비시는 납골당을 파괴하여 유골을 조금씩 나누어서 각각 작은 항아리에 담아 근처의 사절 긴쇼지金松寺에 맡겼는데 그 유골의 명부는 다 지워져 무명인 상태로 누구의 유골인지 구분할 수 없다. '지키는 모임'의 시바타 토시아키[49]에 의하면 현재의 자리는 자신이 어렸을 대의 공양탑의 자리와 다르다고 한다. 옛날에는 공양탑의 비문은 서향이었으나, 현재 북향으로 방향을 바꾸었다. 기대의 모양도 바뀌었으며, 비석의 자리도 뒤로 물러났다. 지하 납골당 입구는 현재 입간판이 새워진 앞쪽이며, 현재 공양탑 앞부분의 네모지게 움푹 들어간 자리가 옛 공양탑 자리이다. 따라서 네모지게 움푹 들어간 자리에서 죽은 자에 대한 묵념을 올리기 위해, 서게 되는 자리는 누군가가 가르쳐주지 않는 한, 지하 납골당을 밟고 올라서서 묵념을 하는 셈이 된다. 1988년 유골을 긴쇼지로 옮기는 과정에서 남은 유골들은 그 자리에서 흩뿌려지기도 했는데, 한국인 유족들이 지하납골당에 아직도 명부가 붙은 납골단지가 있을 가능성을 두고, 지하납골당의 공개를 요구하나 이는 죽은 자에 대한 모독이라는 말로 미쓰비시는 지하납골당을 공개하고 있지 않은 상태이다(인터뷰와 현지답사 2016.3.7). 본고에서 말하고 싶은 것은 묵념하는 자리가 무덤 위에 올라선 자리라는 것이 잘못됨을 말하고자 하는 것이 아니라, 그들이 그렇게 무덤 위에 서 있는 모습으로 재현될 수밖에 없었던 한일 연대의 부실함으로 인한 정보 부족 문제를 지적하고자 한다. 한국 사회는 '지키는 모임'을 통하여 그곳이 어떠한 장소인지 충분히 알아낼 기회가 있었다. 그러나 하시마나 다카시마를 1984년부터 현재까지 30년 이상 탐색해온 한 단체 소속의 두 명의 전문가를 방송매체는 아무런 연관 없는 개인 두 명으로 소개하거나 재일조선인이라는 금기에 휘말려 '지키는 모

---

[49] 그는 다카시마에서 어린 시절을 보내었는데, 서로의 담력을 증명하기 위해서 지하납골당의 납골단지를 가지고 나오면서 놀았다고 한다.

임'을 제대로 재현하지 못하였다. 어떤 하나의 재현의 부실함은 다른 하나의 재현을 부실하게 만든다고 하여도 좋을 것이다.

2) 쇼카손주쿠松下村塾의 누락

메이지일본산업유산의 명칭에는 메이지영광론이 재현되어 있음을 제2장에서 살펴보았는데, 일본은 '메이지일본의 산업혁명유산 제철·철강, 조선, 석탄산업'이라는 명칭에 걸맞지 않는 어떤 한 장소를 세계유산으로 편성하였다. 그곳은 일본이 근대화를 추진하는 과정에서 침략 사상의 원류로 드는 하기萩 현 야마구치[山口]에 있는 요시다 쇼인吉田松陰 1857~1892이 운영하던 사설교육기간 쇼카손주쿠松下村塾이다.[50] 요시다 쇼인은 일본에서는 마치 프랑스의 잔다르크와 같은 이미지를 가지고 있는 인물이다. 그리고 안보법을 2015년 3월 29일 시행해 집단적 자위권을 행사할 수 있게 하여 전쟁 가능한 국가로 만든 아베 신죠安部晋三 총리가 가장 존경하는 자로, 아베 총리와 같은 야마구치山口출신이다. 다음은 요시다 쇼인의 글로, 근대 일본의 침략 사상을 여과 없이 보여주고 있다.

광대한 땅을 가지고 있는 그 나라(필자주 : 미국)가 우리 신주의 토지를 탐하고, 우리 신주의 재화를 노린[利]다면 그 화가 장차 러시아보다 덜하

---

50 高實康稔, 「長崎と朝鮮人強制連行-調査研究の成果と課題」, 『大原社会問題研究所雑誌』687, 法政大学大原社会問題研究所, 2016, p.13.

지 않을 것이니 살피지 않을 수 없다. 신주의 남쪽, 오스트렐리아[濠斯多辣利]는 천도(天度, 위도)의 중간지대로 초목이 무성하고 인민이 번성하여 사람들이 서로 차지하려 다투는 곳이 되었다. 지금 영국[英夷]이 개척하고 있지만 10분의 1에 불과하니, 우리가 이를 먼저 얻는다면 큰 이득이 될 것이다. (…중략…) 신주(神州)의 서북에는 조선과 만주가 이어져 있는데, 조선은 옛날 우리에게 臣屬되었는데 지금은 그렇지 않으니 먼저 그 風敎를 상세하게 파악하여 이를 다시 회복해야만 한다.[51]

이태진(2014)은 요시다 쇼인이 급변하는 세계정세에 맞서 위기 극복의 길을 다른 나라, 인용문에서는 오스트레일리아인데, 이를 영국과 경쟁하여 빼앗으려 하는 침략 사상을 가지고 있었다고 지적하고 있다. 또 위의 인용문은 조선에 관해서는 옛날 임금과 신하의 관계를 이루었는데 그 시대로 복귀하자고 한다고 기술하고 있다.

해는 뜨면 지고, 달은 차면 비고, 나라는 융성하였다가 바뀌게[替]된다. 그러므로 나라를 잘 보전하려면 오로지 가진 것을 잃지 않게 해야 할뿐더러 없던 것을 (차지하여) 늘려야 한다.
지금 서둘러 武備를 닦고, 함선 계획[艦略]을 세우고 총포 계획[嚴略]을 충분히 하면, 곧 하이(蝦夷)를 개척[開墾]하여 諸侯를 封建하고, 기회를 봐서 캄차카, 오츠크를 탈취하고, 류큐를 타일러[諭] 조근회동(朝覲會同)하

---

51 이태진, 「요시다 쇼인[吉田松陰]과 도쿠토미 소호[德富蘇峰] – 근대 일본 한국 침략의 사상적 기저(基底)」, 『한국사론』 60, 서울대국사학과, 2014, 558쪽 재인용(재인용은 후기한 문헌을 이태진이 요약, 번역한 것임); 山口県教育会, 『吉田松蔭全集』 第1卷, 岩波書店, 1940, pp.347~350.

게 하여 內諸侯와 나란히比하고, 朝鮮을 꾸짖어[責] 인질을 보내오고[納質] 조공을 바치게[奉貢]하여 옛 盛時와 같게 하고, 북쪽 만주의 땅을 빼앗고割 남은 대만, 필리핀[呂宋]의 여러 섬을 거두어, 점진적으로 진취의 세를 보여야 한다.[52]

위의 인용문에서도 홋카이도, 러시아의 캄차카와 오츠크, 오키나와 등을 대상으로 침략 사상이 설해지고 있으며 또다시 조선의 이야기가 나오는데, 그것은 옛날 일본이 번성하였을 때처럼 조선에게 인질과 조공을 바치게 하여야 한다는 것으로 이태근(2014)에 의하면 정한론征韓論과 관계가 깊다. 유네스코에 제출한 메이지일본산업유산 제안서는 미공개이기 때문에 요시다 쇼인의 쇼카손주쿠가 어떠한 근거로 세계유산으로 등재되었는지 알 수 없으나, 위키피디아에 '明治日本の産業革命遺産 製鉄・鉄鋼、造船、石炭産業'를 키워드로 검색한 결과, 이에 대한 소개에서 이곳 쇼카손주쿠는 막말부터 메이지유신에 걸쳐 일본의 근대화와 산업화에 공헌한 인재를 배출한 곳으로 소개되고 있다. 그러면 구체적으로 그 인재로는 어떠한 인물들이 있는가. 다카스키 신사쿠高杉晋作, 야마가타 아리토모山縣有朋, 마에하라 잇세이前原一誠, 구사카 겐스이久坂玄瑞, 시나가와 야지로品川弥二郎, 사노 쓰네타미佐野常民, 의료관계, 다카마츠 료운高松凌雲, 의료관계[53] 기도 다카요시木戸孝允, 이노우에 가오루井上馨, 가쓰라 다로桂太郎, 데라우치 마사타케寺内正毅[54]

---

52 위의 글, 559쪽 재인용(후기한 문헌을 이태진이 번역한 것임); 山口県教育会, 『吉田松蔭全集』 第1卷, 岩波書店, 1940, pp.347~350, 吉野誠, 『明治維新と征韓論-吉田松蔭から西郷隆盛』, 明石書店, 2002, pp.56~57.

53 이건상, 「근세말 시주쿠[私塾] 교육의 특징-데키주쿠[適塾]와 쇼카손주쿠[松下村塾]를 중심으로」, 『일어일문학』 32, 대한일어일문학회, 2006, 189쪽, 191쪽, 194쪽.

54 이태진, 앞의 글, 552쪽. 요시다쇼인이 지도활동을 한 것은 불과 2년에 불과하며 숙생의

이들은 크게 무인 또는 정치가로 나눌 수 있는데, 정치가인 경우 중앙 정부로 진출하게 된다. 이태진(2014)에 의하면, 요시다 쇼인의 제자들이 메이지 유신을 주도하였는데, 가장 흔한 예로 든다면 이토 히로부미伊藤博文, 1841~ 1909가 그의 문하생으로, 그의 가르침대로 그는 조선 침략의 선봉장이 되었다.[55] 여기서 한 가지 유의할 것은 위키피디아[56]가 소개하듯이, 메이지일본 산업유산은 일본의 근대화를 담고 있는 것이 아니고, 근대화보다 지위가 낮은 산업혁명유산을 담고 있다. 정식명칭은 모든 산업도 아니고 제철 · 철강, 조선, 석탄 산업에 제한, 국한된 것이다. 이러한 명칭과 요시다 쇼인의 문하생은 도대체 어떠한 관련성을 가지고 있다고 말할 수 있겠는가. 차라리 조선造船과 석탄 산업으로 미쓰비시를 창립한 이와사키 야타로岩崎弥太郎, 1835~1885와 같은 인물을 발굴하여 그와 관련된 인물들이 메이지일본산업 유산에서 큰 역할을 하였다고 주장하는 것이 보다 논리적일 것이다. 즉, 여기에서 말하고자 하는 것은 요시다 쇼인의 문하생들은 제철 · 철강, 조선, 석탄산업과는 너무나 동떨어진 인물들이기에 설득력을 전혀 가지지 못한 다는 것이다. 즉, '메이지일본의 산업혁명유산 제철 · 철강, 조선, 석탄산업'이라는 명칭은 왜곡된 재현으로 쇼카손주쿠를 함의하게 되었다고 할 수 있으며, 그 왜곡된 재현의 주체는 아베정권이라고 아니하지 못할 것이다. 그리고 사실 이번 세계유산등록에 있어서 하시마나 여타의 어느 것보다

수도 92명으로 적었다. 이건상, 앞의 글, 189쪽.
55 위의 글, 559쪽.
56 위키피디아는 집단 지성의 가장 대표적인 성공사례로 뽑혀지고 있다. 주형일, 「집단지성 과 지적 해방에 대한 고찰―디지털 미디어는 집단지성을 만드는가?」, 『열린정신 인문학연 구』 13-2, 2012, 10쪽, 주재훈 외, 「집단지성의 품질요인과 유용성에 대한 비교 연구―수 용자 관점에서 한국의 위키피디아와 네이버 지식iN」, 『한국경영정보학회 학술대회논문 집』, 한국경영정보학회, 2012, 1쪽.

가장 비판받아야 할 것은 쇼카손주쿠이다. 그것은 왜냐하면 이렇게 세계유산으로 등록시키는 것은 근대 일본의 침략 사상을 세계적으로 인정하는 것과 다름없기 때문이다. 그러나 한국은 그 등록의 의미를 파악하고 있지 못하거나, 심각한 외교전으로 번질 가능성을 우려하여 처음부터 쇼카손주쿠에 대해서는 언급하기를 포기한 듯한 태도를 보인다. 연예인 송중기가 영화 〈군함도〉에 참여한다는 발표가 있던 2016년 1월 15일 이전인, 2015년 1월 15일부터 2016년 1월 14일까지 1년간을 대상으로 연합뉴스 (www.yonhapnews.co.kr)를 검색기로 사용해보면 다음과 같은 결과를 얻을 수 있었다. 검색어 '하시마'로는 132건이 검색되는데, '쇼카손주쿠'로는 9건이 검색된다. 언론은 압도적으로 하시마에 주목하고, 심각한 비판의 대상인 쇼카손주쿠는 거의 거론하고 있지 않다고 할 수 있다. 『조선일보』(http://www.chosun.com)를 검색기로 하여 같은 시기(2015년 1월 15일부터 2016년 1월 14일 현재)를 같은 검색어 '하시마'와 '쇼카손주쿠'로 검색을 하면, 각각 63건, 5건으로 연합뉴스와 마찬가지로 하시마에만 주목하고 있다. 이러한 현상을 어떻게 설명하면 좋을까. 다음의 2015년 7월 7일자 연합뉴스를 살펴보자.

노광일 외교부 대변인은 이날 정례브리핑에서 "쇼카손주쿠가 별로 문제가 되지 않다고 판단한 것인지, 일본과의 관계를 고려해 문제제기를 하지 않은 것이냐"는 질문에 "세계유산위원회 차원에서 (문제를) 제기하는 것은 효과적이지 않은 측면이 있다"면서 이같이 말했다.[57] 하시

---

57 『연합뉴스』(2015.7.7)
    (http://www.yonhapnews.co.kr/bulletin/2015/07/07/0200000000AKR20150707
    148500043.HTML?from=search 검색일 : 2016.3.30)

마와 쇼카손주쿠가 세계유산으로 등록되고 이틀 째 되는 시점의 인터뷰로 외교부는 쇼카손주쿠에 대해서 언급하길 회피하고 있다. 신문매체뿐만 아니라, TV방송에서도 쇼카손주쿠를 다루었다는 소식을 아직 접한 바 없다. 이토 히로부미라고 하면 안중근의 이야기가 나오면서, 한국인은 대단한 관심을 가지게 되어 상당한 시청률이 나올 것으로 생각되는데 TV나 신문매체는 쇼카손주쿠에 대해서 함구하고 있다. 이런 상황에서 언론이 어떤 권력에 의해서 자제되고 있다고 해석하기에는 무리가 있는 것일까.

4. 나가며

메이지일본산업유산군이 세계유산으로 등록되고 현시점으로 15개월이 지났다. 유네스코는 이번 등록된 세계유산에 대하여 메이지라는 60년의 기간만이 아니라 전체 역사를 알 수 있도록 하라는 조건을 달았다. 이에 대해서는 일본은 그 이행 상황을 2017년 12월 1일까지 유네스코에 보고하고, 다시 심사받아야 한다. 어쩌면 취소가 될 수도 있다. 그러나 작년 말 위안부 문제를 소녀상철거라는 조건을 걸고 사과하는 일본이기에 그 역사를 성실히 공개하는 조치가 이루어질지는 매우 의심스럽다. 일본의 태도를 더욱 미덥지 못하게 하는 이유 중의 하나는 2015년 기준 유네스코 분담금으로 전체의 10%에 해당하는 37억 엔을 일본이 지원한 바 있고, 이는 세계에서 두 번째로 많은 금액이다.[58] 유네스코는 일본의 존재에 부담을 지닐 수밖에 없다. 이러한 정황이 역력하게 드러난 것이 난징대학살 관련 자료를 유네스코가 세계기록유산으로 등재하자 일본 정부는 자국의 유네스코 분담금의 지급을 중단하거나 삭감하겠다고 나왔다.[59] 유네스코에 대한 일본 정부의 정치력을 간과해서는 안 될 것이다. 한국의 반기反旗도 의심스럽기는 마찬가지이다. 쇼카손주쿠가 비판의 대상에서 간과되기는 작년 5월이나 지금 현재 시점이나 별반 다름이 없다. 달라진 것은 하시마 자료를 발굴한 '지키는 모임'이 중심이 되어 건립한 '오카마사하루 기념 나가사키 평화자료관'에는 이들의 의향을 묻지 않은 채로 감사의 뜻을 듬뿍 담은 한일영자 팜플렛과 한국어가 나오는 리시버가 함부로 설치되고[60], 다카시마의 공양탑은 무성하던 풀이 10미터정도 풀베기를 해주어 입구가 보일 뿐이다. 그나마 그들 한국인이 달아놓은 노란 리본은 아쉽게도 하나둘 흩어져 원래 놓여 있던 녹슨 쇠파이프가 다시 공양탑 가는 길의 길잡이로 돌아가고 있다.[61] 올해 여름에는 영화 〈군함도〉에 송중기가 주연으로 나온다니 하시마에 대한 관심은 다시 뜨거울 것으로 예상된다. 그러나 이러한 한바탕의 소동이 끝나고 남는 것은 과연 무엇인가. 고통의 기억을 발굴하고 다시 과거를 되돌아보는 그나마 법률적 제도가 보장하던 강제동원진상규명위원회는 해체된 채이다. 이러한 상황이 계속 된다면, 하시마는 금후로도 한국에서는 뒷짐 지고 쳐다보는 강제동원의 비

58 『OBS NEWS』, 2015.10.14.
    (http://www.obsnews.co.kr/news/articleView.html?idxno=919362 검색일 : 2016.3.30)
59 『한국일보』, 2015.10.13.
    (http://www.hankookilbo.com/v_print.aspx?id=d90f11d73b574026923868b327a 20052검색일 : 2016.3.30)
60 현지답사, 2016.2.27.
61 현지답사, 2016.3.7.

극의 땅, 일본으로서는 메이지일본의 영광스런 땅, 그리고 나가사키로
서는 다른 관광지와는 달리 세계유산이라는 보증수표를 단 브랜드화된
관광지로 소비될 것으로 생각된다. 서로서로의 실익에 맞게 따로 따로
기억되고, 재현될 것임이 조심스럽게 예측된다.

참고문헌

『연합뉴스』(2015.6.22)

『연합뉴스』(2015.7.5)

『연합뉴스』(2015.7.6)

『연합뉴스』(2015.7.7)

『연합뉴스』(2015.7.19)

『한국일보』(2015.10.13)

『産経新聞』(2015.8.14)

『週刊ポスト』(2015.1.30)

『長崎新聞』(2010.6.10)

『長崎新聞』(2015.12.22)

『西日本新聞』(朝刊 2009.4.26)

『西日本新聞』(朝刊 2009.4.28)

『西日本新聞』(朝刊 2009.8.18)

『毎日新聞』(2015.5.5)

『読売新聞』(2012.11.1)

『読売新聞』(2015.6.21)

「九州・山口の近代化産業遺産群」, 世界遺産登録推進協議会(2009.8)「九州・山口の近代化産業遺産群~非西洋世界における近代化の先駆け~」(http://www.kyuyama.jp/index.html)

九州・山口の近代化産業遺産群」世界遺産登録推進協議会(2009.10.22)「九州・山口の近代化産業遺産群」(http://www.kyuyama.jp/action/teigensyoJ.pdf)

内閣官房地域活性化統合事務局(2013.9.20)「明治日本の産業革命遺産 九州・山口と関連地域」の概要について」

(http://www.kantei.go.jp/jp/singi/tiiki/yuushikisya/info130920.html)

内閣官房産業遺産世界遺産登録推進室(2015.5.4)

http://www.kyuyama.jp/action/icomos.pdf

강동진 외, 「일본 큐슈-야마구치 일원 근대화 산업유산군의 세계문화유산 등재에 대한 비판적 고찰」, 『국토계획』49-2, 대한・도시계획학회지, 2014.

김용범, 「"메이지 제국의 영광"을 그리워하는 사람들―왜 지금 〈언덕 위의 구름〉인가」, 『한국논단』 244권, 2010.

박수경·조관연, 「나가사키 하시마(군함섬)를 둘러싼 로컬 기억의 생산과 정치」, 『일본어문학』 61, 일본어문학회, 2013.

이건상, 「근세말 시주쿠[私塾] 교육의 특징―데키주쿠[適塾]와 쇼카손주쿠[松下村塾]를 중심으로」, 『일어일문학』 32, 대한일어일문학회.

이영채, 「아베담화의 분석과 전쟁법안 처리 이후의 일본 시민운동의 전망」, 『코리아연구단 현안진단』 278, 2015.

이태진, 「요시다 쇼인[吉田松陰]과 도쿠토미 소호[德富蘇峰]―근대 일본 한국 침략의 사상적 기저 (基底)」, 『한국사론』 60, 서울대국사학과, 2014.

조관자, 「재일조선인운동과 지식의 정치성, 1945~1960」, 『일본사상』 22, 한국일본사상사학회, 2012.

주형일, 「집단지성과 지적 해방에 대한 고찰―디지털 미디어는 집단지성을 만드는가?」, 『열린정신 인문학연구』 13-2, 2012.

주재훈 외, 「집단지성의 품질요인과 유용성에 대한 비교 연구―수용자 관점에서 한국의 위키피디아와 네이버 지식iN」, 『한국경영정보학회 학술대회논문집』, 한국경영정보학회, 2012.

최영호, 「한반도 신탁통치 문제의 로컬리티―해방 직후 재일조선인 사회를 중심으로」, 『한국민족운동사연구』 70, 한국민족운동사학회, 2012.

上野英伸, 『追われてゆく坑夫たち』, 岩波新書, 1960.

岡まさはる記念長崎平和資料館, 『岡まさはる記念長崎平和資料館パンフレット』, 2009.

木村至聖, 「「軍艦島」をめぐるヘリテージ・ツーリズムの現状と課題」, 『社会情報』19(20), 札幌学院大学総合研究所, 2010.

黒沢永紀, 『軍艦島入門』, 実業之日本社, 2015.

後藤惠之輔他, 『軍艦島の遺産―風化する近代日本の象徴』, 長崎新聞社, 2005.

幸田亮一, 「熊本・九州産業遺産をめぐる動向と課題」, 『熊本学園大学付属産業経営研究所』25, 熊本学園大学付属産業経営研究所, 2006.

柴田利明, 『人権NEWS』(2015.10.9. 柴田発行), 2015.

_____, 『人権NEWS』(2015.12.2. 柴田発行), 2015.

_____, 『西坂だより』80号 NPO法人岡まさはる記念長崎平和資料館, 2016.

_____, 『西坂だより』81号 NPO法人岡まさはる記念長崎平和資料館, 2016.

柴田弘捷,「記憶」の無人島・軍艦島―廃鉱の島・長崎県端島」,『専修大学社会科学研究所月報』. 566
　　　　～567, 専修大学社会科学研究所, 2010.

司馬遼太郎,『この国のかたち』4, 文藝春愁社, 1994.

高實康稔,「長崎と朝鮮人強制連行―調査研究の成果と課題」,『大原社会問題研究所雑誌』687, 法政
　　　　大学大原社会問題研究所, 2016.

竹内康人,「三菱重工業・三菱鉱業と強制労働―長崎を中心に」,『第9回強制動員真相究明全国研究集
　　　　会「朝鮮人強制労働と世界遺産問題」』, 強制動員真相究明ネットワーク, 2016.

東京国立文化財研究所,「時代の変化に対応して文化財保護施策の改善充実について」, 1999.

中塚明,『現代日本の歴史認識―その目覚せざる欠落を問う』, 高文研, 2007.

長崎在日朝鮮人の人権を守る会,『原爆と朝鮮人』, 光文社印刷, 1986.

山口県教育会,『吉田松蔭全集』第1巻, 岩波書店, 1940.

吉野誠,『明治維新と征韓論―吉田松蔭から西郷隆隆』, 明石書店, 2002.

朴修鏡,「原爆都市「祈り」の長崎の思想的転換―永井隆から岡正治へ―」,『日本語教育』73, 韓国日
　　　　本語教育学会, 2015.

＿＿＿＿,「平和都市としての長崎構築のための岡正治の実践(1)―『原爆と朝鮮人(1982~1991)
　　　　と長崎忠魂碑(1982)を中心に」,『日本学報』106, 韓国日本学会, 2016.

＿＿＿＿,「平和都市としての長崎構築のための岡正治の実践 (2)―'長崎原爆朝鮮人犠牲者追悼碑'(1979)
　　　　と'長崎平和メッセージ'(1979~1993)を中心に」,『日本学研究』40, 檀國大學校日本研究所, 2016.

3부

서사와 로컬의 재탄생

문재원 로컬서사 구성과 수행적 실천
광주 대인시장을 중심으로

김동규 공공미술과 장소서사
함부르크 파크픽션을 중심으로

로컬서사 구성과 미학적 실천*

광주 대인시장을 중심으로

문재원

1. 광주에는 대인시장이 있다

"서울에 명동이 있다면, 광주에는 대인시장이 있다" "문화관광형 시장, 광주 대인시장" "예술로 활기 되찾은 광주 대인시장" "추천나들이, 매주 토요일 별!별! 일들이 펼쳐지는 예술야시장" 등등으로 수식되는 대인시장은 광주의 대표적인 지역문화브랜드(2015 지역문화브랜드 최우수상)가 되었다.

광주 도심의 부침浮沈과 맥을 같이 하며, 1990년대 이후 쇠퇴해가던 대인시장이 다시 주목을 끌기 시작한 것은 '2008년 광주비엔날레 제안전 복덕방 프로젝트'에서 부터이다. 이 프로젝트는 시장과 예술이 접목

---

* 이 글은 『영남학』 60호(2017.3)에 게재된 논문을 수정·보완한 것이다.

〈그림 1〉 대인시장-예술의 거리-아시아문화전당

한 좋은 사례로 평가되면서[1] 지역 안팎에서 이곳을 주목하게 하는데 결정적인 역할을 했다. 예술가라는 낯설고 이질적인 주체의 등장으로 대인시장은 기존의 서사와 새로운 서사가 혼합되면서 경합과 협상의 양상을 드러내기 시작했고, 대인시장은 예술시장-문화시장-별장시장으로 전환되고 있다. 대인시장이 대표적인 관광지로 부상하는데 더욱 강력한 촉매제가 된 것은 광주시의 아시아문화중심도시 아젠다이다. 광주시는 '아시아문화중심도시' 아젠다를 적극 수용하면서, 대인시장-예술의 거리-아시아문화전당을 잇는 문화예술의 서사를 통해 문화도

---

1 "광주비엔날레는 이곳에서 처음으로 재래시장과 문화예술을 접목한 복덕방 프로젝트를 선보였다. 이 전시회 덕택으로 당시 대인시장에 관람객이 몰리면서 활기를 되찾았다. 상인들도 크게 반겼다. 광주시는 이를 계기로 시장 일대를 '문화특구'로 가꾸는 작업에 착수했다.(『서울신문』, 2009.2.27)

시에 대한 전망을 제시하고 있다.(〈그림 1〉참조) 이러한 공간 변화의 흐름은 단순한 네이밍의 변화나 물리적 공간의 가시적인 변화만을 의미하는 것이 아니라, 장소 정체성의 변화를 수반한다. 장소 정체성은 고정된 것이 아니라, 주체들의 수행적 실천을 통해 재구성되며, 이렇게 재구성된 장소는 다시 주체성의 재구성에 관여한다.

이처럼, 대인시장이 '예술'에 의해 재맥락화되는 과정 안에서 대인시장-상인, 대인예술시장-예술가 집단, 대인예술夜시장-청년셀러 등의 공간 주체들의 변화도 발견된다. 물론 이러한 전환이 직선적인 단계로 진행된다기보다 여러 겹들이 중첩되어 있다. 그러므로 대인시장에는 현재 상인-소비자뿐만 아니라, 예술가, 관람객, 지자체 정부, 관광객 등 다양한 층위의 주체들의 공간적 실천이 겹쳐지고, 다양한 주체들의 협상과 대화의 장을 통해 장소의 서사는 끊임없이 재구성되고 있다.

예술가들은 일상/미학의 경계를 실험할 수 있는 장소로 쇠락해가는 지역의 시장으로 들어와 상인들과 협력한다. 국가는 경쟁적인 세계도시 아젠다를 제시함으로, 로컬로 하여금 세계시장 전선에 직접적으로 뛰어들게 한다. 각각의 이해들이 상충하는 가운데 협상의 전략들이 수행되고 있는 곳이 대인시장이다. 그러므로 텍스트로서의 대인시장은 다양한 사람들의 입장들이 섞이고 부딪치는 다차원적인 공간이며 수많은 문화의 입장에서부터 끌어온 인용구들의 조직이다. 비판적인 로컬리티연구 안에서 구성하는 로컬서사의 문제틀은 '로컬 서사는 무엇인가' 보다는 무엇이 이러한 서사를 가능케 하는가 다시말해 '서사의 주체는 누구인가', 그러한 주체들이 '어떠한 수행적 과정 속에서 공간성을 창출했는가', '서사를 추동시키는 힘은 어디로부터 나오는가' 등등의 논의들에 초점이 모아진다. 대인시장의 공간성 (재)구축의 과정이 로컬서사를 구성하는 것이라면, 이때 로컬서사가 갖는 의미와 효과가 무엇인지 밝힐 필요가 있다.

이러한 지점들에 대한 비판적 고찰을 위해, 본 글에서 로컬은 글로벌화 기제를 수반하는 수동적인 위치에만 고정되지 않으며, 복합적이고 다중적인 스케일에 접속되면서 끊임없이 재구성된다는 점에 주목하면서, 광주 대인시장의 공간적 실천을 주목하고자 한다. 특히 2000년 이후 대인시장의 변화에 적극적으로 개입한 예술가들의 미학적 실천을 중심으로 고찰할 것이다. 이를 위해 우선, 대인시장의 역사성을 살펴볼 것이다. 다음으로 이 장소에 개입하기 시작한 예술가들의 미학적 실천 양상을 고찰하고 이러한 미학적 실천이 로컬서사를 어떻게 (재)구성하고 있는지 그 의미를 밝히고자 한다. 나아가 아시아문화중심 프로젝트는 대인시장의 공간성을 어떻게 재구축하고 있는지, 이러한 공간적 전략이 로컬서사와 어떻게 연관되고 있는지 고찰할 것이다.

2. 대인시장의 부침과 예술시장으로의 재맥락화

광주 대인시장이 공식적으로 시장등록을 한 것은 1973년이다. 그 이전의 시장형성 배경을 살펴보면 다음과 같다.[2] 1922년 송정리와 광주

---

2 시장의 형성과 변화에 대한 내용은 (사)전라도지오그래픽, 『별장프로젝트 결과보고서』 2014, 2015를 참조하여 정리하였다.; 대인시장의 성장과 쇠퇴에 관한 상세한 경과는 박경섭, 『시장과 예술─공공성과 공동체의 사회문화적 구성』, 전남대 박사논문, 2013, 24~28쪽 참조.

를 잇는 철도가 부설되면서 대인동에 광주역이 생겨났다.(1969년 북구 중
흥동으로 이전) 여기에 1930년 밀양, 삼랑진과 광주를 잇는 경전선이 개
통되면서 대인동은 교통 중심지가 되었다. 광주역 주변에 있던 전남방
직공장 등이 한국전쟁 당시 폭격으로 폐허가 되고, 그곳은 한동안 빈 공
터였다. 이 공터에 인근의 계수동, 산수동 등에 거주하는 사람들이 농사
지은 것을 가지고 나와 팔기 시작하면서 오늘날 대인시장의 전신이 형
성되었다. 삼삼오오 모여 형성된 시장은 1959년 87개의 점포를 가진
공설시장으로 변모했다. 1965년 농협공판장 들어오면서 당시의 상인
들은 현재의 대인시장 자리를 사들여 단층 목조 상가를 마련하여 이전
했다. 이때 광주에서 유일한 청과물 도매시장으로 명성을 날렸다. 1975
년에는 콘크리트 건물을 지어 주주 50인으로 구성된 (합)대인시장 명의
로 소유권 이전 등기를 마쳤다.

　그런데 대인시장 성장 배경에 큰 몫을 한 광주역이 1969년 북구 중흥
동으로 이전했다. 그러나 역의 이전은 시장경영에 타격을 주지 못했다.
왜냐하면 이미 1960년대 중반부터 광주역 주변에 여러 버스 노선의 차
고지와 정류장이 있었고, 1976년 흩어져있던 공영버스터미널이 대인
시장 인근에 조성되면서 유동인구가 지속적으로 늘면서 광주역 이전에
따른 충격을 흡수할 수 있었다. 오히려 광주역 이전 후 비게 된 광주역
부지를 인수하여 시장을 확대하는 계기가 되었다(1976년 점포 수 : 118개,
현재 360여개 점포. 상인회 소속 점포 250여개).[3] 이러한 배경으로 당시 광주
읍내장을 계승한 양동시장과 함께 광주의 양대 시장으로 성장했다.

---

[3]　대인시장 상인회 나덕수 인터뷰(2016.7.22).

그러나 1996년 공용버스터미널이 이전하고, 주변에 새로운 상가들이 생겨나면서 상권이 서서히 분열되다가, 1998년 롯데백화점이 들어서면서 대인시장의 상권이 크게 추락하면서 이 공간의 점포들이 비기 시작했다. 대인시장의 흥망성쇠는 광주역, 광주버스터미널 뿐만 아니라, 이후 광주시청(2004), 전남도청(2005) 등 관공서의 이전, 택지개발, 대형마트 난립 등과 연결된 도시계획과 이에 따른 도심의 공동화와 밀접한 연관이 있다.[4] 이에 광주시에서는 도심재생 안에 대인시장을 포함하여 시장의 활성화방안을 강구했지만 그 실효성은 그다지 거두지 못했다.[5]

그러다가 대인시장의 변곡점은 2008년 광주비엔날레에서 발견된다. 대인시장으로 들어간 공간 미나리가 주축이 되어 2008년 광주 비엔레 복덕방프로젝트(2008.9.5~11.7)를 진행하게 되었다.[6] 프로젝트 기획팀은 복덕방福德房이라는 네이밍으로 이 장소가 복과 덕이 넘치는 방이라

---

4 박경섭은 대인시장의 특성을 다음과 같이 지적한다. 첫째, 상인들의 나이가 많고 여성 상
   인의 비중이 높다. 둘째, 상업공간과 주거 공간이 중첩되어 있다. 셋째, 광주의 대표적인
   제수시장이었다.(자세한 내용은 박경섭, 앞의 글, 26~27쪽 참조); 2008년 당시 대인시장
   은 전체 점포 중 1/4이 빈 점포(『한겨레』, 2008.5.29)였을 정도였다.
5 2005년 재래시장 특별법 제정으로 동구청, 광주시청, 광주전남중소기업청이 지원하고 상
   가번영회가 주도했던 대인시장 현대화의 내용은 아케이드 지붕 설치, 주차장과 화장실 신
   축, 재래시장 상품권 발행, 명절맞이 세일, 공동쿠폰제 도입 등이었다. 그러나 이 사업 전
   후의 결과에서 이용횟수나 구매금액 면에서 오히려 현대화 작업 이후가 더 낮았다.(박경
   섭, 앞의 글, 28~29쪽) 이는 이미 이 당시 도심공동화와 함께 시장유입인구가 점점 줄어
   들고 있는 자연적인 현상이며, 이를 타개하기 위해서는 시장만의 문제가 아니라 구도심 전
   체의 문제 안에서 대인시장을 바라봐야 하며, 또한 단순히 시설의 개·증축이 아닌 콘텐츠
   의 변화가 요구되는 지점이다.
6 프로그램 내용은 http://blog.naver.com/gigiana79/20056575752 참조; 복덕방 프로
   젝트팀은 큐레이터(박성현, 매개공간 미나리 대표), 코디네이터(최윤정, 매개공간 미나리
   큐레이터), 입주작가(신양호, 노정숙, 윤남웅, 이상호, 조수진, 박관우), 12인의 협업작가
   로 구성하여 2008.5.23 공식 선정되어 벽화나 전시 위주의 작업이 진행되었다.

〈그림 2〉 복덕방프로젝트 때 그려진 대인시장의 대표적 그래피티. 구현주 작(해태타이거즈 선
동렬(왼쪽)이나 장미란(오른쪽)은 대인시장의 번창에 대한 소망이 담겨 있다)

는 의미를 전달하고자 했다. 이 작업은 '광주 대인시장의 쇠락한 공간에
활력을 불어넣는 현장진행형 공공프로젝트'[7]로서 광주지역의 열악한
예술 환경을 쇠락한 대인시장에 병치시키고 시장이라는 공간을 무대로
예술가들이 대중과의 만남과 의사소통을 통해 새로운 가능성을 모색하
는[8] 것에 목표를 두었다. 동시에 복덕방이라는 은유적 기호를 통해 삶과
예술, 상인과 예술가가 만나는 방, 양자의 만남과 소통을 매개하는 공간
을 의미한다고 밝혔다.

이때 빈 점포를 활용하여 집단 창작실이나 전시공간으로 활용하였
는데, 특히 시장구경 프로젝트(구현주), 3355 Plan-E: 즐거운 집창촌
(신호윤, 김현돈, 노유승 등), 지역적 특산물인 홍어를 소재로 한 1코-2애
-3날개-4살(박문종), 열망-천개 만개 꽃을 피우자(마문호) 등의 작품 전
시는 많은 반향을 불러 모았다. 또한 집단창작촌 역시 과거 이곳에 집

---

7 「2008 광주비엔날레 결과보고서」, 42쪽.
8 박경섭, 앞의 글, 36쪽.

장촌이 있었던 장소성과 연관해 이중음의 효과를 노렸다. 특히 시장구경프로젝트인 해태 선동렬, 역도 장미란의 그래피티는 당시 시장 상인들에게 높은 호응도를 보였고, 현재도 대인예술시장의 대표적인 경관으로 회자되고 있다.

당시 프로젝트 기획에 참여한 당사자들은 "지난 2008년 광주비엔날레의 '복덕방프로젝트' 이후, 대인예술시장 프로젝트로 이어지는 현장예술 활동 맥락을 지역 미술인들이 자부심을 느낌과 동시에 참여의 계기를 마련했다는 것, 그리고 지역에서 활발히 활동하는 이들이 도모한 기획이라는 것 등 지역이 지닌 저력과 가능성을 확인하는 계기"[9]로 파악하고 있다.

2008년 광주 비엔날레 전시장은 비엔날레관 외에 광주시립미술관, 의재미술관, 대인시장, 광주극장 등이었다. 광주비엔날레 평가보고서에 의하면, 2008년 비엔날레에서 높은 평가를 받은 것이 특정 전시관을 벗어나 광주 전역을 확대하고, 각각의 장소성을 살려냈다는 점이 호평을 받았다. 전시기간 동안 일반 관람객들에게 대인시장의 전시에 대한 인지도는 상대적으로 높은 편은 아니었다. 그러나 만족도는 메인 전시관인 비엔날레관과 그리 큰 차이를 보이지 않았다. 한편, 전문가 관람의 경우 복덕방프로젝트에 대한 인지도는 비엔날레관 다음으로 높았고, 만족도도 제일 높았다.[10] 이러한 내적 동력을 마련한 주체는 지역

---

9   최윤정, 「대인예술시장 프로젝트를 진행하며」,
     http://webzine.gokams.or.kr/01_issue/01_01_veiw.asp?c_idx=48&idx=186
10   (재)예술경영지원센터, 「2008 광주 비엔날레 결과보고서」, 2009, 89∼90쪽; 전문 관람
     객들에게 높은 인지도와 만족도를 보인 것은 당시 화이트큐브를 벗어나 일상과 미학의 경
     계에 대한 성찰을 제안하는 공공미술의 흐름도 한몫했다. 종합적으로 볼 때, 시장으로 들
     어온 예술에 대한 인지도는 낮았지만, 참여한 사람들의 호응은 긍정적인 부분이 높았고,

의 예술가들이었다. 이들은 단순한 상품의 교환적 기능에 머물러 있었던, 더욱이 주변의 여건들에 의해 그 기능마저도 점점 쇠락해 가던 곳이 예술가들에게 일상 / 미학의 경계를 실험할 수 있는 장소로 선택되면서 이곳은 이제 대인예술시장으로 재맥락화되었다.

3. 이질적 주체의 등장과 일상 / 미학의 경계

예술가라는 낯설고 이질적인 주체의 등장으로 대인시장은 기존의 서사와 새로운 서사가 혼합되면서 경합과 협상의 양상을 드러내기 시작했다. 광주비엔날레가 대외적이고 가시적인 효과를 가져왔음은 부인할 수 없으나, 그것이 갑자기 튀어나온 것이 아니라, 이전에 이미 지역 예술가들의 미학적 실천이 수행되고 있었음을 확인할 수 있다. 이러한 잠재성을 바탕으로 광주비엔날레 제안전이 진행될 수 있었다고 볼 수 있다. 3장에서는 다소 작의적인 면도 있지만, 대인시장이 예술시장으로 전환되는 기점에서 중심이 된 매개공간 미나리와 미테-우그로의 수행적 실천양상과 이로 인한 공간적 변화를 살펴보기로 하겠다.

이러한 부분은 이곳에 지속적으로 이러한 전시, 참여의 공간을 지속시킬 수 있는 계기가 되었다.

〈그림 3〉 매개공간 미나리

〈그림 4〉 매미 문화활동 현장(사진제공 : 최윤정)

1) 매개공간 미나里the alternative, mediative space Minari

2008년 5월 25일, 지역 청년미술가들이[11] 대인시장 맞은편에 있는 낡은 창고를 작업공간으로 개조하면서 '매개공간 미나里(이하 매미)'라 명명했다. 아래는 매미의 개관 취지문의 일부이다.

애초에 '매미'는 지역미술계 내부의 갈등을 해소하고 소통을 꾀할 수 있는 거점공간으로서 지역 예술인들의 '복덕방' 내지는 '사랑방'의 임무를 띠고 태어났습니다. 또한 창작에 대한 담론을 생산하고 관련 프로그램들을 기획하는 동시에 확장된 퍼포먼스 개념을 지니고 장르 간 소통을 매개할 예정입니다. 대인시장 근처에 창고로 쓰였던 버려진 건물이 하나 있다. 나무 판자 대문에 슬레이트 지붕, 마치 재래시장의 현재를 보여주는 듯 흉하

---

11 박성현, 윤준, 김정삼, 윤남웅, 김상연, 이정록, 조광석, 양문기, 신호윤, 조정태, 마문호, 박일구 작가 참여; 이 공간은 2010년 12월 미테가 위치하고 있는 시장 골목 안으로 이전한다. 이후 미나리라는 공간은 지속되지 못하고 개별적인 작업으로 이어나간다.

게 벗겨지다 못해 발색이 된 붉은 벽돌로 이루어진 벽들, 근대적 서민 건축을 보여주는 작은 창들과 창살들, 바로 매개공간 미나里가 자리한 곳이다. 근처에는 많은 사람들이 오고가지만 이 건물은 흉물이 된 지 오래 되었고 지나가면서 피해가고 싶은 모습으로 우뚝 서 있었다. 이는 마치 중심으로부터 소외되고 있는 지역과 초국적 기업의 대형마트에 밀리고 있는 재래시장의 향후 대안 없이 몇 십년간 방치되어 온 모습과 대단히 흡사하였다. 앞으로 여기서 우리는 이 공간의 장소적 특성과 진정한 대안적인 문화공간의 역할을 하기 위한 새로운 담론을 제안해 보고자 한다.[12]

인용문을 보면, 이들은 지역 미술계 내부의 갈등을 해소하고 소통을 꾀할 수 있는 거점공간의 필요성을 절감하고 매미를 만들었고, 변방 대인시장의 장소성을 동력으로 삼고 제도권 예술에 대한 비판적 대안을 제시하고자 했다. 위에서 묘사하고 있는 매미의 물리적 위치성은 중심으로부터 소외된 지역, 신자유주의의 파고에 쓸려간 재래시장 등과 겹쳐지고 있다. 그러니까 "매미는 복합상영관에 밀려나 문 닫은 계림극장, 시들어가는 기운 어쩌지 못하는 대인시장을 끼고 있는 위치다"[13] 그런데 눈여겨 볼 대목은 그 이후이다. 이들은 변방으로 밀려난 이곳에서 '대안적인 문화공간의 역할을 위해 새로운 담론'을 제안해 보겠다는 전망을 제시하고 있다. 그리고 마지막으로 이 공간의 장소적 특성과 연관시켜 '시장과 연계된' 공공미술을 제안하고 있음을 확인할 수 있다. 이러한 출발지점을 보건대, 안(전시장)과 밖(대인시장), 현장(대인시장)과

---

12 http://blog.naver.com/tnvidutk/70031560343
13 http://blog.naver.com/tnvidutk/70031560343

<〈그림 5〉 미테-우그로 골목> 〈그림 6〉 공간 미테   〈그림 7〉 공간 우그로

전시장 사이에서, 매개와 소통, 변두리, 주변성 등을 이 공간의 출발점
이자 동력으로 삼고 있음을 짐작할 수 있다. 이렇게 볼 때, 시장의 빈
점포를 활용한 복덕방 프로젝트는 이미 대인시장 주변으로 들어온 매
미활동에서 잠재된 것이라 볼 수 있다.

2) 대안공간 미테-우그로^{Mite-Ugro}

한편, '재래시장 뒷골목의 문화실험'이라는 수식어를 달고 다니는
미테-우그로를 주목할 수 있다. 전시관 미테에서 출발하여, 맞은편에
커뮤니티 카페 우그로, 그리고 거주공간 자자로 구성되어 있다. 현재
조승기(조각), 김강석(조각), 김형진(한국화), 이인성(설치미술), 이조흠(화
화), 이지영(디자인), 조하은(큐레이터) 등이 중심이 되어 '대안공간'의 위
치성을 확보하고 있다. 그러니까 '제도권 내에서 상대적으로 기회가 적
은 젊은 예술가들의 독창적인 창작활동을 지원하면서 국내외 작가간
교류를 통한 지역 미술의 활성화'를 내걸고 조성한 대안 예술공간이다.

이 공간의 가장 큰 미덕은 시장 뒷골목에서 아시아를 경유하는 문화네트워크가 진행되고 있다는 점이다.[14]

이들은 2008년 광주비엔날레 제안전을 거치며 집단창작촌의 기능에 대한 욕망을 가지고 2009년 대인시장골목으로 들어왔다. 특히 이공간이 지향하는 바는 '젊은 작가와 예술가들이 발언하고 소통할 수 있는 플랫폼 형성'[15]이다. 지역, 자율, 대안 등에 기대는 공간성은 매미가 지향하는 기본적인 방향과 무관하지 않으나, 지속성과 자생력의 부분에서 차이가 있다. 미테-우그로는 대인예술시장과 물리적, 심리적 인접성은 가지고 있으며, 때로는 협업을 하고 있지만, 현재 대인예술시장에서 운영하고 있는 창작스튜디오와는 별개의 공간이다. 물론 아시아문화예술활성화 거점프로그램과 협업하기도 하였'지만, 미테-우그로는 이와는 별도의 창작, 전시나 작가교류가 진행되고 있다.[16]

광주 곳곳에서 다양한 장르의 젊은 작가들이 각자의 목소리를 내면서 해외 작가와 어울리는 광경이 자연스럽게 펼쳐질 때 진정한 '아시아문화중심도시'가 되지 않겠습니까?[17]

각각 '매개'와 '대안'을 전략적으로 내세우고 있지만, 매미나 미테-

---

14 『광주일보』, 2012.4.23.
15 『광주일보』, 2015.1.28.
16 조승기 인터뷰(2016.7.25). 협업은 한번 시도했었는데, 잘 맞지 않아서… '시장 속 도서관' 협업하는 중 내용 기획에 치중했다면, 야시장 프로젝트의 경우 홍보에 치중. 예를 들면 간판을 골목 바깥으로 나와야 된다는 입장과 있는 듯 없는 듯 만들어야 한다는 입장의 차이 등을 예로 들 수 있다.
17 『광남일보』, 2015.11.10.

우그로의 공통점은 제도적인 미술권력이나 기존 틀에 기대지 않고 '지역에서 작가로서 산다는 것'을 진지하게 고민하는 이들이 모여 소통하고 판을 벌일 공간'에 대한 욕구에서 비롯되었다는 점이다. 이러한 욕구와 만난 대인시장은 새로운 장소[18]로 생성된다. 시장의 장소성과 연계하여 지역미술의 담론을 생산하고 공공미술의 영역에 지속적으로 개입하고 제안할 수 있는 가능성을 확보한다. 처음부터 강력하게 의도하지는 않았지만, 대인시장 골목으로 들어와 보니, 여기에서 요구되는 포즈가 '지역예술의 공론장'으로서의 위치였다[19]는 조승기의 말은 이 공간이 이미 물리적, 상상적으로 로컬리티를 얼마나 강하게 환기시키고 있는가를 보여준다.

이처럼 '생활과 예술', '시장과 전시장'의 매개역할을 시도하며 대인시장이라는 현장에서 공간적 실천을 수행했던 매미는 예술시장이라는 공간을 생산하는 계기가 되었다. 이어 미술을 중심장르로 하는 예술시장에서 탈피해 '문화예술장터'로서의 특화와 문화생산자와 문화향유자 간의 공감전략에 우선을 둠으로써 문화지대를 조성하는 데 주력하였다. 매미와 미테 우그로의 공통점은 미학 / 일상의 경계를 해체하면서, 새로운 미학적 성취를 이루고 있다는 점이다. 랑시에르Jacques Rancière에 의하면, 우리에게 통상적인 감성의 분할체계는 공유언어가 부여된 공유공간에

---

18 도린 매시는 이러한 의미에서 장소를 물리적 공간의 의미를 넘은 '사건'이라 보며, 그러므로 장소는 이미 사건을 내포하고 있는 장이다. (도린 매시, 박경환 외 역, 『공간을 위하여』, 심산, 2016, 288쪽)

19 최근 2016 광주 비엔날레 연계프로그램으로 미테-우그로는 '월례회(Monthly Gathering)'를 기획했다. 월례회는 2016 광주 비엔날레 전시연계 프로그램으로 지역작가들의 영상작업을 선보이는 작가스크리닝, 미테-우그로 예술서가와 독서모임, 광주걷기 등의 프로그램을 진행하였다. 이것은 2016년 1월부터 11월까지 걸쳐 진행되었다. 이러한 기획은 '지역성'이라는 공통된 연결점에서 2008년 복덕방프로젝트와 연결된다.

서 무엇이 보일 수 있고 무엇이 보일 수 없는지, 무엇이 말해질 수 있고 없는지, 무엇이 들려질 수 있고 없는지를 결정한다. 그래서 그가 주창하는 미학적 혁명이란 능동적 지성을 수동적 감수성보다 우위에 올려놓는 위계질서를 전복하고, 지배를 정당화하는 감성적 분할을 중지시키며, 지성과 능동성을 지닌 계급이 수동적이고 무지한 계급에 대해 행사하는 힘을 전복하는 일이다. 이때 미학은 일반적으로 우리가 지칭하는 미학, 즉 아름다움이나 예술에 관한 학문체계를 말하는 것이 아니라, 오히려 감각적 세계 안에서 몸이 기입되는 방식과 몸이 세계를 느끼는 방식에 관련된 것이다. 이는 관습적 인식과 습관화된 경험에서 벗어나 인식과 감각지각의 틈새를 벌리고 상상을 통해 지금까지 가시화되지 않았던 감각지각을 가시화하는 능력과 관계하는 정치적인 것이다.[20]

그러므로 정형화된 화이트큐브를 벗어나 대인시장을 새로운 예술적 장소로 전환한 이들의 작업은 이미 부여되어 있는 질서에 관성적으로 순응하고 포섭되는 것이 아니라, 새로이 전개해 나갈 가능성의 공간으로 발견하고 그에 기반을 두고 발언하며 저항할 수 있는 계기를 획득했다는 점에서 랑시에르의 미학적 혁명과 만나는 지점이다. 다시 말해, 화이트큐브를 거부하고 시장으로 들어간 예술가들은 그 장소와 맞닥뜨리면서 예술에 대한 재정의를 해 나간다. 이들은 자신들의 신체와 행위를 대인시장에 기입하면서 새로운 관계를 맺어 나가고, 이러한 수행적 실천은 시장의 관습적 규율에 개입하면서 장소 정체성의 구성에 관여한다. 뿐만 아니라, 이곳에는 상인, 예술가, 국가(지자체), 소비자(관광객)

---

20 자크 랑시에르, 주형일 역, 『미학 안의 불편함』, 인간사랑, 2009, 47~81쪽.

가 각각 작동하는 주체로서 재의미화 작업을 진행하고 있다. 상인들은 어떻게 하면 과거 광주 중심의 시장으로 되살아날 수 있을까라는 전략으로 소비자이자 새로운 소비자를 유입할 수 있는 매개자인 예술가들과 협상해 나갔다.

4. 아시아 문화중심도시 아젠다와 예술夜시장

복덕방프로젝트 이후 대인시장에는 지역 예술·활동가들이 모여들기 시작한다. 이러한 움직임에는 이후 이곳에서 진행된 국책사업들이 한몫하고 있음은 부인할 수 없다. 우선, '대인시장예술인거리 공방거리 조성사업'은 '공동화되고 있는 재래시장을 활용하여 일반시민과 예술인들 간 만남의 장을 넓히고 예술의 창작, 전시, 판매가 동시에 이루어지는 특화단지를 조성하여 재래시장 및 지역문화 활성화에 기여하기 위해'[21] 추진된 사업이다. 이 사업의 궁극적인 목적은 '광주의 문화예술 관광명소'[22]의 발굴에 있다. 문화예술관광 명소 발굴은 '아시아문화중심도시'[23]와 연결되어 있다. 도시 아젠다의 전략 안에는 광주의 도시

---

21 광주광역시, 『시정백서』, 2010, 331쪽.
22 위의 책, 332쪽.
23 2002년 노무현 대선후보의 공약에서 출발하여, 2003년 '아시아 문화중심도시 광주조성' 계획을 발표하고 참여정부의 문화비전을 확산시켰다. 정부는 국가균형발전전략에서 관광산업의 자립형 지역전략산업화를 위한 구체적인 방안으로 인천 : 동북아 국제관광 관문도시 육성, 부여·공주 : 백제문화권 관광개발, 광주 : 아시아문화중심도시 조성, 제주 : 국제자유도시 관광개발, 부산 : 동남권 해양관광중심도시 육성, 경주 : 신라고도 역사문화관광거점 육성, 안동 : 전통유교문화 관광거점 육성, 영산강 고대문화권 관광개발, 새만금의 친환경적 개발, 설악권 관광개발 등을 중심으로 종합적인 관광산업을 발전시키고자 했다.(국가균형발전위원회, 2004) 광주 아시아문화중심도시 조성사업은 국립아시아문화전당을 건립하고 광주를

환경을 '문화적으로 재창조'하는 작업이 수반되었다. 여기에 포함된 카테고리를 보면, 빛고을 시민문화회관 건립, 중외공원 내 보행네트워크 조성사업, 아시아문화예술교류센터 조성, 근현대건축물 문화거점재생사업, 사직국제문화교류타운조성사업, 비엔날레 문화지구 조성사업, 북구 시화문화마을 조성, 아시아문화예술 특화지구 활성화사업이 있다. 아시아문화예술 특화지구 활성화사업은 "문화전당을 중심으로 문화예술의 생산, 유통, 소비가 활발한 문화수도 명품거리로 조성하고 시민이 참여할 수 있는 생활 연계형 프로그램 운영으로 대중문화활동 촉진 및 아시아문화전당의 핵심적 문화예술특구로 조성"하는 사업인데, 여기에 '대인시장'과 '예술의 거리' 조성이 포함되어 있다. 이러한 맥락에서 보면 대인시장은 세계도시와 경쟁하는 아시아문화중심도시라는 국가사업 안에서 발견된 장소이다. 그러므로 이곳은 아주 국지적인 장소이면서 국가, 세계의 스케일이 중첩되면서 각각의 이해가 상충하고 있는 곳이라고 할 수 있다.

　국립아시아문화전당이 건립되는 옛 전남도청 일대는 여러 가지 역사적 사건으로 점철된 곳이다. 3·1운동, 광주학생독립운동, 4·19혁명, 5·18민주화운동에 이르기까지 민중항쟁지로서 민주, 자유, 정의의 광주정신이 스며있는 역사의 현장이었고, 이는 곧 전남도청 일대의 정체성을 구성하며 의미를 갖게 했다.[24] 특히 5·18 기억의 결절점이

7개의 문화권으로 재구성해내는 것이다. 2004년 광주 비엔날레 개막식에서 대통령이 문화수도 원년을 선포하였는데, 여기에는 아시아문화예술도시, 아시아문화교류도시, 미래형 문화경제도시 조성이라는 비전을 담고 있다. 이때 제일 먼저 가시화된 것이 옛도청 자리에 국립아시아문화전당 건립하는 것이었다.(위의 책, 343쪽) 아젠다 아시아문화중심도시는 광주가 갖는 근대적 압축성장의 도시이미지를 벗어나 아시아문화교류도시, 아시아평화예술도시, 미래형문화경제도시라는 거대담론을 지향하도록 요구한다.

되는 옛전남도청이나 금남로는 5월이 되면 5·18 전야제를 비롯하여 광주시민들을 위한 '해방의 공간'으로 재탄생된다. 집단 기억투쟁의 장소인 이곳에 새로운 공간의 대체는 단순한 물리적 공간의 조성을 넘어선다. 다시말해, 이곳은 아시아문화중심도시사업과 더불어 과거의 사건에 대한 의미투쟁에 대한 장으로 거듭나고 있다.[25] 본 글에서는 아시아문화전당 건립이나. 이를 둘러싼 정치적 전략을 탐구하는 것이 아니라, 아시아문화전당으로 이어진 대인시장과의 관계에 초점을 맞춘다. 그럼에도 아시아문화전당의 이야기를 먼저 꺼내는 것은 이곳과 대인시장의 연계성 때문이다. 대인시장-예술의 거리-아시아문화전당으로 이어지는 '오월길'은[26] 항쟁의 도시와 예술의 도시 광주를 마주치게 하면서 도시 광주의 미래를 전망하게 하는 전략이 배태되어 있다.

　대인시장에서 10여 년간 진행되어 온 아시아문화예술활성화의 대략적인 프로그램을 보면 〈표 1〉과 같다.[27]

　〈표 1〉에서 확인할 수 있는 몇가지 포인트가 있다. 구체적인 사업내용은 접어두고도 우선 주체의 변화, 지향점의 변화를 쉽게 확인할 수 있다. 초창기에는 전문 예술가들이 중심이 되었다면, 점차 문화활동가, 기획자들, 메이커스가 공간 전략의 주요 주체들로 등장한다. 먼저, 매

24　한은숙,『광주 도시경관 재구성의 정치-아시아문화전당 건립을 중심으로』, 전남대 박사논문, 2010, 2쪽.

25　박진현, 「아시아문화전당은 실험이 아니다」,『광주일보』 2007.2.11.

26　오월 예술길 비엔날레코스 : 비엔날레관-중외공원 문화벨트-일산방직 옛터(현재 공공미술거리)-2010 빛을 주제로 한 공공미술 작업-야구의 거리-대인예술시장-예술의 거리(전통 공방과 화랑)-국립아시아문화전당(전남대학교 문화전문대학원 장소마케팅연구센터,『광주의 오월을 걷자』, 2016)

27　도표는 광주시의 자료와『대인예술시장·예술의 거리 활성화 사업 백서』2009~2013,『무들마루 가이드북』2013,『대인예술시장 별장프로젝트』2014~2015 등을 참조하여 재구성한 것이다.

〈표 1〉 아시아문화예술활성화거점 프로그램(주최 : 문화체육관광부/광주시)[29]

기간	내용	주관		프로젝트명	비고
		시행			
2008.12 ~2009.11	예술인공방거리 조성, 디자인콘테스트 등	광주문화예술진흥위원회			대인예술인공방거리조성사업
		매개공간 미나랭			
2010.03 ~2011.02	대인시장 큰 바위 얼굴, 시민문화창작소, 시장속박물관, 작가레지던시 프로그램	광주문화예술진흥위원회		느티나무숲	예술의 거리 통합운영
		광주문화자치회의			
2011.03 ~20120.2	문화예술공방 운영, 릴레이기획전, 야시장 등	광주문화재단			
		광주문화자치회			
2012.03 ~2013.02	예술야시장, 예술공장, 한평갤러리, 문화예술공간 운영 등	광주문화재단			
		광주문화자치회			
2013.03 ~2014.02	예술야시장, 한평갤러리, 예술공장, 갤러리 다다, 숲속의 매미들. 소풍유락 등	광주문화재단		무들마루	예술의 거리 통합운영
		광주대 산학협력단			
2014.04 ~2014.12	예술야시장, 한평갤러리, 시민문화창작소, 레지던스, 소풍유락, 대인영상일기, 대인의 별 등	광주광역시		별장	
		(사)전라도 지오그래픽			
2015.01 ~2015.12	예술야시장, 한평갤러리, 시민문화창작소, 레지던스, 세시봉, 청년상단네트워크, 예술상인 워크숍 등	광주광역시			
		(사)전라도 지오그래픽			
2016.02 ~2016.12	예술야시장, 한평갤러리, 시민문화창작소, 레지던스, 세시봉, 청년상단네트워크, 예술상인 워크숍 등	광주광역시			
		(사)전라도 지오그래픽			

미(2008~2009 : 박성현)가 복덕방프로젝트를 계승하면시, 처음 6개의 전시공간으로 시작되었던 대인시장 내의 작업실이 30여개로 증가했다. 이 공간은 지역 미술의 새로운 창작거점이기도 하고, 지역을 넘나드는 레지던시, 예술가들 간의 네트워크 공간으로 활성화되었다.[28] 그러다

---

28 아티스트 인 레지던시(남도문화답사, 작가 프리젠테이션 모작 I·II, 삼고초려 비평워크

보니 물론, 초창기 시장의 아카이브를 구축하고 대인시장 상인들의 직접 참여를 유도한 작업들이 이루어졌음을 짐작할 수 있다. 대인예술시장을 만들어 나가던 초기에는 예술가 및 작가들을 대상으로 하는 프로그램이 강세를 이루었다. 그러다 보니 상인들과의 관계를 형성해 나가는 일은 지속적인 과제로 남았다.[30]

이후 공간기획 주체로 들어선 이들이 주목한 점은 상인들과의 관계 재조정이었다. 매미에 이어 새로운 운영주체로 들어선 광주문화예술위원회(2010~2011, 정민룡)에서는 당시 지역에서 광주 시민들의 문화예술 역량 사업을 담당하고 있었다. 이들의 기획을 대인시장에 이식하고자 했고, 그 결과 예술(인)에서 (일상)문화를 함의하는 공간으로 전환하고자 했다. 우선적으로 레지던스 사업의 경우, 예술가만을 대상으로 하는 것이 아니라, 예술가, 시민, 상인을 포함하는 것으로 하여 '문화레지던스'라는 절충된 형태로 시행되었다.[31] 진행된 프로그램을 보면, 상인을

숍, 결과보고전 '권전' / 공공미술 아트滿플루(대인 어메니티, 미션 이신전심, Art-滿 캠페인, 시장안내조형물 : 대인시장 리듬을 타고 우뚝 서다)

29 구체적인 사업 내용에 대해서는, 『광주대인시장 백서』(2016), 「대인시장 별장프로젝트 결과보고서」(2014, 2015) 참조. 이하 각 연도별 사업내용에 대해서는 이 자료를 참조하였음.

30 처음에는 마찰도 있었고, 갈등도 있었어요. 제일 불편했던 것은 생활리듬이 안맞았어요. 장사가 시작되는 아침과 낮에는 문 닫고, 시장 문 닫는 밤에는 (작업실) 문 열고 해서 시장 활성화에 별 도움이 안 되었어요. 시장도 별 밝은 모습이 되지 못하고…시간이 지나면서 홍보도 되고, 방문객이 늘어나고 매출도 증가하고, 요즘은 별장기획팀하고 매월 한번씩 정기적으로 모임을 가지고 협력하고 있습니다.(인터뷰 : 나덕수 대인시장 상인회); "그것은 프로젝트 참여자들이 시장 안에서 소비자로서 기능하는 것, 또 한 가지는 이 프로젝트로 인해 많은 이들이 시장을 방문하고 더불어 자연스럽게 장을 봐 갈 것이란 믿음이 깔려 있었다. 시장 안의 빈 점포들을 중심으로 해서 예술 활동을 한다고 했을 때, 시장 상인들이 이례적으로 아무런 텃세 없이 적극적으로 지지해 줄 수 있었던 이유는 빈 점포가 채워지는 것에 대한 호응도 있었겠지만, 한편 이러한 기대감이 끼치는 영향도 있었을 것이다.(최윤정, 「대인예술시장 프로젝트를 진행하며」)

31 자세한 내용은 박경섭, 앞의 글, 115~123쪽; 프로젝트명 '무들마루'에서도 그 지향점을 엿볼 수 있다. 무들마루는 광주의 옛 지명이자 무등산의 별칭 중의 하나인 '무들'과 '마루'

대상으로 하는 프로그램의 증가를 확인할 수 있다. 초창기 대인시장은 상인들과 관계를 형성하는 일이 우선적이었으며, 이를 통한 공존이 가능하도록 하는데 집중했다. 그래서 예술가들의 공간을 전면화시켜 이질성을 강조하기 보다는 시장과 상인들을 주인공으로 드러내는 공동작업들을 우선적으로 진행했다. '대인시장 대발견' '시장 속 박물관' 등 시장 아카이브를 통한 시장의 장소성을 재발견하는 작업들을 주목할 수 있다.[32] 시장상인 아카이브 책자 『시장사람들』 발간 및 전시, 시장 상인들이 강사가 되어 자신들의 살아온 이야기를 강의하는 시장아카데미, 상인들을 주인공으로 한 '삶터'로서의 장터 홍보영상 제작 및 상영, 상인예술단을 운영, 상인들의 이야기를 음악으로 만들어 들려주는 '거리시민악사' 등이 대표적인 예이다.

매미가 상인들의 생활문화를 끌어내어 재가공하고 있거나, 협업 중심의 공간전략을 내세웠다면, 이들은 상인들의 직접적인 참여를 적극적으로 유도해 내고 있음을 알 수 있다. 또한 시민들을 대상으로 하는 프로그램의 경우도 구체적으로 초중고등학생들에게 대인예술시장을 체험할 수 있게 하는 교육프로그램(대인시장 지도 그리기), 시민들을 대상으로 하는 아카데미, 경험장터, 예술가, 상인, 시민들이 공동 참여하는 야시장 등으로 이전의 예술가들의 공연이나 문화예술교육에서 대상이나 내용 면에서 그 범위를 더 넓히고 있음을 알 수 있다. 또한 이 시기 주목할 만한 것은 예술상품, 예술장터 등의 부각이다. 야시장에 참여하

가 어우러진 우리말로 "자유로운 발상과 상상력이 뛰노는 드넓은 문화예술촌"을 의미한다.(광주문화재단, 『2013 무들마루 가이드북』, 5쪽)

32 「대인예술시장·예술의 거리 활성화 사업 백서 2009~2013」, 36~57쪽 참조.

는 상주 예술가들에게 창작지원금 지급이나 예술가들의 참여로 꾸민 예술장터방, 장똘뱅이 선물가게 등 예술가들과 야시장의 결합을 유도하는 전략들이 탐지된다. 이 시기 만들어진 '한평 갤러리'는 전시와 판매라는 시장의 맥락과 무관하지 않다.[33] 이후 무들마루사업단(광주대 산학협력단 + 미테-우그로 + 아우코리아 : 전고필)은 인근의 예술의 거리와 대인시장을 묶어 진행하였다. 대인시장은 '생산과 소통'에 예술의 거리는 '소통과 소비'의 장에 초점을 두고 이전의 프로그램들을 지속해 나갔다. 특히 이 시기에 야시장이 매월 금, 토 정례화되었다.

(사)지오그래픽(2014~2016 : 정삼조(2014) / 전고필(2015~2016))은 앞의 작업들을 지속적으로 전개해 나가면서, 특히 청년문화기획자들의 양성을 주된 전략으로 내세운다. 2015 별장프로젝트 기획을 보면, 대인예술시장의 주체를 예술가와 메이커스, 셀러로 상정하여 확장하고 있다.[34] 야시장과 관련하여 청년 셀러가 대인시장의 새로운 동력으로 부상하고, 이 과정에서 청년상인네트워크가 형성되었다. 공간주체의 변화는 공간전략이나 지향점의 변화와 맞물려있다. 초창기 '예술'에 포커스가 되어 있는 반면 점차 상인, 시민들로 이동하고 있는 좌표를 확인할 수 있다. 예술시장(미나리), 문화시장(느티나무)에 이어 창조거리(지오그래픽) 등으로 공간전략의 강조점이 달리 나타난다. 청년셀러의 유입 증가로 이제 대인시장은 예술가와 상인의 관계 조정이 아니라, 뉴셀러인 청년셀러와 상인의 새로운 관계조정이 필요하게 되었다. 이 변화의

---

[33] 한평 갤러리는 현재 셀러가 부각된 대인야시장에서 발견할 수 있는 '예술가'의 대표적인 공간이며, 대인시장을 찾는 방문객들에게 이곳이 예술시장의 포토존이 되고 있다.
[34] (사)전라도지오그래픽, 「대인예술시장 별장프로젝트 결과보고서」, 2015, 15쪽.

〈그림 8〉 2012년부터 설치된 대인시장의 한평 갤러리. 지역예술가들에게 작은 공간을 분양하여 작가가 직접 기획, 전시

과정에서 대인예술시장은 점점 대외적으로 번창하고, 이와는 대조적으로 점점 줄어드는 작가들의 공간변동을 통해 대인시장의 공간전략의 목소리가 어디에서 나오는가를 짐작할 수 있다.

　한편, 〈표 1〉에서 나타나듯이, 2014년부터 별장프로젝트팀이 지속적인 주체로 등장한다. 별장은 대인야시장의 다른 이름이다.[35] 전통시장의 변신, 시장에 예술의 옷을 입히고, 소비 위주의 공간에서 생산과 유통을 동시에 신행하는 대안적인 실서를 표방한 예술야시상의 형태는 지구화 안에서 로컬의 '차이'를 드러내는 매력이 될 수 있다. 그럼에도 공간적 장벽의 중요성이 줄어들수록 공간 내 장소의 다양회에 대한 자본의 민감

35　별장은 중의적인 의미를 지닌다. ①하늘에 반짝이는 별과 같은 전통시장의 스타시장 ②별난 일들이 펼쳐지는 별스러운 별장 ③모든 사람들이 가고 싶어 하는 휴식이 있는 별장(대인예술시장 별장프로젝트, 2014, 16쪽)

<그림 9> 별장 포스터

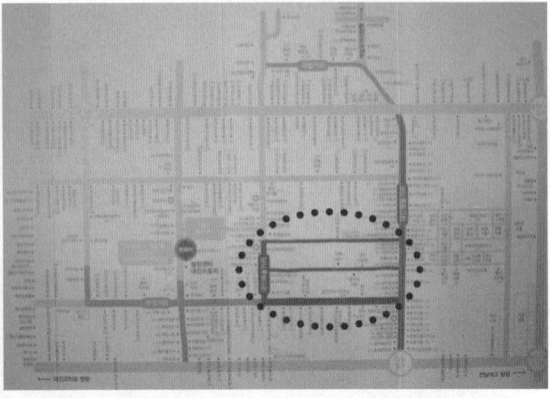

<그림 10> 대인시장 내부에서 야시장이 개설되는 위치(점선내부):
별장기획팀 제작

성은 더욱 커지고, 자본을 위해 매력적인 방식으로 차별화된 장소가 가져오는 인센티브는 더욱 커진다는[36] 하비의 지적은 유의미하다.

대인시장에서 야시장은 갑자기 등장한 것은 아니고, 예술가들 내부에서 생산—유통—소비의 직접적인 회로를 제안하면서 2011년부터 등장했다. 대인예술시장의 프로그램들 중 일부로 진행된 것이었는데, 이후, 대인예술시장의 네이밍을 대인예술야시장으로 전환시키면서 야시장이 전면화되었다.[37] 대인예술시장 초창기(2008~2009) 실험단계에서 '예술'을 통한 '예술의 거리'에 집중되어 있었다면, '아시아 문화예술특화지구 활성화사업'이 시행되면서 '예술 + 아트상품'에 집중되어 갔다. 이전의 예술가 거리에서 중심적인 공간주체가 예술가라면, 아트상품이

---

36 데이비드 하비, 구동회・박영민 역, 『포스트모더니티의 조건』, 2008, 344쪽.
37 별장프로그램에 대한 자세한 내용은 『대인예술시장 별장프로젝트』 2014, 2015 참조; 더 거슬러 가면 2008년 복덕방프로젝트를 위해 작가들이 모금하여 '매미시장'을 연 것이 현재 야시장의 단초로 볼 수 있다.(『무들마루 가이드북』, 2013, 49쪽)

등장하면서 '메이커스', '셀러'라는 새로운 공간주체가 등장하고, 이들은 청년상단 네트워크를 형성한다. 물론 야시장 프로그램이 이전의 대인예술시장 프로그램의 지속 안에서 발생하였으며, 전체적인 대인예술시장 프로그램의 일부로 진행되고 있다. 그럼에도 야시장이 부각되면서 상대적으로 예술(가)이 드러나지 않게 되는 효과를 발생시키고 있다.[38] 그러므로 문제는 야시장의 이면에 가려진 것이 무엇인지를 비판적으로 읽어내는 징후적 독법symptomatic reading이[39] 요청된다.

2012년부터는 혹한기, 혹서기를 제외하고 1년에 각 6회씩 야시장을 진행했다. 그러다 2014년에는 7회(81,000명 : 방문객), 2015(300,000명)년에는 20회로 늘렸다. 2016년에는 야시장을 더욱 특화시켜 매주 진행했다. 2014년부터 시장의 상가들도 참여하여, 매대 판매에 상인 10여 팀이 참여하고, 70여 상가가 야시장 개최 때 음식판매를 했다(야시장 개최이후 시장 내에서 가장 큰 수익자는 야시장이 열리는 도로 주변에 있는 먹거리 판매자이다). 2014년 매대는 시민셀러 100여 팀, 작가 30여 팀, 상인 10여 팀으로 구성되었다. 이듬해에는 시민셀러 130여 팀으로 증가한 반면 예술인 10여 팀으로 감소하는 등 참여 구성의 변화가 눈길을 끈다. 이후 2016년부터는 매주 야시장을 열고 있다. 매대는 170여 개로 더욱 늘었다. 판매부스의 증가와 야시장의 방문객은 비례하고 있으며, 대인야시장은 광주의 대표적인 관광 상품으로 전시되었다. 이 과정에서 이전의 예술가의 자리에 메이커스, 청년셀러가 대체되고 야시장 공간

---

38 한편에서는 '예술없는 야시장'에 대한 비판에 대해 장기적인 전망으로 볼 때 과도기적 현상으로 파악하기도 한다. (사)전라도지오그래픽, 「별장프로젝트 결과보고서」, 2015, 275쪽.
39 피에르 마슈레, 배영달 역, 『문학생산이론을 위하여』, 백의, 1994, 106~108쪽 참조.

안에 설치된 '한평 갤러리'는 시장 속의 전시관이라는 낯선 공간의 기능을 담당한다. 초창기에 빈 점포를 메웠던 예술가들의 공간이 사라지는 역설을 이 장소 또한 고스란히 체험하고 있다.[40]

5. 시장의 역설, 로컬리티의 이중성

앞에서 서술한 바와 같이, 대인시장은 2008년 복덕방 프로젝트 이후 예술의 옷을 입으면서 공간적 전환이 이루어졌다. 대인시장이 지난 10여 년 동안 재래시장—예술시장—문화시장—야시장이라는 네이밍의 변화를 거치는 동안 이 공간에 개입하고 있는 힘의 역학관계는 세계, 국가, 지자체, 지역민, 관광객 등의 복합적인 층위들이 충돌하고 협상하고 있다. 뿐만 아니다. 지역민이라 하더라도 하나로 묶어낼 수 없다. 오랫동안 터 잡고 있었던 상인들, 시장 안으로 들어온 낯선 이방인 예술가, 시민이자 문화기획자, 청년 상인이라는 새로운 상인주체 등 여러 주체들이 국가, 세계에 포섭되기도 하고, 저항하기도 하면서 공간들을 만들어 나가고 있다.

로컬리티의 부상과 신자유주의의 파고가 드센 역설적 흐름 안에서 예술과 시장이라는 이색적 조합이 로컬리티를 매개함으로 더욱 매력적인 로컬상품의 가치를 획득할 수 있었다. 문제는 이 과정에서 로컬리티

---

40 대인시장을 구성하고 있는 '내부자'의 이주는 지대 상승과는 다른 의미의 젠트리피케이션이었다. 대인시장의 그것은 '공동체 문화'의 와해였다. 이는 거주하는 곳에서 더 이상 살아갈 수 없거나 예술 / 예술가가 활동할 수 있는 환경 / 토양이 사라졌음을 반증하는 것이라 할 수 있겠다.(김영희, 창작공간 다오라 운영)

가 다시 차이를 강조한 전지구적 상품으로 도구화되었는지, 생성 중인 동력으로서 기능하는지에 대한 비판적 질문이 요청되는 자리라는 점이다. 왜냐하면 자본주의 문화의 포식성과 관용성은 무한 긍정의 상찬을 차려놓고, 오히려 어떤 부정도 못하게 하는 봉쇄전략을 구사하면서 로컬 서사를 끊임없이 호명하고 있기 때문이다. 이 과정에서 차이는 이곳과 저곳의 단독성이나 특이성을 드러내는 것이 아니라, '상품화된 경쟁'으로 복무한다는 점이다.

대인예술시장이 관광의 전선에 서면 설수록, 이러한 공간적 실행과 언어적 재현체계가 확고할수록 당초의 작업공간들은 (의도하지 않았더라도) 후면화되고, 미학적 실천의 동력은 잃어갈 수밖에 없다. 더욱이 거버넌스의 형태로 진행되고 있는 대인예술야시장의 기획은 권력의 비대칭에서 자유로울 수 없다. 다시 말해, (문화)거버넌스가 보여줄 수 있는 취약점은 국가의 감시자로서의 시민사회 기능이 국가통치에 흡수됨으로써 감시와 견제의 역할을 수행할 수 있는 주체가 모호해지는 결과가 야기될 수 있다는 점이다. '협력적 통치 양식'에도 불구하고 내재되어 있는 '권력의 비대칭'의 문제를 어떻게 풀어 나갈 것인가의 과제는 늘 잔재하고 있다.

〈그림 11〉과 〈그림 12〉는 문화공간을 중심으로 재구성한 대인시장 지도이다. 2011년도와 2016년도의 공간을 교해 볼 때, 첫째, 눈에 띄는 것은 시장 내에 문화공간은 눈에 띠게 증가했지만, 예술가들의 작업실이 현격하게 줄었다는 점이다. 2008년, 시장 외부 공간 '매미'와 시장 내의 전시 공간 5개와 시장 벽화에서 문화 예술을 환기하였던 대인시장은 2011년 개인작가 작업실만 20여개에 공동 창작실 및 커뮤니티 공간인 미테-우그로 등까지 급격히 많은 예술가들이(7~80여 명 상주 : 대

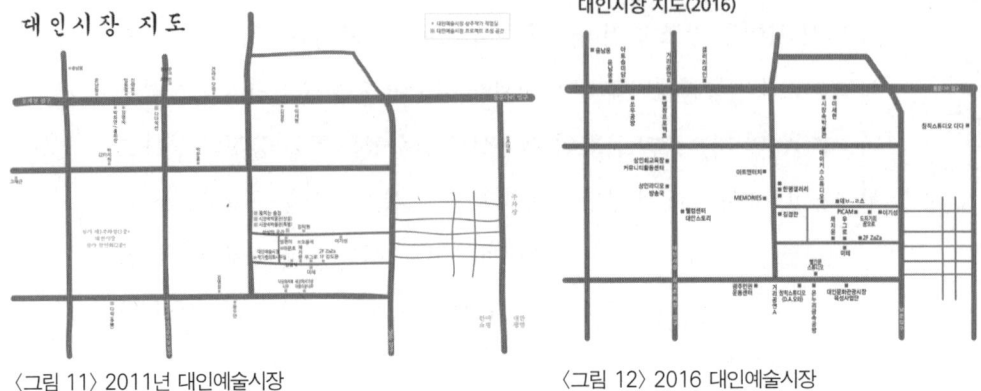

대 인 시 장 지 도   대인시장 지도(2016)

〈그림 11〉 2011년 대인예술시장   〈그림 12〉 2016 대인예술시장

인시장 자료집) 들어 와 있음을 확인할 수 있다. 그리고 집단 창작공간보다 개인 작업실이 양적으로 월등히 우세하다. 그런데 2016년 남아 있는 작가 공간으로 4~5곳의 개인 작업실이다. 2009년부터 터를 잡아 왔던 미테-우그로에서 활동하고 있는 작가들도 많이 이탈했으며, 이 공간도 2016년 이후 대인시장을 떠날 예정이다.

둘째, 시민들을 대상으로 하는 복합 커뮤니티 공간이 증가했다. 개인 작업실을 제외한 복합커뮤니티 공간들을 재구성해 보면 〈표 2〉와 같다 (이들은 생성, 소멸, 혹은 변경의 과정을 거친다. 여기에서는 특정 시기에 부각된 공간들을 중심으로 재구성했고, 진한글씨는 의미나 진행과정에서 특정 시기에 중요한 의미를 획득했던 공간을 표시했다. 변경이나 소멸보다는 만들어진 시점을 기준으로 했다). 시장 속 박물관, 갤러리 대인, 창작스튜디오 다다, 메이커스 스튜디오, 공방, 한평 갤러리, 별장프로젝트, 웰컴센터 대인스토리, 대인문화관광시장육성단 등 새로운 커뮤니티 공간이나 전시, 유통 공간이 많이 생겨났음을 알 수 있다. 이러한 풍경의 변화에서 대인시장의 공간전

표 2〉 시민들을 대상으로 하는 복합 커뮤니티 공간

2009	2010	2011	2012	2013	2014	2015
m아트샵 m갤러리 실개천 OK공공식당 작가스튜디오 (40) **미테**	상상의 곳간(시민문학창작소) 주주클럽 시 아트숍 덤 **시장 속 박물관 다다익선**(공구 대여 및 공구수 리방) 레지던시 공방(10) **미테 우그로**	**문화사랑방 다락** 꽃파는 술집 상상의 곳간 시장속 박물관 다다익선 **상주작가공간** (30)	예술공장(네트 워크 및 시민교 육공간) 다다익선 **한평 갤러리**	**갤러리 다다 갤러리 대인** 예술공장 **문화관광시장 까페** 물가의 나무 한평 갤러리 광주인권운동 센터 항꾸네(소극장)	**창작스튜디오 다다** 웰컴센터 대인스 토리	**창작스튜디오 D.A..다오라 메이커스 스튜디오 대인문화관광시 장육성사업단**

략이 예술가, 생산자 중심에서 시민, 관광객 지향으로 무게 중심이 옮겨가는 지형을 읽을 수 있다. 이러한 관광객 중심은 상권의 활성화로 이어지며 새로운 셀러(메이커스)들의 치열한 경쟁을 유발하고 있다.[41] '시장 안에 있는 작가들과 협업을 해 왔는데, 야시장과 작가들이 묶인 데다 야시장만 되면 번잡해졌고 작가들 역시 시장을 많이 나가고 있다' 는 ○○작가의 발언은 시장과 예술가들의 불편한 현재를 지적한다. 예술가들의 미학적 실험의 장으로 발견되었던 대인시장은 초창기 예술가들을 중심으로 일상 / 미학의 경계를 재사유하는 작업이 중심이었고, 이 과정에서 시장 상인들과 협상하고 대화하는 장소가 되었다. 문화예술을 매개하는 도시재생의 기획 안으로 들어온 대인시장은 점차 상인, 소비자들을 중심으로 하는 공간 전략이 점차 확대되었다. 이 과정에서 상인이나 시민들의 참여를 유도하는 작업공간들이 증가하고, 관광객들을 유인하는 매력 포인트들이 강조되었다. 대인야시장의 성공담론은

---

41 별장프로젝트 감독 전고필 인터뷰(2015.4.9)

광주 도심재생과 연결되어 낙관적 전망과 연결되기도 하지만, 역설적으로 예술가들의 흔적을 점차 덮고 있는 점이 지적된다.[42] 현재 아시아문화중심 아젠다는 대인시장을 적극적으로 포섭하여 쇠락해 가는 지역의 재래시장을 문화라는 이름으로 재조정하고 있다.

그런데 대인시장에서 실현되는 아시아문화중심이라는 기표는 당위성이나 규범성만으로 선험적으로 제공받는 것이 아니라 다른 기의와의 갈등과 투쟁 속에서 획득해야 하는 위치에 놓이게 된다. 오늘날 신자유주의 경쟁 안에서 차이를 강조한 로컬 서사가 활발하게 생산—재생산되고 있다. 광주 대인예술시장은 기존의 전통적인 시장에 예술의 옷을 입혀 새롭게 탄생시킨 '매력적인' 장소로 광주의 주요한 관광지로 거듭났을 뿐만 아니라, 이 장소를 매개하면서 로컬의 서사가 재구성되고 있다. 100여년의 역사를 간직한 로컬의 전통시장에 예술이 겹쳐지면서 더욱 이색적이고 흥미로운 장소로 변신한 이곳은 하비가 말한 '가장 로컬한 것이면서 가장 세계적인 것'임에 틀림없다. 하비도 지적했듯이, 문제는 이렇게 재탄생한 장소가 오히려 글로벌화의 첨병이 될 수 있다는 위험성이다. 다시 말해, 현재 대인시장은 '로컬의 재발견'이라는 긍정적인 의미와 함께 재발견된 로컬이 국가, 자본으로 다시 환원될 수 있는 위험성으로 이중성의 딜레마를 안고 있다.

---

42 이에 대해 "예술을 통해서 시장의 활성화를 도모하고 가꾸어왔으되, 거기에 남은 것이라고는 예술이 아니라 야시장일 뿐이다"라고 지적하는 목소리도 있다. 당초 지역 예술인들의 자발적 움직임에서 출발된 대인예술시장이 가시화된 배경에 아시아문화중심도시라는 아젠다의 역설 또한 유의미하다. "광주 비엔날레와 아시아문화전당이 아주 오랜 시간 동안 그리고 결정적으로 예향 광주를 활용하고 있음에도 불구하고 광주의 자산이 되지 않고 있는 상황은 국가적 국제적 위상만을 고려해 정작 광주에서 젊은 예술가들이 성장할 수 있는 기반이 되지 않고 있는 사정을 보여준다."(『광주드림』, 2016.11.9)

6. 대인예술시장 이후, 로컬리티의 재구성

대인예술시장의 사례는 일상 / 미학의 경계 해체 위에서 생성된 미학적 성취가 장소를 재맥락화하고, 재맥락화된 장소는 다시 로컬리티의 재구성에 깊게 관여하고 있음을 보여준다. 2008년 복덕방 프로젝트 이후 예술의 옷을 입으면서 대인시장은 공간적 전환이 이루어졌다. 대인시장-대인예술시장-문화시장-대인예술야시장 등의 네이밍 변화는 이 공간을 둘러싼 다양한 주체들의 공간적 실천과 공간정치의 과정을 보여준다. 세부적으로 살펴보면 각각의 주체와 수행적 실천의 양상의 변화에 따라 다소 포인트가 달라지는 공간의 생산을 확인할 수 있었다.

장소 정체성은 고정된 것이 아니라, 주체들의 수행적 실천을 통해 재구성되며, 이렇게 재구성된 장소는 다시 주체성의 재구성에 관여한다. 대인시장-예술시장-예술야시장으로 이동하면서 각각의 공간주체와 이들의 수행적 실천의 양상의 변화에 따라 다소 포인트가 달라지는 공간의 생산을 확인할 수 있다. 미학적 실험의 장소로 대인시장을 주목하고 들어와 일상 / 미학의 경계를 해체하는 작업을 시도했던 초창기의 공간전략에서 비엔날레, 아시아문화중심, 글로벌 관광 등의 글로벌 시장이 적극적으로 개입되면서 이 공간은 로컬, 국가, 아시아, 세계의 다양한 주체들에 의한, 보다 복잡한 공간정치가 수행되고 있는 현장이 되었다. 이러한 수행적 실천 안에서 로컬의 공간성은 재구축되고, 이 과정은 지역, 국가, 아시아(아시아문화중심), 글로벌이 충돌 · 협상하며 로컬서사가 재구성되는 과정이다. 다시 말해, 로컬은 '그곳에서 발견되기를 기다리고 있는 수동적이고 객관적인 실체가 아니라', 로컬 안팎의 다양한 행위주체들의 협상과 대화를 통해 구성되는 주관적인 구성물이다. 이러한 점에서 로컬 서사는 소위 '로컬 주체'의 단일한 목소리로 구성되지 않는다. 안 / 밖, 종속 / 주체의 변주 안에서 로컬 서사는 구성된다. 이러한 내러티브의 소통구조 안에는 참여자들의 과거, 미래가 현재 안에서 독특한 방식으로 조우하며 동일성-반동일성의 서사를 재현해 낸다.

로컬은 독자적인 정체성이나 내적 질서가 작동하는 공간이다. 동시에 로컬은 후기 자본주의의 자본 축적 과정에서 요구되는 글로컬리제이션, 특히 지구적 차원의 지역 불균등발전이 진행되는 현장이며[43] 여전히 유력한 국가권력이 자본권력과의 관계를 통해 혹은 직접적인 영토 재구성 정책 등을 통해 각종 영향력을 행사하고 있는 공간이다. 특히 국가주도 혹은 국가와 시민사회와의 공조나 갈등을 통해 형성되는 문화공간들의 운영과 지속성에 개입하는 국가권력은 막대하다. 따라서 이러한 공간은 국가, 자본, 지자체, 시민, 예술가 등등의 각종 결에 의해 지속적으로 발생하는 각 층위의 차이들, 구체적인 기의를 생산하려는 로컬의 노력이 충돌하고 타협하는 현장으로서 다중 스케일적 접근이 요구되는 공간이다. 이러한 접근은 로컬의 서사가 생성과 변화의 시간층위 뿐만 아니라, 이질적인 주체들과 힘들이 중층적으로 겹쳐져 있는 로컬의 공간성을 이해하는데 용이하다. 다시말해 대인시장의 변화과정뿐 아니라, 현재의 대인시장을 구성하고 있는 이질적인 공간들—로컬, 국가, 세계—의 중층성을 확인할 수 있으며, 이러한 힘들의 길항 안에서 대인시장의 로컬리티가 재조정된다.

---

43 최병두 외, 『지구 지방화와 다문화 공간』, 푸른길, 2011, 16쪽.

참고문헌

광주광역시사편찬위원회, 『光州歷史』, 1998.

「광주 비엔날레 결과보고서」, 2008.

「대인예술시장 예술의 거리 활성화사업 백서」, 2009~2013.

(재)광주문화재단, 「무들마루 가이드북」, 2013.

(사)전라도지오그래픽, 「대인예술시장 별장 프로젝트」, 2014.

(사)전라도 지오그래픽, 「대인예술시장 별장 프로젝트」, 2014.

박경섭, 『시장과 예술-공공성과 공동체의 사회문화적 구성』, 전남대 박사논문, 2013.

조명기, 「로컬에 대한 두가지 질문」, 『로컬리티인문학』11, 2014.

최병두 외, 『지구 지방화와 다문화 공간』, 푸른길, 2011.

한은숙, 『광주 도시경관 재구성의 정치-아시아문화전당 건립을 중심으로』, 전남대 박사논문,
        2010.

도린 매시, 박경환 외역, 『공간을 위하여』, 심산, 2016.

데이비드 하비, 구동회·박영민 역, 『포스트모더니티의 조건』, 한울, 2008.

자크 랑시에르, 주형일 역, 『미학 안의 불편함』, 인간사랑, 2009.

폴 리쾨르, 김한식 역, 『시간과 이야기 3-이야기된 시간』, 문학과지성사, 2004.

피에르 마슈레, 배영달 역, 『문학생산이론을 위하여』, 백의, 1994.

『한겨레』, 2008.5.29.

『서울신문』, 2009.2.27.

『광주일보』, 2012.4.23.

『광주일보』, 2015 1 28.

『광주드림』, 2016.11.9.

http://blog.naver.com/tnvidutk/70031560343

http://blog.naver.com/gigiana79/20056575752

http://webzine.gokams.or.kr/01_issue/01_01_veiw.asp?c_idx=48&idx=186

공공미술과 장소서사

함부르크의 파크 픽션을 중심으로

김동규

1. 공론장, 장소, 공공미술

장소에서 개인, 국가, 사회, 지리적 조건, 자연 생태 환경 등의 다양한 공시적 길항관계가 연출된다. 이에 더하여 해석된 역사, 전통과 관련된 현실적 장소서사와 해석되지 않은 잠재적 장소 서사들이 또 다시 통시적 길항관계를 연출한다. 예컨대 제주의 강정마을이라는 장소의 서사는 역사, 자연, 전통, 국가, 국제정치, 거주민, 군대, 산업 등의 다양한 힘이 긴장을 연출하며 이전과 다른 장소의 서사를 써가고 있다. 부산 가덕도의 외양포도 근대 이전의 이야기와 근대의 이야기, 그리고 현재의 이야기가 일상, 제국, 산업의 서사가 충돌하면서 지역의 서사를 생산하고 있다.

이것을 다시 (행정과 시장)체계의 서사와 (그 외)생활세계의 서사로 단순화해볼 수 있다. 다시 말해 화폐를 매체로 수익의 효율성을 추구하는 시장체계와 권력을 매개로 통제의 효율성을 추구하는 행정체계 그리고 다양한 일상적 활동이 존재하는 생활세계 사이의 길항관계가 존재한다는 것이다. 이 길항관계 사이에서 체계의 침입을 막으려는 생활세계의 저항과 방어, 침입당한 세계를 되찾으려는 생활세계 속 공세적 태도와 정당화 작업이 이루어진다. 특히 이러한 공적 작업이 생활세계 속, 공론장에서 열린다는 것이 하버마스의 설명이다. 그렇다면 장소는 이러한 공적 서사를 생산하는 물리적 조건이다. 그 중에서 공공미술 또는 장소 특정성 미술은 이러한 공적 장소성의 서사를 생산하는 데 중요한 기여를 한다.

이러한 공공성은 현실적 형태로 드러나기도 하지만, 새로운 이야기와 새로운 힘을 예견하는 잠재성의 형태를 띠기도 한다. 공공성의 서사, 장소의 서사가 특정한 시기에 한정되어 종료를 선언하기 힘든 이유도 여기에 있다. 공적 토론을 통해 생산된 합의가 늘 새로운 비판에 개방되어야 하는 것처럼 말이다. 그런 점에서 공공예술과 장소의 서사 역시 공공성의 현실태와 가능태 사이의 지속적 긴장을 연출한다 하겠다. 장소의 서사는 끝날 줄 모르는 집합적 서사이다.

장소성에 기반을 두고 생산되는 공공미술의 서사는 '장소 특정적 예술'의 이론적 궤적을 따르든, '새 장르 공공미술'의 궤적을 따르든, 양쪽 모두 장소성의 서사가 변해가는 궤적은 유사해 보인다. 즉 ① 예술 작품의 미학적 서사가 장소 서사를 압도하던 단계에서, ② 예술이 건축의 서사와 협업을 하거나, 건축의 서사에 압도되던 단계를 거쳐, ③ 장소성을 결정하는 커뮤니티의 서사와 미술의 서사가 결합하려는 단계를 거치는 것이다. 이를 예술과 장소의 관계로 재구성하면 ① 오브제 중심에서 ② 프로젝트 중심으로 그리고 ③ 장소에 거주하는 관객 중심으로 넘어가는 과정으로 드러난다. 이것을 다시 장소의 서사로 연결하면 ① 장소에 무관심하던 장소 예술이 ② 건축이 구획한 공간Site과 협력하거나 건축이 창출한 장소성에 예속되다가, ③ 장소에 거주하는 관객 또는 커뮤니티의 장소Place에 관심을 갖는 과정을 거친다.[1]

미술이 이처럼 새롭게 방향을 틀게 된 계기는 무엇일까? 근대미술이 예술의 자율성을 천명하면서 일상과 괴리된 화이트 규브 안의 '미'로 자신을 차폐시킨 데 대한 문제제기 때문이다. 스스로 만든 감옥에서 작가의 아우라와 작품의 아우라에 만족하는 가운데, 아도르노 같은 미학자들이 그러한 예술을 마치 회칠한 무덤 속 부장품 같다고 비판했다. 미술관을 무덤에, 작품들과 작가를 그 미술관에 매장된 사람과 부장품으로 여겼던 것이다. 그렇게 삶으로부터 완전히 절연된 미술을 다시 일상으로 되돌리려 했던 것이 예전의 '아방가르드'였다면 지금의 공공미술을 그 아방가르드를 더 급진적으로 계승한 것이라 할 수 있다. 더 급진적이라고 하는 이유는 예전의 아방가르드에서는 작가가 관객에게 충

---

1 이러한 일련의 과정에 대해서는 다음을 참고하라. 권미원, 『장소 특정적 미술―One Place After Another』, 김인규・우정아・이영욱 역, 현실문화연구, 2013. 그리고 수잔 레이시 편, 이영욱・김인규 역, 『새로운 장르 공공미술―지형그리기』, 문화과학사, 2010. 공간과 장소의 차이에 대해서는 다음 인용을 참고하라. "공간(site)은 장소(place)를 물리적으로 구성하는 속성들, 그러니까 그 덩어리, 공간, 빛, 지속, 위치, 그리고 물질적 과정들을 표상하는 반면, 장소(place)는 공간(site)의 실천적이며, 특유하고, 심리적, 사회적, 문화적, 의례적, 종족적, 경제적, 정치적, 그리고 역사적인 차원이라고 어떤 사람은 말한다. 공간은 틀을 말한다면, 장소는 그것들을 채우고, 작동케 하는 것이다. 공간은 지도들이나 광산 같은 것인 반면에, 장소는 기억이나 정원과 같은 인간적인 내용의 저장소들이다." 수잔 레이시, 앞의 책, 201쪽.

격을 선물한 반면, 최근의 공공미술에서는 작품 철거를 요구하는 관객이 작가에게 역으로 충격을 주기도 하기 때문이다. 덕분에 작가는 철거를 면하거나, 자신의 작품을 장소에 제대로 실현하기 위해서라도 공적 소통의 역량을 십분 발휘해야만 했다.

미술의 공공성을 급진화시킨 이러한 변화가 어떤 의미를 가질 수 있을까? 단적으로 파괴되고 식민화된 생활세계에 공적 활력을 불어 넣을 수 있다는 데 공공미술의 의의가 있다. 공적 활력을 불어 넣어야 하는 이유는 무엇일까? 실제로 최근 들어 공적인 장소 공적인 삶을 창출하기 위한 물질적 비물질적 장소들이 급격히 사사화되고 있다. 예컨대 공기업 민영화 수준이 아니라, 공공재가 사유재가 되는 상황들, 종편과 공영방송의 공공성 저하 등을 생각하면, 공적인 것의 대대적인 축소와 대대적인 사유화를 목도하고 있질 않나. 이런 상황을 일찍이 하버마스는 체계에 의한 생활세계의 식민화 테제로 진단한 바 있다. 그런데 상황은 더 악화된 듯하다. 왜냐하면 우선 체계에 의한 식민화를 막아내지 못하고 식민화 경향이 점점 더 진척되는 듯하고, 심지어 체계의 논리에 완전히 압도된 듯한 상황이 연출되는 것처럼 보이기 때문이다.

예컨대 대학을 학문의 전당으로 생각하던 시대가 있었다. 그러나 지금의 한국사회는 대학을 더 이상 학문의 전당으로 보지 않는다. 대학은 순전히 취업의 전초기지로 전락했다. 그래서 취업에 방해가 되는 학문을 '구조조정'이라는 명목으로 대학에서 추방하는 일이 비일비재하다. 시장체계의 논리와 행정체계의 논리가 대학이라는 생활세계를 침식해 들어갔기 때문이다. 다른 예를 하나 들자면 부산에는 북항재개발이 부산항만공사에 의해 진행되고 있다. '공사'라는 이름이 무색하게 북항재개발은 철저히 시장논리로 돌아가고 있다. 항만공사는 공론과정을 통해 생산된 재개발 원칙이 있음에도 이를 무시하고 북항의 넓은 땅을 팔아서 이윤을 챙기려 하는 것이다. 공론의 과정은 그저 형식적 과정에 불과했다. 그 결과 문화예술지구, 상업지구, 주거지구 등 지구단위 계획을 '형식적으로' 짜놓았지만, 토지를 매입한 측에서 자의적으로 용도 변경을 할 수 있는 여지를 완전히 열어둠으로써, 토지 매입자가 자신의 사익을 자유롭게 추구할 여지를 남겨두었다. 공익적 차원을 위한 '공원'조성으로 출발했던 사업이 결국 부동산 중계업자를 자처한 부산항만공사에 의해, 북항은 사익을 노골적으로 추구할 수 있는 부동산 매물이 되고 만 것이다. 두 체계의 공모는 이렇게 생활세계를 하나 둘 점거하기 시작했다. 시민을 위한 공적 / 사적 공간은 시나브로 사라지고, 추방된다. 심지어 부산은 그 공적 역할을 제대로 담당하는 광장 하나 없다. 현재 부산은 194건의 재개발이 동시다발적으로 진행되고 있다.[2]

이런 상황에서 나름의 역할을 진정성 있게 수행하고자 하는 공공미술이 등장한다.[3] 그 탈환작업 중 대표적인 것이 바로 점거squat운동이다. 화폐와 권력을 매체로 사용하는 행정체계와 경제체계의 효율성 서사에 오염된 생활세계를, 미술을 도구로 한 공적 행동을 통해 정화하려는 가장 급진적 행위 중 하나가 바로 점거라 하겠다. 공공미술은 이렇듯 점거와 저항을 통해 체계에 식민화된 생활세계의 영역을 탈환하며, 공적 장소를 시민의 새로운 공적 서사로 채워나가고 있다.

---

2   박자현, 『고양이들은 어디로 갔을까?』, 비온후, 2016, 34쪽 참고.
3   여기서 공공미술(public art)을 관주도적인 관공미술(official art)과 구분하고자 한다. 이에 대해서는 졸고, 2013, 98쪽 참고.

2. 공공미술—하버마스와 레이시 사이에서.

공공미술 중 가장 최근 경향을 새장르 공공미술이라 한다.

> 새 장르 공공미술은 지금까지 공공미술이라고 불리어진 것과 다르게 참
> 여에 기초한다. 우리는 이를 '폭넓고 다양한 관계와 함께 그들의 삶과 직접
> 관계가 있는 쟁점에 관하여 대화하고 소통하기 위해 전통적 또는 비전통적
> 인 매체를 사용하는 모든 시각예술'을 지칭하는 것으로 정의하고자 한다.[4]

새 장르 공공미술은 의사소통을 중시한다. 실제로 공공미술 작업을
진행할 때, 이런 일을 해야 할 경우가 상당히 많다. 그리고 이것이 지역
주민의 지역 정체성 표현으로 이어져서, 지역의 장소적 특성이나 서사
를 새롭게 구성해내기도 한다. 이런 맥락에서 박찬경과 양현미는 소통
을 중시하는 새 장르 공공미술의 전략이 하버마스의 공론장이론이나
의사소통행위이론과 결합된다면 주관성에 갇힌 미술의 한계를 극복할
수 있을 것이라 기대한다.[5] 그런데 과연 새 장르 공공미술이 하버마스
이론과 무리 없이 접합될 수 있을까?

식민화된 생활세계를 다시 탈환해오는데, 공공미술이 중요한 역할
을 했다지만, 정작 공공미술은 하버마스의 이론과 쉽게 접합될 수 없
다. 하버마스의 생활세계가 언어를 중심으로 한 의사소통적 합리성으

---

4 수잔 레이시, 앞의 책, 24쪽.
5 박찬경, 양현미, 「공공미술과 미술의 공공성」, 『문화과학』 53호, 문화과학사, 2008, 122
   ~123쪽 참고.

로 돌아가는 반면, 공공미술은 시민과의 소통도 중요시하지만, 동시에 공감의 정서라든지, 영성 등, 의사소통적 합리성 영역을 벗어나 작동하는 경우가 많기 때문이다. 심지어 소통의 결과를 작품으로 번역하는 과정, 그리고 작품을 소통의 매개로 사용하는 과정 등, 하버마스의 합리성이론으로 이 모든 것을 해결할 수는 없다.

따라서 하버마스의 공론장이 '합의'와 의사소통을 지향하는 한, 언어 외적인 것은 언어적 소통을 위한 부수적 도구가 되거나, 소위 '공론장'의 공론 영역 바깥으로 배제될 수도 있다. 예술이 이미 합리성의 영역을 넘어 작동하고 있기 때문에, 하버마스의 이론을 따르자면 공공예술은 공론장의 배경 아니면, 공론을 해치는 방해요소 정도로 치부될 수 있다. 그런 점에서 새 장르 공공미술이 자신의 이론적 문제를 돌파하기 위해 하버마스의 의사소통행위이론이나, 공론장이론에 기대는 것은 한계가 있다. 정작 새 장르 공공미술이 소통을 중시한다고 하더라도, 우리는 새 장르 공공미술이 실제로 하버마스적 의미의 소통을 넘어서 활동하고 있다는 것, 그리고 소통의 결과로 소통을 넘어선 투쟁의 전략을 사용한다는 것을 인정해야 한다.

물론 대화와 소통을 중시한다는 점에서 하버마스의 이론과 새 장르 공공미술은 충분한 접점이 있다. 그러나 그게 전부는 아니다. 예컨대 생활세계의 영역을 지켜내야 하거나, 뺏긴 생활세계의 영역을 탈환하려 할 때에는 소위 '말이 통하지 않는 경우'가 생기기 마련이다. 소위 극복할 수 없는 불통의 관계에 직면하는 경우가 있는 것이다. 앞서 언급한 점거의 사례를 봐도 그렇다. 심지어 애초에 말문이 막혀 있는 서발턴의 경우도 있다. 뿐만 아니라 기존의 공공성이 가진 문제를 폐기하기 위해서라도 기존의 공론장이나 기존의 소통방법을 중단시켜야 하는 상황도 있지 않나. 그러므로 하버마스의 이론과 새 장르 공공미술의 입장이 마찰 없이 접합될 수 없다.[6]

그렇다면 공론장의 공적 활력을 의사소통적 합리성을 너머로 확장할 수는 없을까? 이 질문에 대답하기 전에 함부르크의 파크 픽션의 사례를 먼저 살펴본 후, 이 사례를 통해 하버마스의 식민화테제와 공론장의 문제를 새 장르 공공미술과의 비교를 통해 재구성해보자. 그러고 나면, 파크 픽션이 창출한 공공성이 장소 서사의 생산과 어떤 연관이 있는지가 드러날 것이다.

3. 파크 픽션Park Fiction

1) 파크 픽션 이전 상황

13세기부터 함부르크는 도시 전체가 한자 동맹을 통한 외지무역과 항만을 통한 자유무역이 보장되는 면세 지역이었다. 한자 동맹은 13~17세기 북독일과 발트 해 연안의 도시들 간에 체결된 연맹이다. 자유무역과, 해적으로부터의 방어, 상권의 확장 등을 목적으로 체결된 동맹이다. 특히 15~16세기에 항구를 통한 교역량이 급증한다. 이로 인해 주거부족 현상이 발생했고, 상인들이 자신의 안뜰에 선원, 점원, 도제들을 위한 거처를 만들기 시작한다. 함부르크 골목구역은 이때부터 형

---

6   졸고, 2013, 81~82쪽 참고.

〈그림 1〉 함부르크 옛 항구모습

성되기 시작했다.[7] 함부르크에는 이후에도 지속적으로 항구가 건설된
다. 1866년 산토어항, 1875년 그라스부르크 항, 1877년에 슈트란트항
이 그렇다.[8]

　1883년에 함부르크 시는 도시미관과 인구과밀로 인한 열악한 위생
등을 이유로 구 도심지 암 도벤플레트 골목구역 주민 8000여명에게 철
거 계획을 통지하고 한 달 만에 철거를 단행했다.[9] 실제로 1880~
1895년 사이에 항만 인근 골목구역에 등재된 동거인 수가 1만 8천여
명에서 약 13만 3천 명으로 급증했다고 하는데, 철거도 이와 동시에 이
루어진 것이다.[10]

7　정문수, 정진성, 「함부르크 골목구역의 철거와 보전－젠트리피케이션에서 도시에 대한 권
　　리로」, 『한국항해항만학회지』 제36권 제6호, 2012a, 466쪽 참고.
8　정문수, 정진성, 「함부르크 골목구역의 철거와 보전－갈등에서 공존으로」, 『한국유럽학회 학술
　　발표논문집』 제6권, 한국유럽학회, 2012b, 614쪽 참고.
9　위의 글, 616쪽 참고.

〈그림 2〉 함부르크 옛 골목구역

　1888년에 함부르크는 자유무역도시로서 면세특권을 포기하고 독일의 관세동맹에 가입하는 대신에 약 16제곱킬로미터의 자유항만에서만 면세로 물자를 하역할 수 있는 특권을 보장받는다. 그와 동시에 구도심 시민 약 2만 4천명이 강제철거 당한다. 이곳이 도시 안의 도시 바로 창고도시Speicherstadt다.[11] 1885~1895년 사이에 벌어진 창고도시의 건설은 항만건설, 주거지, 상업시설의 일체화를 종식시켰다. 이는 항만과 도심의 분리를 초래했는데, 이를 통해 도심과 엘베 강과의 연결이 약 100년간 단절된다.[12]

　시장체계의 논리와 근대 도시의 기능분화라는 행정 체계의 논리가

[10]　정문수, 정진성, 2012a, 467쪽 참고.
[11]　정문수, 정진성, 2012b, 614~615쪽 참고. 그리고 정문수, 정진성, 2012a, 467쪽 참고.
[12]　정문수, 정진성, 2012b, 615쪽 참고.

함부르크에서 체계 논리의 확장과 아울러 철거와 추방의 서사를 써 내려갔던 것이다. 철거 역사는 계속 이어진다. 1893년 카이저-빌헬름 신작로건설은 구도심에서 신도심으로 뻗어 있었는데, 이 공사로 인해 도심지 골목구역의 주거지와 골목이 다 철거되었다. 그래서 약 24,000명이 일터에서 가까운 항구근처의 주거지를 잃고 강제 이주 당한다.[13] 1897년 완공된 시청은 중앙역까지 대로로 연결되었는데, 이때도 골목구역이 철거된다. 1903~1914년 사이 시청-중앙역-증권거래소를 연결하는 지하철과 도로 건설을 위해 신도심지 골목구역이 재개발되었고, 구도심지 묀케바르크대로(1908~1914)가 건설되었다. 이로써 골목구역은 시야에서 사라지게 된다. 함부르크의 도시서사는 소외된 자들의 주거지 철거와 특정 집단의 정치적 경제적 이해가 집약적으로 반영된 결과였다. 이제 남은 골목구역은 함부르크 북쪽뿐이었다. 여기는 주로 유대인이 거주하거나 공산주의자들이 거주했다.[14] 여기에 이후 언급하게 될 갱에비어텔이 있다.

시장체계와 행정체계의 논리는 1980년대 절정을 이룬다. 예컨대 1981~1988년 동안 함부르크 시장을 역임했던 클라우스 폰 도나니는 '기업으로서의 함부르크'를 표방한다. 그는 이를 통해 전형적인 신자유주의 도시정책을 펼친다. 그 연장선에 2002년 함부르크 시장 올레 폰 보이스트는 "기업으로서의 함부르크"를 '메트로 폴리스 함부르크 성장하는 도시'로 미화시킨다. 이 발전계획을 구체화하고 그 대표 사례가 하펜시티 프로젝트이다. 2007년 이에 대한 비판과 저항으로 인해 등장한 것이 "재능도시" 함부르크

---

13 정문수, 정진성, 2012b, 616쪽 참고.
14 위의 글, 617쪽 참고.

였지만, 문제가 해결되지는 않았다. 창조계급을 체계의 들러리로 소비하는 수준에서 끝났기 때문이다.[15]

1995년~2004년 상 게오르그와 상 파울리의 사회지표를 보면, 사회복지대상자, 외국인노동자, 실업자율의 비율이 30~50%정도 내려간다. 그러나 함부르크 시 전체의 실업률은 오히려 5% 올랐으며, 사회복지대상자의 비율은 6%밖에 감소하지 않았다. 복지 수혜 대상자들이 대부분 도시 외곽으로 빠져나간 것이다. 실제로 2003년 하펜시티 프로젝트가 실행된 이후, 재개발 대상 인근인 북쪽의 상 게오르그 구역, 서쪽의 상 파울리, 도심에서 떨어진 오텐젠과 에임스뷔텔마저도 집세가 인상되었다.[16] 함부르크의 창조적 저항의 전통은 이런 배경에서 등장했다. 그 최초의 사례 중 하나가 파크 픽션이다.

---

15 위의 글, 610쪽 참고. 그리고 정문수, 정진성, 2012a, 465 · 469 · 470쪽 참고.
16 정문수, 정진성, 2012b, 610 · 622쪽 참고. 그리고 정문수, 정진성, 2012a, 465 · 469 · 470쪽 참고.

2) 파크 픽션[17]

함부르크의 상 파울리 교회가 있는 항구 인근 피나스베르크에 조그만 녹지가 있다. 여기에 현대적인 사무실 전용 건물을 만들려는 도시계획이 공고된다. 사실 공원부지인 피나스베르크에 실행하려던 건축계획은 이미 80년대 초부터 함부르크 시가 계획하고 있었던 것이다. 81년 공원부지에 맞닿아 있는 상 파울리 교회는 이런 건축 계획에 항의했고, 91년 피나스베르크 주민은 자신들의 공원을 직접 조성하겠다고 요구했다.

함부르크는 항구도시다. 이 항구와 엘베강을 중심으로 미디어회사나, 금융회사, 부동산 회사 등이 장소를 찾고 있었다. 항구의 경치가 포스트 산업사회의 마케팅 수단이었으므로 경치 좋은 항구 주변에 건물들이 들어오려고 했다. 그러나 빌딩으로 땅이 팔리면 주민들은 항구의 경치를 즐길 수가 없다. 정말 조그만 창문정도의 크기로 강과 항구를 볼 수밖에 없는 상황에서 상 파울리 교회 인근에 살던 시민들은 분노할 수밖에 없었다. 저항을 위해 사람들은 단결했고, 욕망(소망)을 모으기 시작했다. 파크

---

17 본문에 언급된 파크 픽션의 사례에 대해서는 본문에 별도의 각주를 언급하지 않은 이상, 다음 책과 사이트를 참고한 것이다. 각 참고자료들이 비슷한 내용이 상당히 많이 중복되어 있고, 분량도 많지 않기 때문에 일일이 언급하기보다는 내용을 요약, 종합하였다. Ivan Baresic-Nikic, *"Kunst im öffentlichen Raum" – Politik in der Hansestadt Hamburg – Entstehung und Entwicklung des " "Kunst im öffentlichen Raum"-Programms im Spannungsfeld von künstlerischer Freiheit und politischer Inanspruchnahme*, ConferencePoint Verlag Hamburg, 2009, S. 200~202를 참고.
www.spatialagency.net/about/, https://de.wikipedia.org/wiki/Park_Fiction 그리고 파크 픽션 MIT강연은
http://park-fiction.net/park-fiction-massachusettes-institute-of-technology/ 를 참고했으며, 나머지는 파크 픽션 홈페이지 http://park-fiction.net를 참고.

픽션 프로젝트가 시작된 것이다.

파크 픽션은 1994년에 시작된 저항적 기획이다. 이 기획은 독일 함부르크의 항구 지역 속에 있는 한 장소의 개발에 반대하는 사람들이 연합하여 만든 하나의 캠페인이다. 알토나의 구도심에 있는 피나스베르크 주변의 거주자들과 상 파울리 교회 인근에 사는 거주자들은 1994년 처음으로 기존의 주거지 건축과 사무실 건축 계획 대신에, 조밀하게 건축된 자신들의 동네를 위해 공공 공원을 만들어달라고 요구했던 것이다. 이를 위해 만들어진 시민단체가 항구부두협회다. 이들의 주 업무는 이처럼 매우 쾌적한 공적 장소에 수익형 주거지나 사무실이 들어오지 못하게 하는 것이었다. 그 대신 이러한 개발계획에 병행하는 시민 주도적 공원을 디자인 했다.

파크 픽션이 집합적이고 참여적으로 계획된 기획이었음에도 불구하고 수많은 핵심적 인물들이 있었다. 지역 사무실과 협상하고 캠페인을 조직하는 등의 과정을 이끌어 나갔던 예술가 크리슈토프 쉐퍼Christoph Schäfer, 영화 제작자 마르깃 첸키Margit Czenki 그리고 엘렌 슈마이서Ellen Schmeisser가 그들이다. 이들은 이후 주민들과 소통을 돕기 위해 함부르크 시에 의해 고용되기에 이른다. 그 밖에도 연예인이자, 가수이자, 작가인 로코 샤모니Rocko Schamoni가 있었는데, 그는 피나스베르크의 안토니파크 아래쪽에서 골든 푸델 클럽Golden Pudel Club을 운영하고 있었다. 이 클럽은 철거의 위협을 받고 있었던 반면, 주민들은 이 클럽을 보존하고 싶어 했다.

사회적 기관들과 동네의 유일한 학교 그리고 한 명의 예술가로 구성된 이웃 청원이라는 모임은 그 공원을 위한 최초의 스케치를 완성했고,

〈그림3~6〉 골덴푸델클럽과 클럽화재, 도시의 권리 주장, 클럽의 화재이후

다양한 매체들로 그들의 기획을 알렸다. 파크 픽션 프로젝트는 이처럼 다양한 계층의 협업으로 출발한다.

이 프로젝트는 1980년대에 특히 두드러졌던 점거 운동과 같이 저항의 역사를 가진 지역 전통에 기반을 두고 있다. 도시의 권리에 입각한 함부르크의 오래된 거부의 맥락에서 그리고 서독 지역의 상대적 부에 대한 오래된 반감을 통해 함부르크의 행동주의는 사익을 노리는 개발보다는 오히려 공적인 어메니티(쾌적함)에 대한 요구를 발전시켰다.

시민들이 10년 남짓 싸운 과정에서 가장 성공적인 전략 중 하나는 공적 공간에 대한 저항뿐 아니라, 마치 사람들이 그 장소에 예전부터 살았던 것을 보여준 데 있었다. 예컨대 주민들은 자신의 욕망을 푯말에 적고 자신의 이름을 남겨 각각 특정 장소에 박아두었다. "작은 나무 덤불은 역사적으로 푸들을 위한 것이다."라는 식으로 말이다. 그 외에도 기획 그룹은 그 장소에서 일련의 공적 이벤트를 기획했다. 의사발언하기를 포함하여, 전시, 야외 영화상영 그리고 콘서트와 같은 이벤트가 그것이다. 쉐퍼는 거주자와 방문자가 공원을 '사회적 실재'로 만들기 위해, 사람들이 공원을 계속해서 사용해야 한다고 생각했다.

그 기획의 초기 단계는 도시의 문화국에서 지원하고 '공적 장소 속의 예술 프로그램'이 발주한 펀드에 의해 자본을 모으면서 시작되었다. 문화국이 작가 캐시 스킨과 크리슈토프 쉐퍼를 95년 초청했고, 공원 완성을 목표로 항구부두협회를 지원하기로 결정했던 것이다. 이들은 여기서 '욕망의 집합적 생산'이라는 개념을 발전시켰다. 이러한 욕망 생산을 위하여 주민과 공동작업함으로써 공적, 집단적 계획 절차가 만들어졌다. 하위 공중들도 소외 집단의 사회적 문제에 대해 '논의'할 수 있도록 했다. 부지 건설을 위해 투입된 문화국, 항구부두협회, 도시개발국 간의 지속적인 집중 '논의'도 이루어졌다. 파크 픽션과 항구부두협회는 지속적으로 감축되던 사회복지 예산에 '항의'하는 행사를 개최했고, 항구 병원 폐쇄도 반대한다. 덕분에 공원에 관한 함부르크 시정부와 주민 간의 '대화'가 재개될 수 있었다. 공세적 저항이 민-관의 공론장을 열었던 것이다. 이러한 반대의 중심이 되는 활동 형식은 일종의 인포테인먼트였다. 예컨대 기획자들은 거주자들의 집단적 욕망과 소원들을 수렴하기 위하여, 그 지역 주변의 길목에 기획 콘테이너를 설치했다.(1997년) 거주자들은 자신의 생각을 나누고 그 생각들을 그림으로

그렸다. 예컨대 해적이 있는 우물, 공중 해시계, 물결모양의 잔디로 된 날아다니는 양탄자, 튤립 모양을 한 운동장, 움직이는 종려나무 섬 또는 볼 수 없는 편지를 담은 청소년을 위한 움직이는 우편함 등이 당시 구상되었다.

실제로 MIT공대 강연에서 크리슈토프 쉐퍼는 우리가 도시를 만들어 나간다는 의미에서 "도시는 우리의 공장이다."라고 했다. 이러한 구상을 자연스럽게 유도하기 위해 기획자들은 하나의 게임기를 만들었다. 즉 게임키트를 만들어서 200가구 이상을 방문하며 시민들의 의견을 게임형식으로 수집했던 것이다. 상 파울리 교회 뒤뜰에서 공원의 역사에 대한 영화를 상영하고 강의하기도 했고, 공원에 모여서 건물 건설을 반대하면서, 함께 공원에 대해 이야기하고 공부하기도 했다.

자신들이 원하는 건물을 디자인 한 불법 광고판도 만들었다. 이것을 만드는 과정이 매우 길었는데, 만들어진 후 1998부터 2003년까지 게시가 된다. 그러나 이것이 위험하다고 판단한 시 측은 시민들의 저항을 승인하여 새로운 광고판을 만들어 설치해주었다.

이렇게 파크 픽션을 중심으로 하펜 거리, 상 파울리 교회(로컬 교회), 골든 푸델 클럽, 상 파울리 학교(로컬 학교), 행복지수, 예술세계 등을 엮어냄으로써, 일종의 이웃 네트워크가 형성되었다. 다양하게 모인 시민들의 제안에 따라, 예술가들과 건축가들은 나름의 기획스케치를 내놓았다. 그리고 시민들의 욕망은 실제로 공원에 설치된다.

또 다른 전략은 국제적 미술과 음악 행사에서 그 기획을 보여주는 것이었다. 예컨대 '도큐멘타 11'이 그렇다. 마르깃 첸키Margit Czenki의 영화 〈파크 픽션—욕망들이 집을 떠나 거리로 갔다〉(1999)는 국제적인

〈그림 7~9〉 함부르크 파크픽션과 게지 파크 픽션 연대 운동

명성을 얻게 된다. 빈, 베를린, 취리히 그리고 비엘라에서의 상영 이후 그 프로젝트는 2002년 카셀에서 〈도큐멘타 11〉이라는 제목으로 상영 되기도 했다. 뿐만 아니라 '도큐멘타 11'에서 전시된 작업은 그대로 함 부르크의 레퍼반Reeperbahn에서 전시되기도 했다. 이러한 노출은 파크 픽션이 광범위하게 알려지도록 했고, 특정 권위자들이 나서서 그들의 제안을 방해할 수 없게 했다. 그 공원은 최종적으로 2005년에 현실화 된다. 안토니 파크, 즉 파크 픽션은 결국 2003년 여름에 건설을 시작해 서 2005년 여름에 완공되었다.

그런데 이런 장소성의 문제에 대해 같은 고민에 빠져 있는 곳이 있었 다. 이스탄불 탁심 광장에 있던 게지 공원이다. 2013년 6월, 이 공원을 폐쇄하고 재개발 하려는 움직임이 일자, 이스탄불 시민은 게지 공원 폐 쇄에 반대하는 시위를 열었고, 파크 픽션 역시 이에 동의하는 연대시위 의 장소가 되었다. 그런 의미에서 파크 픽션의 이름은 잠깐 동안 "함부 르크 게지 공원"으로 바꾼 적도 있다.

이 예술기획은 상황주의이론가들의 도시계획 이론 및 실천, 질 들뢰 즈와 펠릭스 가타리라는 이론가의 이론 및 실천, 앙리 르페브르의 공간이론 및 실천, 그리고 댄 그래엄이나 슈테판 빌랏과 같은 개념미술가들의 작업과도 관련되어 있다. 뿐만 아니라 요셉 보이스의 사회적 플래스틱이라는 확장된 예술개념과도 연관이 있다. 파크 픽션은 주민의 욕망에 따르는 대안적이고 서사적인 도시 계획을 실행하면서, 르페브르 식의 비경제적 사용가치를 위한 추상적 공간의 전유를 꾀했던 것이다.

근대미술의 특성인 예술의 자율성과 달리 이 기획은 교류의 플랫홈을 만들어냈다. 공공미술이 그렇듯 예술의 자율성 반대편으로 가서 시민들과 협력하여 만들어낸 집합적이고 공적인 작품이 바로 파크 픽션이었던 것이다. 영화 〈파크 픽션〉에는 다음과 같은 대사들이 등장한다.

그 도시가 무엇인지를 새롭게 규정하기 위해서는, 그리고 그 도시 전반에 다른 네트워크를 만들기 위해서는, 그 도시를 우리 것으로 만들기 위해서는, 어떻게 그 도시가 다르게 돌아갈 수 있는지를 일반적으로 보여주기 위해서는 집단적 욕망생산이 중요했습니다.(크리슈토프 쉐퍼)

그것은 공원을 단지 녹지로 바꾸는 것만은 아니었습니다. 그것은 공원과 정치학에 대한 것이었고, 공적인 공간을 사적인 것으로 만드는 것에 대한 항의였으며, 전세계의 공원에 대한 외침이기도 했습니다. 뿐만 아니라 스케이트 보드에 대한 것이기도 했고, 도시의 속도에 대한 것이기도 했습니다. 그리고 이에 따라 공원은 공동체의 회의이자 민주적 의사결정과정에 대한 것이었습니다.(자빈)

이후에도 파크 픽션은 다양한 정치적 저항 운동을 예술과 연계시켜서 해냈다. 크리슈토프 쉐퍼에 따르면 2001년 여름은 굉장히 거칠었다고 회상한다. 200명의 예술가들이 8월에 15개의 집을 점거했고, 9월에 쫓겨났다. 그 5주 전에 갱에비어텔에서 전시를 하면서 모든 욕망의 기계는 거부로 시작한다는 기치를 신뢰했다고 한다.[18] 그리고 이러한 메시지를 담은 깃발도 만들어 도시 여러 지역에 달기도 했다. 푸들 아트 마켓, 상 파울리 바자 등을 지속적으로 열고, 수천 명의 사람들이 운집하여 공원에서 영화를 보면서 지역적 장소의 활력을 이어나갔다.

그럼에도 파크 픽션은 다른 한편에서 시의 배제에 노출되기도 했다. 함부르크 시의 문화담당국이 2000년에 시의 예술가 협회와 함께 〈외근〉 프로젝트를 통하여 하나의 전시를 기획한 적이 있었다. 다양한 이용자 집단을 주제로 하여 주체 형성의 측면에서 다원적 인식 가능성을 염두에 둔 공공미술의 새로운 작업 분야를 개척한다는 모토를 제시했지만, 전시 제작자들은 하위공중의 등장을 생각지 않았다. 그리고 전시는 기업적 도시의 요구에 부응하는 선에서 그치고 말았다. 예컨대 조각 설치는 미술관 거리의 가치 제고라는 도시적 요청에 따른 수준에서 진행되었을 뿐이다. 피오나 탄의 스펙터클하고 기능적인 폐차 영화관 같은 프로젝트는 외면적 매력이나 삶의 질에 대한 요구를 충족시켰기에 허용되었지만, 엔스 하닝의 외국인 수영장 무료 이용을 위한 무료입장 같은 프로젝트는 당국의 허가가 나지 않아 성사되지 못했고, 알스터 공원의 조깅하는 사람들 또는 한지 동맹도시 함부르크의 영화 동호인 같은 단체들은 고려되는 반면, 불리한 위치에 있는 하위공중 또는 비판적 논의들은 공공 공간의 예술

---

18 이때 이미 파크 픽션은 성공적인 또 하나의 창조적 반대의 전통, 즉 갱에비어텔 운동을 예비하고 있었던 셈이다.

〈그림 10〉 파크 픽션 전경

적 실천에 투입돼야 함에도 불구하고 전시로부터 배제되었다. 나아가 파크 픽션 같은 개입적이고 참여적 프로젝트는 아이디어가 충분히 발전되지 못했다는 이유로 전시되지 못했고, 덕분에 참여적이고 과정적인 미술이 현저히 축소되고 만다.[19] 도시의 브랜드 가치를 높이기 위해 창조계급을 도구화하는 체계의 논리는 여전했다.

　파크 픽션은 새로운 도시성의 맥락에서 현재의 주민을 위한 휴식공간으로 기능할 뿐만 아니라 특정집단을 위한 이미지와 문화의 공간으로도 기능했다. 이는 장기적으로 주민 중심의 도시계획 모델보다는 기업적 도시에 의한 체험 공간으로 도구화될 가능성도 있다. 이는 경우에 따라서 주민의 추방 과정을 가속화시킬 여지가 있다. 파크 픽션은 우베 레비츠키의 지적처럼 기업적 도시의 이익을 위해, 도시 구역의 경제적 가치 제고를 위한 적극적 저항방지서비스로 변하게 될지도 모른다. 물론 파크 픽션이 행해지는 도시 구역은 저항의 뚜렷한 전통을 무시할 수

19　우베 레비츠키, 최현주 역, 『모두를 위한 예술』, 두성북스, 2013, 152~153쪽 참고.

는 없다. 그러나 이러한 우려 앞에서도 파크 픽션의 추이는 여전히 지켜보아야 한다.[20]

3) 파크 픽션 이후

파크 픽션 이후 다방면의 저항이 등장한다. 2008년에서 2009년까지 도시에 대한 권리를 표방하면서 상 파울리의 "캐비어 비가 내린다",[21] 샨첸피어텔의 "센트로 조치알레", 베른하르트 노호트의 "베른하르트 노호트 구역은 안 된다." 갱에비어텔에는 "콤 인 디 갱에", 알토나에는 "프라판트"[22]와 "알토나에 이케아 반대" 그리고 "예술가의 집 프리제"[23]가 결성되었다. 상 파울리에서는 하펜시티 프로젝트로 인한 임대료 상승, 샨

---

20 위의 책, 214~215쪽 참고.
21 캐비어는 여기서 부를 상징하는 음식을 뜻한다. 함부르크의 치솟는 부동산 가격과 거기서 철거와 추방의 공포를 겪는 사람들 사이의 격차를 은유적으로 비판하는 의미에서 '캐비어 비가 내린다.'는 슬로건을 걸고 저항운동을 한 것이다. 2016년 11월 30일 중앙동 비아트 사무실에서 열린 '함부르크의 장소미술과 부산의 또따또가'라는 집담회 중 함부르크 출신 한나 하르트만(Hannah Hartmann)의 언급을 인용한 것이다. 하르트만은 해양대 교환학생으로 2016년 또따또가 센터의 인턴 일을 하다가 최근 12월 말경 함부르크로 돌아갔다.
22 예전이 쇼핑몰이었지만, 경제적 어려움을 겪다 볼링센터 등 다양한 용도변경을 거듭하다가, 문을 닫고 폐쇄된 채 방치된 이후 예술가들이 점거하여 아틀리에로 사용하기도 했던 공간이다. 비아트에서 개최된 집담회 중 한나 하르트만의 언급을 인용.
23 프리제(Frise)는 현재 예술가의 집으로 계속 사용되고 있는데, 갱에비어텔이 조합회사를 만들어 세습임차권(Erbpacht)의 시로부터 얻어내는 아이디어를 차용할 수 있도록 계기를 제공한 함부르크의 첫 번째 사례에 해당한다. 이에 대해서는 2013년 4월 25~27일 Institute of International Maritime Affairs(IMA)에서 주최하고 해양대에서 열렸던 제3차 국제 컨퍼런스(the 3rd International Conference of the World Committee of Maritime Culture Institutes(WCMCI)의 자료집 중 크리스티네 에벨링의 글을 참고하라. Christine Ebeling, "Das Gängeviertel in Hamburg" *Dynamism of Seaport Cities — Sociocultural Acculturation and Creation*, IMA, 2013, 270쪽 참고.

〈그림 11~14〉 예술가들에 의해 점거된 프라판트

〈그림 15~18〉 프라판트의 철거와 이케아(IKEA) 입점

첸피어텔에서는 건물주의 임대계약 연장 거부, 베른하르트 노흐트, 갱에
비어텔, 알토나의 경우는 시 소유의 임대주택 및 시유지의 민간 투자자
에 대한 매각 반대가 저항의 구심점이었다.[24] 갱에비어텔의 성공적 저항
은 이러한 맥락 위에 있었던 것이다. 이러한 저항에도 불구하고 베른하
르트 노흐트 구역에는 지속적인 철거가 진행되기도 했고, 프라판트는 결
국 철거되어 그 자리에 이케아가 입성해버렸다.

　물론 이 창조적 저항은 실패만을 거듭한 것이 아니라, 행정의 변화를
유도하는 등 성공적인 면도 있었다. 2007년부터는 경제 성장 위주의
정책에 대한 비판을 의식하여 창조도시, 재능도시라는 개념을 도입하
였으며, 지속적인 문제 개선의 요구로 함부르크 시청은 2009년에 창조
유한회사를 만든다. 함부르크 시의회가 젠트리피케이션 문제를 해결하

24　정문수, 정진성, 「함부르크 연대적 공감확보 운동―오버하펜과 골목구역의 조우」, 『해항도시
　　문화교섭학』 12, 한국해양대 국제해양문제연구소, 2015, 154쪽 참고.

고자 2009년 6월 30일 함부르크 창조유한회사를 설립하기로 의결한 것이다. 창조도시 계획을 실행하는 과정에서, 경제적 효과 이외에 창조 예술인들의 지원과 그들의 작업환경 개선하기 위해 설립한 것이다.[25]

이 회사는 함부르크 시가 100%을 지분을 가지며, 창조적 인재들에게 지식, 정보, 서비스를 제공한다. 구체적으로는 창조경제에 속하는 기업에게 잠재적인 창조적 인재를 연결시킨다. 또한 창조경제에 속한 기업이 창업하는 데 갖는 문제점, 기획이나 재정적인 지원을 제공한다. 한편 2009년 시민단체들은 "도시에 대한 권리" 네트워크를 결성한다. 이 네트워크는 젠트리피케이션에 저항하여 '연대적 공간' 확보 운동을 벌인다. 그 대표적인 성공사례가 갱에비어텔이었다. 2009년부터 2014년까지 갱에비어텔은 불법점거 공간에서 묵인된 공간으로, 다시 사회융합적인 공간으로의 변모를 통해 '연대적 공간'이 되었다.[26]

창조유한회사의 가장 중요한 역할은 창조주의자들이 작업과 거주할 수 있는 지불 가능한 공간을 찾아 주는 것이다. 이는 도시에 대한 권리를 주장하는 시민단체의 주장을 반영한 것인데, 이 역할을 전담하기 위해 창조유한회사는 2011년 산하에 부동산은행을 만들었다. 부동산은행은 온라인 혹은 오프라인으로 시나 개인 소유의 작업공간을 창조주의자들에게 임대할 수 있게 했나. 예컨대 창조유한회사는 임대료, 임대기간, 건물주 및 세입자의 요구를 반영하고 세입자가 대출에 필요한 서류작업이나 절차를 지원한다.[27]

---

25 위의 책, 176쪽을 참고.
26 위의 책, 157쪽을 참고.
27 위의 책, 157~158쪽을 참고.

〈그림 19~20〉 갱에 비어텔과 골목 점거 운동 콤 인 디 갱에

　이어서 창조유한회사는 2013년에 오버 하펜에 창조문화구역을 선
정하였다. 그리고 갱에비어텔협회에 갱에비어텔 전면 재보수를 이유로
오버 하펜 이전을 권유한다. 창조주의자들이 지불 가능한 공간을 하펜
시티 안에서 찾도록 지원하는 공간정책이 선행되어야 한다는 취지 하
에, 함부르크 시는 창조주식회사와 창작 공간 오버하펜의 형성을 통해
창조주의자들을 위한 공간정책과 창조적 소기업의 지원책을 마련했던
것이다. 이와 나란히 도시에 대한 권리 네트워크는 젠트리피케이션의
폐해에 집중하며 각 공간에 적합한 창조적 대응을 하려한다. 그래서 도
시에 대한 권리 네트워크를 결절점으로 다양한 시민단체와의 연대와
소통, 저항운동을 다양한 문화행사와 결합하면서 특정 공간 자체를 문
화예술 공간으로 창조했다.[28]

　갱에비어텔은 2014년 8월부터 약 18월 간 갱에비어텔이 오버하펜
으로 이전했다. 오버하펜은 시정부의 창조도시를 대변하는 공간이고,

28　위의 책, 2015, 159쪽을 참고.

〈그림 21~22〉 갱에 비어텔과 골목 점거 운동 콤 인 디 갱에

반면 갱에비어텔 협회는 그 대척점에 있는 도시에 대한 권리를 대변하는 단체다. 실제로 시정부와 갱에비어텔 협회는 연대적 공간 확보와 자립행정을 놓고 갈등과 동시에 상호간의 유연한 소통과 접점을 찾아왔다. 갱에비어텔 협회의 오버하펜으로의 이전은 연대적 공간 실험이 서로 부족한 부분을 보완하는 상생과정이 될지, 아니면 기업으로서의 도시와 공동체로서의 도시의 근본적인 차이를 확인하는 과정이 될지 실험에 들어간 것이다.[29] 이러한 기대가 보여주는 명/암은 여전하다. 현재 갱에비어텔 협회는 다시 갱에비어텔로 돌아갔지만, 재보수에 대한 만족과 불만의 음성이 분분하다.[30] 기업으로서의 도시 서사와 공동체

---

[29] 위의 책, 2015, 158~159쪽·168~169쪽·176쪽을 참고. 갱에비어텔의 현재 운영과 관련해서는 다음을 참고하라. http://das-gaengeviertel.info/

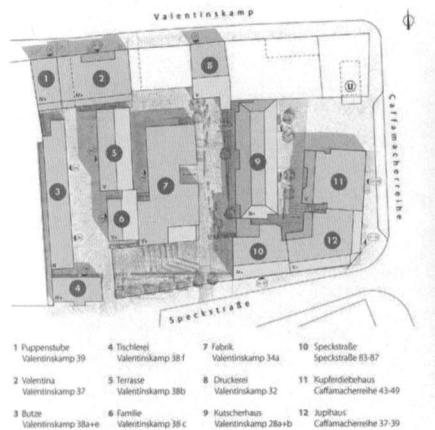

1 Puppenstube
Valentinskamp 39

2 Valentina
Valentinskamp 37

3 Butze
Valentinskamp 38a+e

4 Tischlerei
Valentinskamp 38 f

5 Terrasse
Valentinskamp 38b

6 Familie
Valentinskamp 38 c

7 Fabrik
Valentinskamp 34a

8 Druckerei
Valentinskamp 32

9 Kutscherhaus
Valentinskamp 28a+b

10 Speckstraße
Speckstraße 83-87

11 Kupferdiebehaus
Cafflamacherreihe 43-49

12 Juplhaus
Cafflamacherreihe 37-39

〈그림 23〉 갱에 비어텔 전경　　　　　〈그림 24〉 갱에 비어텔 지도

갱에비어텔 지도 설명

① 인형의 집, 작업공간
　발렌틴스캄프가 39번지

② 발렌티나 정보센타 및 작업공간, 전시장, 쉼터
　발렌틴스캄프가 37번지

③ 쉼터 시민식당 및 전시 갤러리
　발렌틴스캄프가 38a + e번지

④ 가구공방, 전시장, 상점
　발렌틴스캄프가 38f번지

⑤ 쉼터, 테라스, 문학인들의 공간
　발렌틴스캄프가 38b번지

⑥ 가족들의 공간 및 작업공간
　발렌틴스캄프가 38c번지

⑦ 공장(콘서트, 전시, 바, 화장실, 골목구역의 중심지, 만남의 장소)
　발렌틴스캄프가 34a번지

⑧ 인쇄소(콘서트, 전시, 문학인들의 공간)
　발렌틴스캄프가 32번지

⑨ 마부의 집(사용도 다양화, 상점, 교류전시를 하는 아틀리에)
　발렌틴스캄프가 328a + b번지

⑩ 베이컨커리의 집(음악인들의 공간, 쉼터, 자유용도, 갤러리, 바, 전시장)슈펙슈트라세가 83~87번지

⑪ 동으로 도금된 집(예술 시계 갤러리, 바, 화장실, 공예품 노점)
　카파마허라이가 43~49번지

⑫ 유피의집(젊은이들의 쉼터 및 작업실)
　카파마허라이가 37~39번지

30　최근 2016년 12월 14일 수요일 7시 부산의 중앙동 또따또가 갤러리에서 열린 제3회 비아트 비평교류행사인 '함부르크와 또따또가 예술운동'이라는 주제로 필자와 한나 하르트만이 진행한 교류세미나에서 이러한 최근의 상황에 대해서 알 수 있게 되었다.

로서의 도시 서사의 대립은 경제의 성장과 문화의 융성 간의 긴장을 고려하면서 공적인 장소에 대한 정책을 고민하게 만든 것만은 확실하다.

2016년 현재 파크 픽션에는 한 가지 예기치 못할 비극이 생겼다. 골든 푸델 클럽이 2016년 2월 14일(발렌타인 데이)에 외부인이 던진 화염병으로 불타버린 것이다. 1층은 클럽으로 2층은 카페로 3층 다락은 파크 픽션 아카이브로 사용된 곳이었는데, 다양한 사람들이 지속적으로 이 장소에 대해 문제를 제기하고 막아대는 등 갈등이 이어지다가, 예기치 못한 사고로 현재 사라진 상태이다. 골든 푸델 클럽과 쪽파크 픽션 기억의 아카이브는 이제 책자와 영화 그리고 웹상에서만 볼 수 있다. 그러나 여전히 공원으로서 파크 픽션은 잔존하고 있으며 클럽의 붕괴도 시민의 것이지만 재건도 시민의 몫이라 생각하고 있다. 또 다른 사례로 갱에비어텔은 오버 하펜에서 더 좋은 환경으로 돌아와 골목에서 자신의 생을 이어가고 있다지만, 정작 돌아온 작가들은 만족과 불만을 갖고 있으며, 추방과 개선의 위협에서 불안한 생활을 이어가고 있다.[31]

4. 파크 픽션의 공공성과 장소서사 해설

생활세계의 식민화 테제를 파크 픽션의 사례에 적용해보면 몇 가지 고려해볼 지점이 있다. ① 생활세계를 체계로부터 재탈환하려는 시도가 하버마스의 식민화 테제에 대한 몇몇 이론가들의 비판처럼 결코 수

---

31 비아트에서 개최된 집담회 중 한나 하르트만의 언급을 인용.

세적이거나 방어적인 태도만을 취하지 않는다는 점. ② 공적 토론에 앞서 불안과 공포가 공분으로 이어지는 정서적 과정이 연대를 끌어내는 근본적인 동력이었다는 점. ③ 관과의 토론이 진행되긴 했지만, 정작 합리적 합의에 이르기보다는 합의가 불발되거나 지연되는 경우가 더 많았다는 점. ④ 생활세계를 재탈환하기 위한 과정이 공공미술을 도구로 이루어졌다는 점은 의사소통적 합리성 이론을 재구성하면서 이론을 좀 더 확장할 필요가 있음을 시사한다.[32]

실제로 1981년부터 '기업으로서 함부르크'를 표방하던 함부르크 시가 철거와 추방의 공포를 조성해왔던 것은 사실이며, 실제 상 파울리의 사회지표를 참고하더라도 상 파울리 지역 밖으로 다수의 사회적 취약 계층이 빠져나간 것으로 예측되었던 것도 이러한 사실과 무관하지 않다. 실제로 골든 푸델 클럽의 철거가 가시화되었고, 이 클럽의 철거를 방지하려던 의도 역시 파크 픽션 기획을 가동시켰던 주요한 원동력 중 하나였다.

신자유주의적 시장체계는 도시를 시장 친화적 서사로 재구성하고자 했다. 항구의 경치를, 그리고 창조 계급을 그 마케팅을 위한 수단으로 삼아, 도시의 브랜드 가치만을 높이려 했던 것이다. 그 가운데, 시민들은 신자유주의적 시장 친화적 서사에 대립하여, 도시의 권리에 입각한 공적 서사를 들고 나왔다. 그 대표적인 사례가 바로 파크 픽션 프로젝트였다. 그리고 이 연장선에 갱에비어텔의 선언, "우리의 이름으로 함부르크를 팔지 말라!"[33]가 있다.

---

32 이에 대해서는 졸고, 2016, 142~146쪽 참고.
33 정문수, 정진성, 「함부르크 골목구역─프로테스트에서 원도심 재생 프로젝트의 상징으로」,

이들의 공분은 항구부두협회를 만들어 피나스베르크에 수익형 주거
지나 사무실이 들어오지 못하게 막은 것이다. 그리고 시민들이 직접 공
원을 디자인해서 시민들이 공원을 운영코자 했던 것이다. 항구부두협
회가 대외적으로 행한 전략은 체계를 향한 저항 전략과 이스탄불의 게
지 파크나 여타 다른 외부지역과의 소통 전략이었다. 대내적으로는 지
역의 사회적 기관, 지역 학교, 그리고 이웃 청원이라는 모임 등과의 교
류와 소통이었고, 자본-행정에 대한 저항이었다. 이는 시장친화적 도
시 기획에 저항력을 늘리기 위한 두 가지 전략이었다.

　　이러한 과정만을 미루어보아도, 생활세계의 방어와 재탈환을 위해 공
적 토론과, 공적 분노, 교류적 실천과 적대적 저항이 동시적으로 일어남
을 알 수 있다. 따라서 의사소통적 공론장이 중시하는 언어적 합의로는
이러한 활동을 모두 설명할 수 없다. 오히려 앞서 언급된 파크 픽션의 사
례는 모두 자유롭고 평등한 사람들의 자유로운 의사소통이 아니라, 무
시당한 사람들 또는 약자들의 저항이 동력이 되어 생활세계를 재탈환한
상황이다. 특히 그들이 탈환한 공적 장소는 전적으로 '공론'을 통한 것
도 아니었다. 오히려 친수공간으로부터 배제된 사람들이 그리고 철거와
추방의 위협에 직면한 사람들이 저항의 얼굴로 귀환하면서 인정을 향한
'투쟁'을 수행한 결과였다. 공공예술은 그 저항과 인정을 위한 도구였
다. 이를 위해 의사소통을 통한 상호인정이라는 개념적 틀을 초월하여
생활세계를 탈환하는 힘을 정당화할 개념이 필요하다.[34]

　　'상호 인정'을 중시하는 하버마스의 의사소통적 합의는 정작 '인정

『독일어문학』 제64집, 한국독일어문학회, 2014, 323쪽.
34　이에 대해서는 졸고, 2016, 142~146쪽 참고.

이론적 토대'를 벗어날 수 없다. 여기서 '인정'은 헤겔의 인정이론에 힘입어 악셀 호네트가 발전시키는 개념으로써, 합의와 소통적 합리성 저변에 흐르면서도 소통적 합리성을 넘어선 힘들을 설명해낼 수 있는 포괄적 개념이다. 이러한 설명을 위해 우선 배제된 타자의 귀환을 의사소통적 합리성을 위한 선험적 외부로 설정해두자. 의사소통적 합리성의 작동을 가능케 하는 조건으로서 말이다. 그렇다면 인정을 공통분모 하여 의사소통적 합리성 내부와 외부에 각각 '상호인정'과 '인정투쟁'이 작동하는 것으로 볼 수 있다. 하버마스의 이론은 이러한 인정투쟁의 외부를 선험적 조건으로 인정하지 않고서는 절대 새로운 대화나, 새로운 합의를 생산할 수 없다. 외부를 인정하지 않는 소통적 합리성은 심지어 합리적이지도 않다.[35]

그렇다면 공공미술의 공론장, 구체적으로 파크 픽션의 사례를 통해서 본 공론장은 상호인정을 기본으로 하는 '소통적 합리성'과 인정을 향한 '공세적 투쟁'이 동시에 작동하는 셈이다. 구체적으로 살펴보면 파크 픽션 프로젝트는 생활세계를 체계로부터 재탈환하고(공세적 태도), 체계의 공세적 힘으로부터 이를 막아내기 위해(수세적 태도) '인정투쟁'의 공통장과 의사소통적 합의를 지향하는 '상호 인정'의 공론장을 모두 사용한 셈이다. 이 두 영역을 시민의 공적 활력을 위한 공통영역으로 놓자. 이 공통영역 속에서 '공분'과 '공적 요구' 그리고 이어지는 이 요구에 대한 거절과, 거절에 맞서기 위한 '공적 연대'가 형성된다. 이 연대는 곧바로 공간의 점거와 재전유, 이후 지속가능한 공간 사용을 위해

---

35 졸고, 2013, 83~85쪽 참고.

열린 토론이 작동한 것이다. 파크 픽션은 이렇게 '인정투쟁'과 '상호인정'의 전략을 모두 사용한 공공예술로 평가될 수 있다. 파크 픽션의 사례는 공공예술을 매개로하여 생활세계 내부의 공적 영역에 새로운 활력을 불어넣었다. 문화 민주주의는 이처럼 '두 가지 인정의 전략'을 통해 정박되는 것이다.

　구체적으로 말하자면, 공론장이 마련되지 않은 상황에서 공론장을 만들려고 하거나, 체계에 의해 침식된 생활세계의 영역을 탈환하기 위해서, 심지어 합법성을 빙자한 법의 폭력으로부터 생활세계를 지키거나 탈환하기 위해서 부득이 의사소통 외적 권력(폭력)을 사용할 수밖에 없는 경우가 있다. 이것이 의사소통적 권력으로 가능할 때에는 하버마스의 소통적 합리성을 작동시키면 되지만, 의사소통적 합리성이 아예 작동하지 않을 정도의 비대칭적 관계 앞에서는 소위 인정투쟁이 우선시되어야 한다.

　함부르크 파크 픽션의 사례는 그런 점에서 합법성을 빙자한 행정 및 시장 체계의 폭력(상업형 주거지 및 사무실 건설 계획)에 충격을 가함으로써 기존에 없던 공론장을 여는 인정투쟁의 전략을 선택했다. 아울러 자체적으로 형성한 내부적 공론장의 의사소통을 통해 정당성을 확보해가면서, 체계의 식민화기획으로부터 생활세계를 탈환했던 것이다. 파크 픽션의 장소 서사는 그런 점에서 의사소통과 인정투쟁의 두 가지 전략을 통해 새롭게 형성되고 재구성된 것으로 보아야 한다. 심지어 파크 픽션의 사례를 통해보면, 하버마스의 이론은 상호인정의 권력이 만들어놓은 공론의 토대에서 작동할 수 있는 것인데, 이 공론의 토대가 투쟁을 통해 열린 것이므로, 파크 픽션의 장소서사를 위해서는 의사소통적 합리성 또는 상호인정보다 '인정을 위한 투쟁'이 우선이었다고 말할 수 있다.

파크 픽션은 공론이 필요한 곳에서는 공론을 전개했고, 투쟁이 필요한 곳에서는 투쟁을 선택하면서 소통과 공감이 동시에 작동하는 공통의 영역을 열었다. 그래서 공론을 통하여 지역적인 연대를 형성하면서도 이 지역을 넘어선 연대를 형성했다. 터키의 게지 파크와 연대해서 벌인 게지 파크 픽션이 그러했다. 뿐만 아니라 파크 픽션의 공공미술 프로젝트가 주변의 여타 지역에 미친 영향력도 무시할 수 없다. 이처럼 파크 픽션의 사례는 투쟁을 통하여 체계에 대한 공세적 태도 및 그 체계의 폭력에 반대하는 사람들 사이의 공감과 소통을 통한 공분의 연대를 형성했던 것이다. 인정투쟁은 의사소통 영역 바깥에서 새로운 '공적 사건'을 일으키고, 이 새로운 사건이 공론장을 통해 생활세계의 영역으로 번역되어 들어오면, 소통적 합리성은 새로운 합의를 산출하기 위한 활력을 갖게 된다. 인정투쟁과 상호인정은 모두 인정의 공통영역에서 서로에게 시너지 효과를 주었던 것이다. 공공미술이 단순히 하버마스의 의사소통행위이론과 접합될 수 있는 것만이 아니라, 저항적이고 체계 비판적 아방가르드의 현대적 변형태라고 말하는 것도 이런 점을 고려한다면 충분히 이해할 수 있다.

5. 파크 픽션에 대한 평가와 그 이후

장소성을 생산하는 공공영역의 길항관계는 어떠한가? 우선 공공미술은 일종의 역전된 아방가르드로서 수용자가 생산자가 되어 공적 / 사적 삶에

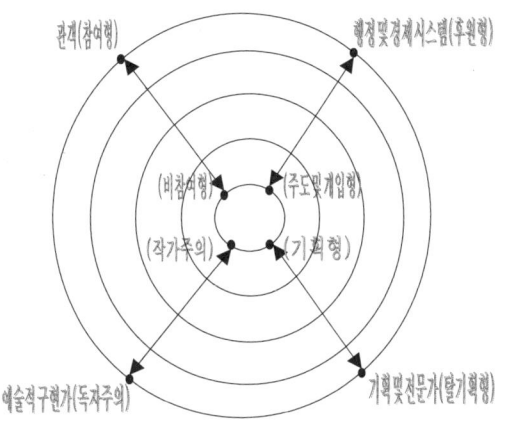

미적인 활력을 제공하는 것을 중시한다. 이를 강화된 주체 또는 새로운 타자가 문화공론장에 등장하는 현상이라고 말할 수 있겠다. 이런 상황에서 장소성의 길항관계들을 이념형으로 분석하면 이렇다. ① 관객(참여형, 비참여형), ② 행정기관(개입형, 후원형), ③ 예술적 구현가(작가주의, 독자주의), ④ 기획 및 전문가(기획형, 탈기획형). 이는 레이더 차트로 그 공공성의 유형을 그려볼 수 있다. 참고로 이들 요소는 작업을 위해 도입된 공공성의 유형과 성격을 평가하는 것이지, 공공성을 성취했는지 여부를 살피는 결과주의와는 무관하다. 이는 공공미술의 공공성이 갖는 공적 잠재력을 따지는 것이기 때문이다.[36]

36 이 레이더 차트는 형식적으로는 외곽으로 갈수록 공공성을 성취하는 것처럼 설정해두었다. 그러나 공공성의 성과가 차트가 설정한 그대로 귀결되지 않는다. 따라서 위의 레이더 차트는 공공성이 시행된 의도와 기획의 유형을 평가하기 위해 필요한 것이지, 공공성을 최종적으로 평가하기 위한 도구는 아니다. 여기서 중요한 것은 누가 '결정권'을 갖느냐이다. 공공미술의 주권을 누가 행사하느냐가 공공성의 성공여부를 결정하는 주요 요소로 기능하기 때문이다. 우선 '관객' 부문의 참여형의 극단은 타자성의 침입이다. 예컨대 공적 공간에 참여할 수 없는 서발턴 또는 프레이져가 말하는 하위의 저항공중의 등장을 그 극단에 놓았다. 그리고 '행정과 경제' 부문에서는 결정권자를 찾기가 어렵다. 『시민을 발명해야 한다』에서도 보듯이 체계에서 결정권자를 찾기란 여간 어렵지 않다. 그래서 결정의 주체를 '시스템'으로 설정해둔

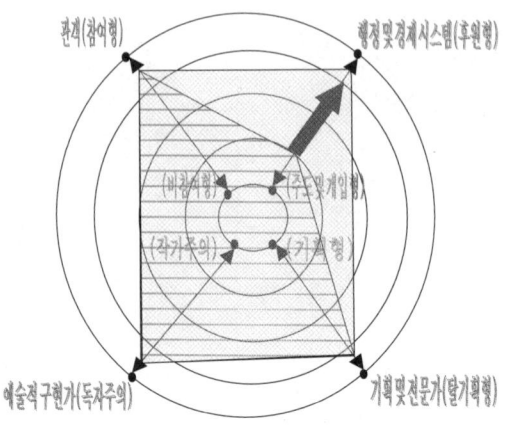

관객(참여형)　　　　　　　　　行政및경제시스템(후원형)

(비참여형)　　(주도및개입형)

(작가주의)　　(기획형)

예술적구현가(독자주의)　　　　　기획및전문가(탈기획형)

　　파크 픽션의 사례에서는 주민참여도 높았고, 작가 주도적 성향도 있었다. 그래서 작가주의와 독자주의라는 넓은 분포를 가지지만 이미 액션키트 등의 상황을 통해 주민의 참여를 통해 작업이 완성될 수 있었음을 고려한다면, 독자주의에 무게를 두어야 할 것이다. 기획은 작가들도 했지만 주민이 함께 기획을 만들어나갔고, 주민들의 참여가 없었다면 그 기획은 완성될 수 없었다. 심지어 기획을 벗어난 사건형태의 작업이 많았으므로 탈기획형으로 놓을 수 있을 것이다. 그리고 참여와 관련해서 파크 픽션 프로젝트는 완벽한 관객참여형이다. 공간의 탈환을 위해 처음부터 관객이 음성을 내던 장소였기 때문이다. 그리고 행정의 개입과 관련하여 행정은 처음에는 부정적 개입이었으나, 이후 수용과 후원

것이다. '예술적 구현가' 부분의 작가주의는 아방가르드적 공공미술을 의미하고, 독자주의는 역전된 아방가르드적 공공미술을 의미하는데, 전자는 미적 구현을 하는 사람이 결정권자이고, 후자는 미적 구현을 하는 사람의 결정권이 없는 상태를 의미한다. 그리고 작가가 아닌 예술적 구현가라 이름한 이유는 현직 작가가 예술적 구현을 할 수도 있지만, 관객 중 한 명 또는 관객의 일부가 예술적 구현가가 될 수 있기 때문에, 제도 예술 안의 작가로 표현하지 않았다.

을 통해 파크 픽션프로젝트를 인정해 나간다. 이것은 파크 픽션이 행정의 품을 넓히고 조절한 것으로 보아야 한다. 따라서 파크 픽션 프로젝트를 레이더 차트로 나타내면 다음과 같은 형태로 그려볼 수 있다.

공공미술의 짧은 역사를 생각하면, 파크 픽션은 공공미술의 공공성과 장소서사를 결합하여 생활세계를 재탈환한 초기의 선구적 형태에 해당한다. 그리고 이러한 사례가 공공예술의 정신에 기반을 둔 다양한 점거와 저항의 형태로 등장했고, 가장 최근의 성공적 사례로 함부르크의 갱에비어텔을 들 수 있다. 부산에도 이와 유사한 사례를 찾아보라면 중앙동 또따또가의 사례를 들 수 있겠지만, 함부르크와 같이 점거와 같은 공세적 형태의 저항은 아니었다.[37] 물론 갱에비어텔처럼 '협동조합'과 같은 회사의 형태를 만든 것도 아니며, 3년씩 관의 지원 연장결정에 노심초사해야 하는 경우를 생각하면 여전히 그 자율성은 상대적으로 떨어진다고 보아도 무방하다.

여전히 북항재개발의 파국, 해운대 L시티의 파국, 만덕지구의 대규모 철거사태 등을 생각하면, 부산은 신자유주의적인 시장치화적 체계의 논리와 공모한 행정 권력의 질주에 속수무책이다. 최근 민주시민교육원 '나락한알'은 부산문화재단의 지원으로 강서구 도시재생열린지원센터와 함께 강서구청 앞에 있는 1956년 된 옛 비료창고 철거를 막

---

37 참고로 또따또가 센터에서 일한 하르트만이 집담회에서 언급한 바에 따르면, 갱에비어텔의 예술가들과 예술 운동이 상당히 정치적 면모가 많은 반면, 또따또가 예술촌은 문화적이고 미학적인 면모가 많아서 부럽다고 했다. 그러나 사실 또따또가 예술촌의 문화적 미학적 면모는 정치적으로 예민한 표현과 발언을 스스로 순화했기 때문에 얻어진 타협적 특성임을 부인하기는 어렵다. 또따또가 예술촌의 운영은 시를 통해 그 운영의 연속성을 주기적으로 보장받아야 하기 때문이다. 이는 또따또가가 정치적 독립성을 얻었다고 보기에 어려운 점이라 하겠다.

기 위해 '서낙토리'라는 공공미술 작업을 진행했고, 그 결실로 감성돔 1956이라는 전시를 기획한 바 있다. 비료창고를 문화예술의 장으로 변모시킨 것이다. 이 역시 체계의 공세적 개발논리를 저지하기 위한 일종의 생활세계적 댐을 만든 사례이다.

그러나 지역 내-외의 긍정적 호응에도 불구하고 여전히 체계의 논리를 수세적으로만 막아내려는 측면, 그리고 체계의 힘에 비해서는 지나치게 그 힘이 약한 면이 없지 않다. 부마민주항쟁과 최근의 촛불을 보면, 시민의 광장문화에 대한 욕망과 거기에 기반을 둔 공적 활력이 그리 만만치 않다는 것을 확인할 수 있음에도, 부산은 여전히 제대로 기능하는 공적 광장하나 갖추지 못한 도시다. 그렇다면 도시 부산은 여전히 시민이 도시의 서사를 만들어나가는 공적 잠재력이 제대로 표출되지 않는다고 말할 수 있을 것이다.

현재 도시 부산은 일제에 의해 식민화된 도시의 흔적을 극복해나가면서, 동시에 신자유주의적 개발논리로 무장한 시장-행정체계에 의한 공세적 식민화 전략도 동시에 극복해나가야 하는 이중의 과제를 안고 있다. 재개발에 밀린 대대적인 패배 앞에서 생활세계의 공적 서사를 장소의 서사로 물질화할 수 있는 시민의 활력이 없다면, 부산은 폐허 위에 폐허를 짓게 될 것이다. 함부르크는 부산의 자매도시이다. 함부르크의 창조적 저항의 교훈과 전통이 부산을 시민의 집합적 작품으로 만들어 나가는 데 도움을 줄 수 있기를 바란다.

참고문헌

권미원, 『장소 특정적 미술―One Place After Another』, 김인규·우정아·이영욱 역, 현실문화
  연구, 2014.

김동규, 「새장르 공공미술의 정치철학」, 『사회와 철학』 25호, 사회와철학연구회, 2013.

_____, 「함부르크의 두 가지 공공미술 사례와 생활세계의 식민화 테제의 양상」, 『독일연구』 vol.
  33, 한국독일사학회, 2016.

박자현, 『고양이들은 어디로 갔을까?』, 비온후, 2016.

박찬경, 양현미, 「공공미술과 미술의 공공성」, 『문화과학』 53호, 문화과학사, 2008.

수잔 레이시 편, 이영욱·김인규 역, 『새로운 장르 공공미술―지형그리기』, 문화과학사, 2010.

우베 레비츠키, 최현주 역, 『모두를 위한 예술』, 두성북스, 2013.

정문수, 정진성, 「함부르크 골목구역의 철거와 보전―젠트리피케이션에서 도시에 대한 권리로」,
  『한국항해항만학회지』 제36권 제6호, 2012a.

_____, 「함부르크 골목구역의 철거와 보전―갈등에서 공존으로」, 『한국유럽학회 학술발
  표논문집』 제6권, 한국유럽학회, 2012b.

_____, 「함부르크 골목구역―프로테스트에서 원도심 재생 프로젝트의 상징으로」, 『독일
  어문학』 제64집, 한국독일어문학회, 2014.

_____, 「함부르크 연대적 공감확보 운동―오버하펜과 골목구역의 조우」, 『해항도시문화
  교섭학』 12, 한국해양대학교 국제해양문제연구소, 2015.

Ivan Baresic-Nikic, *"Kunst im öffentlichen Raum"―Politik in der Hansestadt Hamburg―Entstehung
  und Entwicklung des "Kunst im öffentlichen Raum"-Programms im Spannungsfeld von künstlerischer
  Freiheit und politischer Inanspruchnahme*, ConferencePoint Verlag Hamburg, 2009.

참고 자료집 및 참고 사이트

Christine Ebeling, "Das Gängeviertel in Hamburg" *Dynamism of Seaport Cities―Sociocultural
  Acculturation and Creation*, IMA, 2013. 〈파크 픽션과 관련된 웹 사이트〉

www.spatialagency.net/about/,

https://de.wikipedia.org/wiki/Park_Fiction

http://park-fiction.net/park-fiction-massachusettes-institute-of-technology/

http://park-fiction.net

〈갱에 비어텔과 관련된 웹 사이트〉
http://das-gaengeviertel.info/

〈기타 관련 웹 사이트〉
상 파울리 거리 베른하르트 노흐트 구역 철거
http://www.esregnetkaviar.de/relaunch/no_bnq_bernhard_nocht_quartier_
    stoppen.html
프라판트
https://de.wikipedia.org/wiki/Gro%C3%9Fe_Bergstra%C3%9Fe#Frappant_.
    2F_City_Ikea_.E2.80.93_Gro.C3.9Fe_Bergstra.C3.9Fe_166_bis_180
프리제
https://de.wikipedia.org/wiki/K%C3%BCnstlerhaus_Hamburg
샨첸비어텔
http://www.reeperbahn.org.uk/hamburg.asp?show=other-hamburg-districts
https://ap.pearlshare.com/pearls/412486-schanzenviertel?
골덴 푸델 클럽의 화재와 미래
http://www.deephouseamsterdam.com/hamburgs-pudel-burned-down-in-fire
    -arson-suspected/
http://www.factmag.com/2016/07/18/golden-pudel-club-hamburg-future-
    secured-forced-auction/
캐비어 비가 내린다 이미지
http://picssr.com/tags/esregnetkaviar/interesting